KB265397

# 황제의 나라

황제의 나라

**일러두기**

1. 이 책에 제시된 유물들의 명칭은 우리 학계에서도 한자 그대로의 이름을 많이 사용하고 있으나 이 번역서의 성격이나 독자를 고려하여 가급적 한글로 풀어 쓰려고 노력했다.
2. 지명이나 인명 등의 고유명사는 원어 발음 그대로 표기하는 것이 원칙이지만 상당수의 고유명사를 우리식 한자 독음으로 읽는 것이 편리하다는 판단 아래 우리식 한자 독음에 따라 표기하였다.

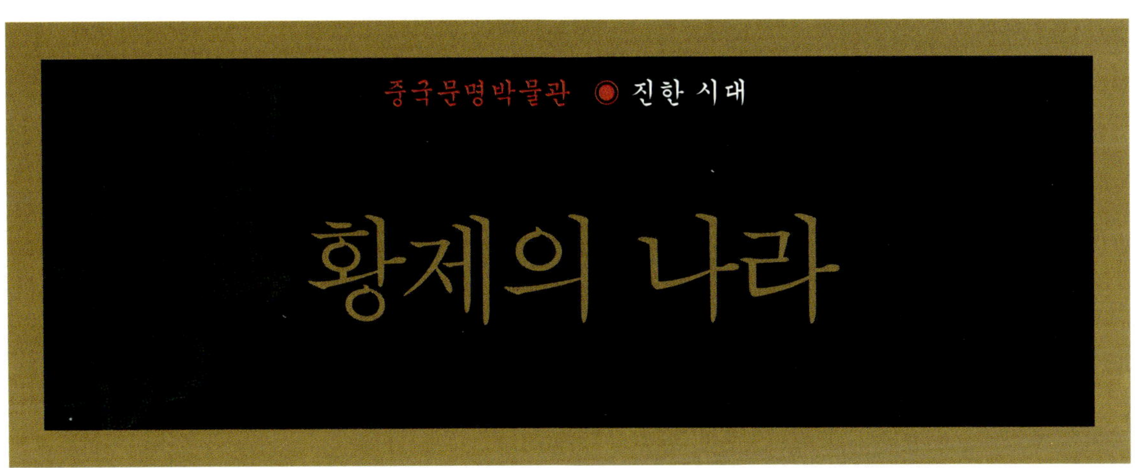



# 황제의 나라

리우웨이(劉煒) 지음 / 김양수 옮김

시공사

# { 차 례 }

# 통일을 이룩한 진

진　왕조
기원전 221년~기원전 206년

# 진의 건국

진(秦)은 오래된 씨족으로, 일찍이 하(夏) 왕조 때 짐승을 잘 길들이는 것으로 유명했던 민족이다. 진나라 사람들은 원래 중국 동부의 바닷가 부근에 모여 살았으나 기원전 16세기에 감숙성(甘肅省) 동부의 황량한 땅으로 옮겨 갔다. 그후 그들은 중국 동부의 강국들에 비해 생산 기술이 현저히 떨어지는 반면 무(武)를 숭상하는 진취적 민족 정신을 개척했다. 또한 공적인 이익을 추구하고 실질을 중시하는 관념을 형성해 갔다.

## 유목 단계

### ◉ 하 왕조(기원전 21세기~기원전 16세기)

진나라 사람은 동이족(東夷族)의 한 분파이며, 황하(黃河) 하류 동해(東海:우리나라의 서해에 해당-옮긴이 주) 바닷가에서 유목 생활을 했다. 이때는 원시 사회의 부계 씨족 시기에 해당된다. 진나라 사람들은 짐승을 길들여 순(舜)에게 바쳐 '영(嬴)'이라는 성(姓)을 하사받는다. 또 그들의 선조 중 '백익(伯益)'이라는 사람은 우(禹)를 도와 치수(治水)의 공을 세우기도 했다.

**유목 생활에 편리한 벨트 디자인**

진나라 사람의 벨트는 중원(中原)에서 유행하던 것과는 달리, 현대의 가죽 벨트와 비슷하다. 진나라만의 독특한 성격을 갖고 있는데, 견고하며 기마(騎馬) 등의 격렬한 활동에 적합했다. 그들이 유목 생활의 전통을 가지고 있는 것과 무관하지 않을 것이다.

**금으로 장식한 버클**

중원에서는 용, 봉황, 혹은 짐승 얼굴 무늬 등으로 모양을 만들거나 무늬를 새기는 데 반해 진에서는 각종 동물을 모방한 것이 많았다. 그리하여 진의 물건들은 생생하고 사실적이다. 짐승 길들이는 데에 뛰어난 재주를 보였던 진나라 사람들의 유목 민족다운 면모도 엿보인다.



**기마용(騎馬俑)**

진나라 기마 형상 중 현재 발견된 가장 초기의 것이다. 또한 초기 호복(胡服) 차림이기도 하다. 호복은 서북 유목 민족이 입던 옷으로 말을 타는 데 적합한 가볍고 편한 복장이다.

말의 안장과 등자(鐙子:말을 탔을 때 두발을 디디는 제구-옮긴이 주)는 아직 발명되지 않았다

진나라 사람이 타던 말은 황하 유역에서 생존하기에 적합한 종자였다. 형체는 둥글며 튼튼하고, 다리는 굵고 짧다.

### ◉ 상 왕조(기원전 16세기~기원전 11세기)

진의 우두머리 '비창(費昌)'이 상(商)나라를 도와 하나라를 친 후 진은 감숙성 동부로 옮겨 와 상과 연맹 관계를 유지하였고 목축업을 위주로 하여 생활했다. 당시는 원시 사회 말기의 씨족 연맹 단계에 해당된다.

진나라 사람들은 버클(벨트 고리)을 사용
하는 전통을 줄곧 유지했는데, 이는 실
용적인 용도에서뿐만 아니라 장식적인
효과도 고려한 것이었다. 군주나 귀족
은 금이나 옥으로 만든 버클을 사용
했고, 평민은 구리로 만든 것을 썼다.
진나라에서는 버클이 신분의 상징이 되
기도 했다. 이 쌍용조수(雙龍鳥獸) 무늬 금장
버클은 신분이 군주에 다음 가는 대부(大夫) 계층이 사용
하던 것이다.

## 정착 단계

### ◉ 서주(기원전 11세기~기원전 770년)

서주(西周) 초, 진나라 사람은 주 왕조의 백성이 되었
다. 그러나 실제로는 지위가 낮은 씨족 노예였으며, 서
견구(西犬丘:현재 감숙성 천수 일대)에 봉해져 변경 수
비의 역할을 맡았다. 목축업을 위주로 하면서 보조적으
로 농사를 짓기도 한 이 무렵에는 비교적 안정된 정착
생활로 접어들었다. '조부(造父)'라는 사람은 주의 목
왕(穆王)을 위해 말을 훈련시켰는데 그 공로가 매우 컸
다고 한다. 또한 '비자(非子)'라는 사람도 주 효왕(孝
王)을 위해 말을 길러 그 공로를 인정받아 진정(秦亭:
현재 감숙성 청수현 일대)에 봉읍을 하사받았다. 그때
부터 진 사람들을 '진영(秦嬴)'이라 불렀다. 기원전
776년, 진의 양공(襄公)이 견(汧:현재 섬서성 농현 동
남쪽) 땅으로 옮겨 간다. 이는 진나라 사람이 섬서성
(陝西省) 경내에 진입하여 첫 번째 세운 도읍이며, 향
후 나라를 세우고 발전시키는 데 매우 중요한 의미를
지닌다.

## 건국 단계

### ◉ 춘추 전국(기원전 770년~기원전 221년)

기원전 770년 양공은 주나라의 평왕을 도와 동쪽으로
영토를 확장하는 데에 큰 공을 세우고 제후로 책봉받았
다.* 그리고 기산(岐山) 서쪽의 넓은 땅을 하사받는다.
이때부터 진은 정식 제후국이 되어 역사의 무대에 오른
다. 그로부터 500년 동안 진은 선진적인 농업 경제로의
변모를 꾀했다. 또한 강력해진 무력을 이용해 동쪽으로
수도를 옮겨 갔고, 궁극적으로는 통일 대제국의 꿈을
이루었다.

## 제국 단계

### ◉ 진 왕조(기원전 221년~기원전 206년)

진시황(秦始皇)은 중국 역사상 처음으로 중앙 집권 국
가와 그에 상응하는 일련의 제도와 법률을 수립한 인물
이다. 그러나 진시황이 심혈을 기울여 기획한 제국(帝
國)의 꿈은 그리 오래 가지 않았다.
진 왕조는 불과 50년밖에 유지
되지 못했다.

사슴, 기러기, 두꺼비 무늬 와당

사슴 무늬 와당
진나라의 건축 자재였던 와당(瓦當)은 사슴,
양, 기러기 무늬로 장식한 것이 많은데 이는
진나라 사람들이 동물과 얼마나 친밀한 관계
를 맺었는가를 보여 준다. 그들은 쪽빛 하늘과
초원에서 동물과 함께 생활했다.



통일을 이룩한 진

## 진의 발전 과정

| 기원전 21세기 | 기원전 11세기 | 기원전 770년 | 기원전 221년 | 기원전 206년 |
| --- | --- | --- | --- | --- |
| 유목 단계 | 정착 단계 | 건국 단계 | 제국 단계 | |
| 황하 하류에서 감숙성 동부로 진입 | 섬서성으로 진입 | 제후로 책봉되어 동쪽으로 확장 | 제국 건립 후 순식간에 멸망 | |

*제후의 책봉 : 주 왕조의 규정에 의하면 씨족의 우두머리는 반드시 주
천자의 정식 임명을 거쳐 토지와 백성, 봉지(封地) 관리권을 받아야 했고,
그래야만 제도적으로 인정받는 '제후'가 될 수 있었다. 따라서 양공은 원
래는 진의 우두머리였을 뿐 제후는 아니었다. 후에 주 평왕의 책봉을 받
고서야 그는 제후의 자리에 올랐고, 진나라도 그제서야 정식으로 제후국
이 될 수 있었다.

# 진의 이동—동쪽으로 동쪽으로

황량한 땅에서 유목 생활을 하던 진은 목축에 만족하지 않고 일찌감치 천하제패의 웅대한 기상을 가슴에 품었다. 그들은 후손들이 황하에서 말에게 물을 먹이게 하고 싶었다. 초창기에는 지리적 환경의 제약으로 인해 세력을 확장할 수 없었다. 그러나 '팔백리진천(八百里秦川)'이라 불리는 곳에 이르면서부터 진은 그 기세를 세상에 떨치기 시작했다. 진은 용감하게 전쟁에 나섰고 아홉 차례의 거국적인 천도(遷都)를 거쳤다. 결국 예전 서주 왕실이 있던 곳까지 옮겨 갔고 함양(咸陽)에 수도를 정하며 천하 통일의 기초를 다졌다.

오리 모양 마구(馬具)

**전략적 천도_** 기원전 16세기에서 기원전 7세기까지 진은 세 차례의 대규모 동천(東遷)을 거쳐 서융에서부터 섬서성 경내의 옛 서주 땅까지 옮겨 갔다. 기원전 776년 도읍을 정한 후 300여 년 동안 진의 25명의 군주는 용감하게 전진하여 위수(渭水) 강변을 따라 동쪽으로 영토를 확장해 갔다. 그리고 다섯 차례의 천도를 거치다 기원전 350년에 이르러 진나라의 발전에 가장 적합한 곳인 함양에 수도를 정했다. 진이 동쪽으로 옮겨 가며 수도를 정한 것은 진의 유목 민족적 습성에 의한 것이기도 하지만 중요한 전략적 의도가 담겨 있는 것이기도 했다. 진은 매번 천도할 때마다 영토를 개척하고 군사적 거점을 한 곳씩 늘려 나갔던 것이다.

**국력의 증강_** 서융의 거친 땅에서 출발하여 경제, 문화가 고도로 발달한 서주의 도성 안쪽 땅에까지 이른 진은 주 왕조와 동방 6국의 생산 기술 및 문화를 적극적으로 흡수하여 낙후된 유목 경제에서 선진적 농경 경제로 빠르게 발전하였다. 국토가 점차 커지고 국력도 강해져서 진은 전국 시대 제일의 군사 대국으로 발돋움하였다. 또 '팔백리진천'이라는 뛰어난 지리적 환경에 의거하여 이때부터 천하를 합병할 기초를 다졌다. 그곳은 땅이 높고 앞이 탁 트였으며 동쪽으로 누운 형세를 하고 있어 전쟁에서 패권을 장악하기에 가장 이상적인 조건이었다.

**진나라 건국의 기초가 된 말_** 진은 말 방목으로 유명했으며, 이는 그들의 주요한 경제 원천이기도 했다. 그들에게는 예로부터 '양마(養馬)'와 '애마(愛馬)'의 전통이 있었다. 말이 없었으면 진 왕조의 찬란한 발전이 없었을지도 모른다는 말도 있다. 진은 나라를 세운 후 양마 사업을 건국의 기초로 삼았다. 전국적으로 말 문서를 만들었으며

용 무늬의 이음새 장식

매년 정기적으로 비교, 평가하여 우량 품종을 선발하였다. 또한 말의 사육과 훈련, 의료 등의 관리 문제에 대해 '구원율(廐苑律)'을 제정하고 양마 사업에 손해를 입히는 행위를 처벌하였다. 이 분야에 있어서는 타의 추종을 불허했고, 진의 군마(軍馬)는 엄청난 위력을 발휘하여 통일로 가는 길을 다졌다.

터키석을 박아 넣은 짐승 얼굴 모양의 이음새 장식



재갈과 장식 위치

짐승 얼굴 무늬의 이음새 장식
전통적으로 말을 기르고 사랑하는 풍습이 있었기 때문에 위로는 제왕에서부터 아래로는 평민에 이르기까지 모두 무덤에 말과 마구를 순장했다. 이것은 평양(平陽)의 진나라 왕실 대묘(大墓)에서 출토된 것이다.

금 재갈

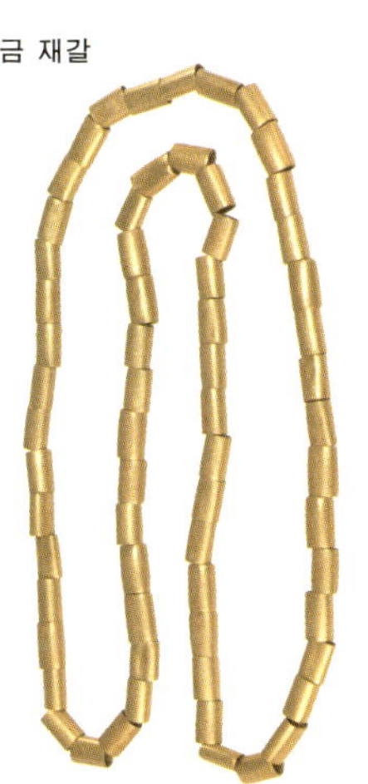

---

### 진나라의 천도 노선

**① 감숙성 동부의 천수, 감곡 일대 (기원전 16세기~기원전 11세기)**
이곳이 진의 발상지이다.

**② 서견구(서주 초기)**
성을 쌓게 된다. 주 왕조에 귀순, 주의 신민이 되어 변방 수비의 역할을 하사받는다.

**③ 진정(서주 말기)**
지금의 감숙성 청수현 일대이며, 성 안에 궁궐을 세운다. 진나라 사람 조부와 비자는 주 왕실을 위해 말을 기른 공로를 인정받아 이곳 진정에 봉해진다. 주 선왕(宣王)은 장공(莊公)을 '서수대부(西垂大夫)'로 봉한다.

**④ 견(기원전 776년~기원전 762년)**
양공은 견수 근방의 마아원(磨兒塬)으로 수도를 옮기는데, 진이 섬서성 경내로 진입한 후 첫 번째 도성이며 14년간 수도로 지정된다. 진은 이곳을 동진(東進)의 근거지로 삼았으니 그 군사적 의미가 매우 크다고 할 수 있다.

**⑤ 견수와 위수가 만난 곳(기원전 762년~기원전 714년)**
문공(文公) 때 천도하였으며 진은 이곳을 48년 동안 수도로 정한다. 이곳은 진이 위하(渭河) 북안(北岸)에 세운 첫 번째 도성으로, 군사적 의미가 크다.

**⑥ 평양(기원전 714년~기원전 677년)**
헌공(憲公) 때 천도하여 37년간 수도였다. 진은 동진 과정 중에 부단히 주의 문화와 예의를 흡수한다. 그리고 항상 제후국의 군주가 누릴 수 있는 예악(禮樂) 의식을 거행하였다.

**⑦ 옹성(기원전 677년~기원전 383년)**
덕공(德公) 때 천도하여 294년간 수도로 삼았다. 이곳은 서주의 안쪽에 위치하여 경제, 문화가 발달했다. 진은 이곳에 수도를 세우고나서부터 중원을 차지할 전고(戰鼓)를 울리기 시작한다.

**⑧ 역양(기원전 383년~기원전 350년)**
헌공(獻公) 때 천도하여 33년간 수도가 된다. 이곳은 교통의 요충지이자 군사 요지이며 또한 수공업의 중심지이기도 하다. 진은 이곳에서 6국을 통일할 군사적 준비를 마친다.

**⑨ 함양(기원전 350년~기원전 206년)**
효공(孝公)은 섬서성 함양원(咸陽塬)으로 천도하여 144년간 이곳을 수도로 삼는다. 이곳은 관중(關中)의 안쪽에 위치해 있는데 토지가 비옥하고 풍요로우며 난공불락(難攻不落)의 요새이다. 진시황은 진 왕조를 세운 후 웅장하고 아름다운 궁전들을 만들었는데 그 둘레가 200리나 된다. 이는 중국 역사상 가장 웅대한 도성 중 하나이다.

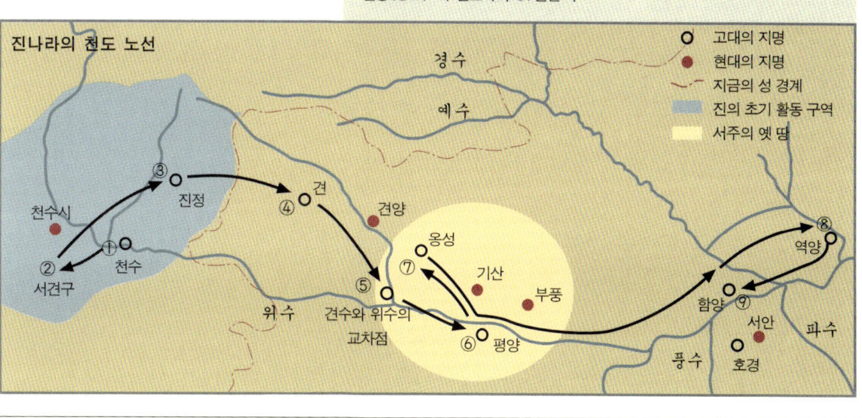

# 광활한 평원을 만나다

옹성(雍城)은 진의 도읍으로 가장 오래 있었던 도성이다. 진은 다섯 번의 천도를 거쳐 서북의 드넓은 땅을 장악하였다. 과거의 도성은 비록 난공불락의 형세이기는 해도 동쪽으로 발전할 조건은 갖추지 못하였다. 옹수(雍水)에 이르러서야 눈 앞에 광활한 평원이 나타났다. 이곳은 지세가 높고 앞이 탁 트여 있으며 동쪽으로 누워 있는 형세를 하고 있다. 또 서주의 옛 땅이어서 교통과 경제가 발달하였다. 진나라는 옹성에 수도를 세운 후 패권주의의 진정한 서막을 올렸다. 옹성이 진의 수도였던 300여 년은 바로 춘추 전국 시대였다. 이때에는 각 제후들이 저마다 앞다투어 자신을 임금으로 칭하며 주례(周禮)를 행하고 주 천자(天子)의 예의를 누렸다. 그런 점에서는 진도 마찬가지였다. 주례를 마음대로 가져와 행하고 주 왕실을 경시하던 현상은 옹성 어디에서나 볼 수 있었다. 진의 궁전, 종묘, 능묘 등의 건축 예법 규모는 다른 제후들은 물론 나날이 쇠퇴해 가던 주 천자도 도저히 따라갈 수 없을 정도였다.

**치밀하게 기획된 도성**_ 옹성은 심혈을 기울여 기획한 도성으로 옹수를 따라 세워졌다. 성벽과 궁실, 종묘, 왕릉 지구, 평민 묘지 및 교외의 이궁(離宮) 별관으로 이루어졌다.

당시는 진의 국력이 강해지던 상승기였기 때문에 도성의 건설 기획에는 진의 왕성한 패기가 그대로 드러나 있다. 주 왕실의 예의에 따라 만들어지지 않은 건물이 하나도 없으며, 규모도 웅대하다. 특히 춘추오패(春秋五霸) 중 하나인 목공(穆公)의 집정 시에는 경제적으로 비약적인 발전이 있었다. 진의 강대한 국력을 드러내기 위해 왕실 궁전의 건조 규모는 각 제후국들에 비해 매우 거대했다. 심지어는 주 천자보다도 더 화려하여 서융의 사절이 방문했다가 그 방대함에 경탄을 금치 못했을 정도였다.

**둥근 옥 문고리**
금을 입힌 청동 장식에는 짐승 얼굴 무늬가 새겨져 있다. 이것은 궁전 대문에 쓰이던 것이다.

**두 귀 달린 청동 솥**
역양궁 터에서 출토된 궁전 진열품이다.

**대정궁의 청동제 건축 자재**
궁전의 옛 터에서 출토된 64건의 청동제 건축 자재는 옹성 건축의 호화로움을 말해 주는 듯하다.

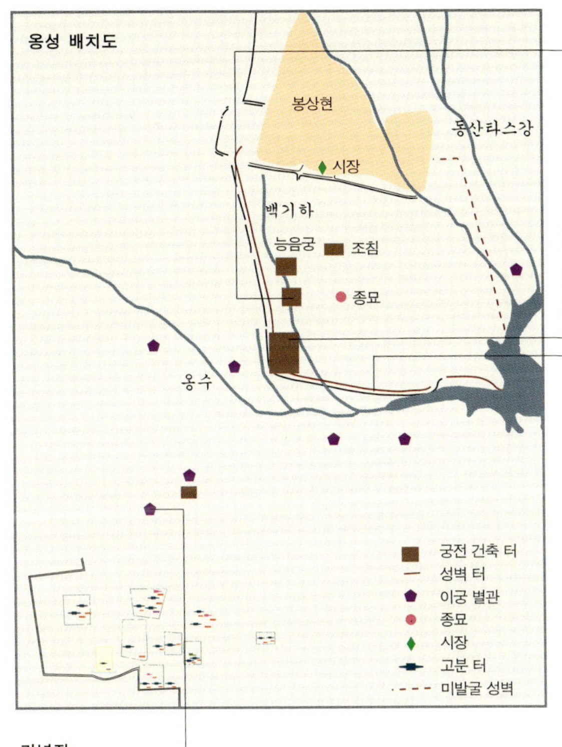



**기년전**
높은 대 위에 세웠으며 총 면적이 2만 제곱미터에 달한다. 진시황 영정(嬴政)은 이곳에서 대관식을 거행한 바 있다.

**대정궁**
덕공 원년에 천도하여 처음 세운 궁전이다. 낙성식은 매우 성대하게 치러졌는데 소, 양, 돼지 각 300마리를 잡아 상제(上帝)에게 제사 지내고 나라의 앞날을 점 쳤다. 무당은 옹성에 수도를 정하면 후대 자손들이 황하 물가에서 말을 방목할 수 있을 거라 단언했는데, 이는 진나라의 영토가 장차 황하 일대까지 이를 것이 라는 의미였다.

**역양궁**
진 소왕(昭王)이 건조한 궁전인데, 터가 너무 심하게 망가져서 원래 모습을 확실 히 알 수가 없다.

**성벽**
동서 3,480미터, 남북 3,130미터이다. 성벽 주위에는 너비 20미터의 해자가 있 는데 이는 도성을 보위하는 제일 방어선이었다. 서쪽 성벽에는 세 개의 성문이 있다.

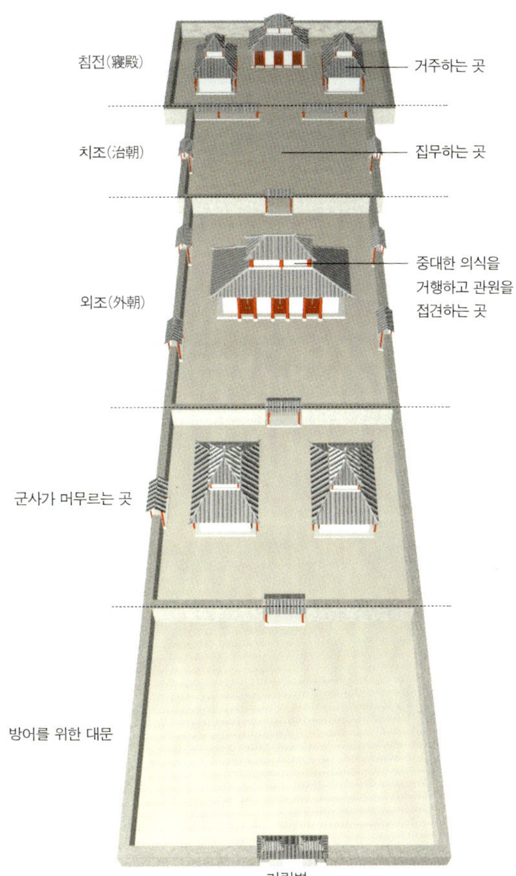



**조침 복원도**
군주가 정무를 처리하고 거주하던 궁전으로, 도성 중 가장 중점적인 보호 구역이 었다. 사방에 두께 3.2미터에 달하는 성벽이 있다. 다섯 겹의 뜰이 있는데, 총 면 적이 21,849제곱미터에 달하며 배치는 기본적으로 주 왕의 조침 제도를 따랐다.

**성벽** _ 위에서 조감하면 옹성은 직사각형 모양을 하고 있으며, 둘레에는 흙을 다져 쌓아 올린 성벽이 있다. 총 면적이 1,100만 제곱미터로 대략 축구장 1,500여 개의 넓이에 해당한다. 서주 도성 풍호(灃鎬)의 총 면적이 1 천만 제곱미터이고, 동주(東周) 도성 낙양(洛陽)의 총 면적이 924만 제곱미터인 데 비해 훨씬 규모가 크다.

**궁전** _ 조침(朝寢), 기년전(蘄年殿), 대정궁(大鄭宮), 역양궁(櫟陽宮)의 궁전 건물이 옹성의 중심이다. 그들 은 성의 서쪽에 분포되어 있고 규모가 웅대한 것이 특 징이다. 이궁 별관은 성 밖에 있다.

# 옹성의 특별한 건축물

궁전의 중심 건축물을 제외하면 옹성에서 가장 신성한 곳은 종묘였다. 종묘는 진나라의 역대 조상을 모시고 있는 곳으로, 제사 의식을 거행하고 하늘에 있는 선조들의 보살핌을 희구하며 세인들에게 선조의 공적을 알리는 중요한 국가 대사가 이루어지는 곳이었다. 진은 비록 상인을 억압하는 정책을 추진하기도 했지만 경제적 발전이 이루어진 지역으로 진입한 후에는 시장도 생겨나고 이를 관청에서 엄격히 관리하기도 하였다. 하지만 시장의 규모는 작은 편이어서 이 시기 진의 상업이 초기 단계였다는 것을 알 수 있다.

**기러기를 잡아먹는 호랑이 무늬 와당**

옹성에서 출토된 와당이다. 와당은 처마를 보호하는 데 사용되는 것으로, 평기와 두 줄 사이의 갈라진 틈을 막아 지붕의 빗물이 새는 것을 방지하였다. 와당에 각종 무늬를 더하여 장식적인 역할도 겸하였다.

**주작(朱雀) 무늬 와당**

**편안할 때에 미리 위험을 경계하던 종묘_** 종묘는 서주 이래 각국의 통치자들이 극히 중시하던 예법 건축에 속한다. 옹성의 종묘는 목공이 창건한 것으로, 그는 일찍이 서융 12국을 집어삼키고 땅을 넓히는 등 그 공이 혁혁했다. 종묘에서는 선조들의 위패를 모시는 것 외에도 망국지사(亡國之社)라는 것을 설치하고 진에 의해 멸망한 군주들의 위패를 놓아 두었다. 자국의 무공(武功)을 과시함과 동시에 백성들에게 편안할 때에 미리 위험을 생각하고 경계해야 함을 경고하기 위한 것이다.

**왕실 전용 얼음 창고, 능음궁_** 능음궁(淩陰宮)은 190세제곱미터의 얼음을 저장할 수 있었다. 건물 전체가 방광(防光), 방열(放熱), 방수(防水), 방풍(防風)의 특수 기능을 갖고 있었는데 당시의 과학 지식이 응용된 것이었다. 궁정에서는 중대한 제사, 참배, 하사(下賜) 등의 행사에서 희생을 죽여 제물로 쓰는 경우가 많았고 이때 대량의 얼음이 필요했다.

**억상 정책 하의 시장_** 서주 이래 상품 경제의 발전에 따라 정기적인 시장[集市]이 열리게 되었다. 정기 시장은 도시 내에서 전문적으로 상품 교역을 하는 장소로 쓰였다. 애초에는 민간 교역으로 시작하였는데 서주 중후반에 이르러 귀족들이 무역 시장을 장악하고 관청에서 집중적으로 관리하게 되었다. 그리고 춘추 시대에는 상품 경제가 전에 없던 번영을 이루어 크고 작은 도시를 막론하고 없어서는 안 될 장소가 되었다.

**청동 술병〔호〕**

옹성에서 출토되었다. 중요한 제사 의식이나 연회 때 술을 담는 데 사용하였다.

### 종묘 복원도

옹성의 종묘 터는 지금까지 발견된 것 중 가장 규모가 큰 선진(先秦)의 고급 예법 건축 군(群)이다. 건물이 북쪽에 들어앉아 남쪽을 향하고 면적은 7,560제곱미터에 달한다. 도궁(都宮), 조묘(祖廟), 소묘(昭廟), 목묘(穆廟), 중정(中庭), 그리고 망국지사로 구성되어 있다. 사방에 담이 둘러싸여 있어 폐쇄적인 건축 군을 형성한다. 배치는 기본적으로 서주의 도성 제도를 따르고 있으나 주 왕의 종묘보다 더 웅장하다.

제(齊)나라와 연(燕)나라의 도성에도 시장이 생겨났다. 관에서 직접 운영하는 것도 있었지만 민간에서 직접 운영하는 시장도 있었다. 그러나 진나라는 억상(抑商) 정책을 추진하여 상품 경제의 총체적인 발전은 동방 6국에 미치지 못하였다. 때문에 옹성에는 정기적으로 열리는 시장 하나밖에 없었다. 또한 관아에서 규제를 하여 경영 시간이나 상품의 종류 모두 엄격한 규정에 따라야 했다. 문루(門樓) 위에는 정기 시장의 관리 기구인 '시정(市亭)' 사무소가 있었다. 높은 데서 내려다보며 시장 질서를 유지했던 것이다.

### 능음궁 복원도

옹성 궁전들 중에 있는 왕실 전용 얼음 창고로서 동서 16.5미터, 남북 17.1미터이다.



도랑문 칸막이 : 백기하(白起河) 골짜기의 북서풍이 직접 얼음 구덩이로 들어오지 않도록 두 번째 도랑문 바깥에 배수관을 설치하였다. 평소에는 칸막이로 바람 구멍을 막아서 얼음 구덩이를 보호하였다.



얼음 운반과 방풍 : 구덩이 서쪽에는 서쪽 담과 통하는 도랑이 하나 있는데, 계단 모양을 하고 있으며 다섯 개의 문이 있어 백기하와 통한다. 겨울에 강물이 얼면 도랑을 통해 운반해 온다.

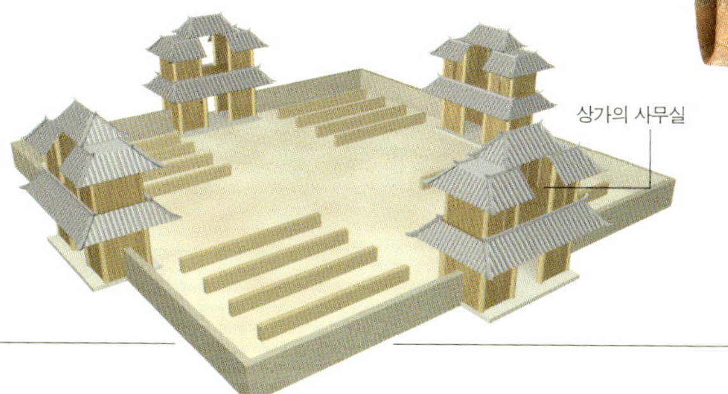


### 정기 시장 복원도

『주례(周禮)』에서 시장의 위치를 규정하고 있다. 반드시 조침 뒤쪽에 설치를 해야 하는데, 이를 '전조후시(前朝後市)' 라고 불렀다. 옹성 정기 시장의 면적은 34,030제곱미터이고 완전 밀폐식이었다. 사방에 담이 있고 문이 하나씩 있는 이러한 형태는 『주례』의 규정과 완전히 일치하는 것이다.

# 참신하고 독창적인 능묘

옹성 내의 궁전이나 종묘 등의 중요한 예법 건축은 동진 과정 중 주 왕조의 예법을 모방하고 취한 것이다. 그러나 성 밖에 위치한 또 다른 예법 건축인 능묘들은 진의 창조성을 잘 드러내고 있다. 이곳은 주례의 속박을 받은 흔적이 별로 없으며 진의 고유성을 두드러지게 표현하고 있다. 특히 역대 군주의 능묘는 구성이 체계적이며 통일성이 있었다. 또한 높고 앞이 탁 트인 지형에 설계한 거대한 이 건축물들은 진이 날로 강성해지길 바라는 희망을 표현하기도 했다.

**진 능묘의 기획_** 능묘는 옹성 밖 남서쪽 봉상원(鳳翔塬)에 세워졌다. 능묘와 성 사이에는 옹수가 흐르고 있었다. 그 지세를 보아 심혈을 기울여 묘지를 선택했음을 알 수 있다. 앞이 탁 트였으며 깊고 두터운 황토층에 수위가 매우 낮았다. 옹성을 지켰던 열여덟 명의 진나라 군주가 이곳에 묻혔다. 능묘에 대해서는 상주(商周) 시대에 이미 규율이 정해져 있었는데, 처음에는 모두 도성 밖에 만들었다. 그러나 춘추 시대 이래로 전쟁이 잦아지자 각 제후국의 군주는 물론 주 왕까지도 도성이 함락될 것을 염려해 무덤을 도성 안으로 옮기고 빈틈없이 보호했다. 그런데 진만은 달랐다. 진은 능묘를 도성 밖에 만들었는데, 이것이 진나라 도성 건축의 큰 특징 중 하나이다. 이는 진의 국력 성장과도 밀접한 관계가 있는데, 진은 그들의 강대한 군사력이 도성과 능묘를 완벽하게 보호할 수 있다고 자신하였던 것이다. 이러한 설계는 크기

의 제약을 받지 않게 하였고 도성을 확장시키는 데에도 유리했다. 진나라의 자기 과시적 특성을 잘 반영해 주는 부분이다. 함양으로 천도한 후에는 도성을 기획하는 데 있어 더더욱 제약을 받지 않게 되었다. 산천하류(山川河流)가 모두 그들의 영역 안에 있었다.

**능묘의 배치_** 진의 능묘는 21제곱킬로미터의 크기이고 전체 대지의 규모는 110만 세제곱미터에 달한다. 이러한 수치는 능묘의 엄청난 규모를 말해 주는 것이다. 진은 종법(宗

모두 진의 수도 옹성에서 출토된 것으로 춘추 전국 시대 진공(秦公)의 부장품이다.

**채색된 도호(陶壺)**

**옥벽(玉璧)**

매미 모양을 새긴 상아 조각

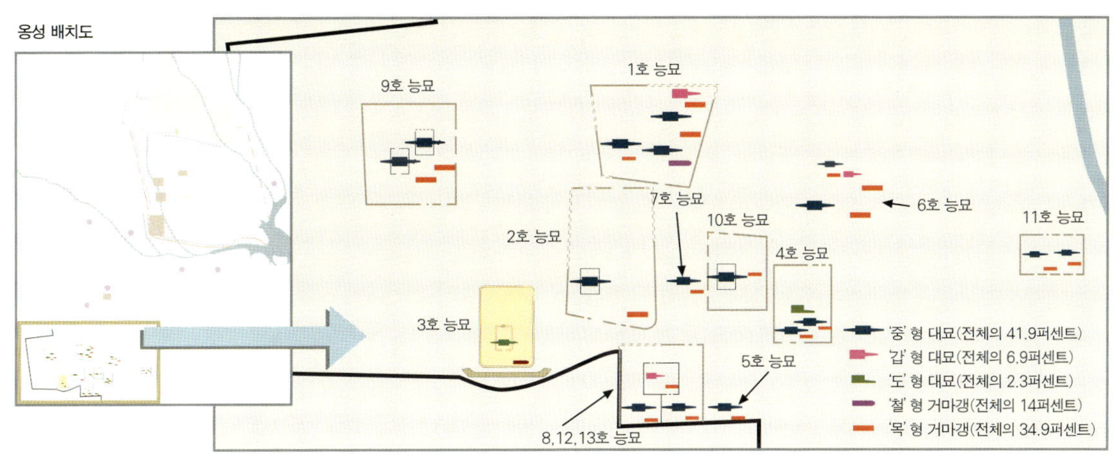



**진 능묘의 분포**

진 능묘에서는 모두 13기의 독립된 소능묘가 발견되었다. 각 소능묘에는 한 명의 군주와 왕실 구성원이 묻혀 있었다. 능묘 전체에 대형 무덤 43기가 있었다. 묘실(墓室)의 평면 구조는 다섯 종류로 나뉘는데, 각각 '중(中)', '갑(甲)', '도(刀)', '철(凸)', '목(目)'의 모양을 하고 있다. '중'형 묘에 있는 18기는 왕 및 제후급 규격으로 그 규모가 대단하다. 아마도 진나라 역대 군주의 능묘였을 것으로 보인다.

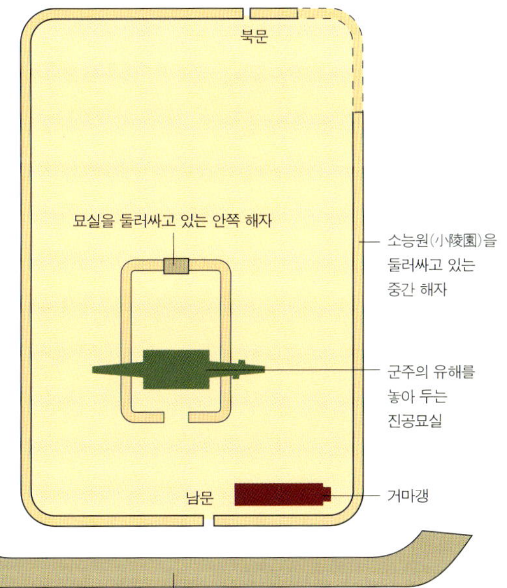



**진 능묘의 구조**

매 능묘마다 세 개의 해자가 있어 외조(外兆), 중조(中兆), 내조(內兆)를 구성한다. 몇 기의 대묘와 거마갱(車馬坑)이 있다.

法)*에 대한 개념이 부족했기 때문에 그들의 능묘 배치는 주 왕조나 다른 제후국들과 달랐다. 주 왕의 능묘는 항렬에 따라서 좌우배열을 했다. 아버지는 왼쪽, 아들은 오른쪽, 손자는 왼쪽, 증손자는 오른쪽에 위치했다. 좌소우목(左昭右穆)의 순환이었는데, 이를 소목(昭穆) 제도*라 한다. 이는 주례의 주요 예법 중 하나로 춘추 전국 시대 각 제후국은 모두 이를 따랐다. 그러나 진 능묘에 묻힌 18기의 진 군주의 무덤은 소목 제도를 따르지 않고 봉상원의 지형에 따라 묘를 안배하였다.

*종법 : 고대 사회에 적서(嫡庶) 계통(系統)을 규정하는 데 사용하던 법칙이다. 시조(始祖)의 적장자(嫡長子) 일계(一系)에서 전하고 이어받는다. 적장자가 '대종(大宗)'이 되고 나머지 서자는 '소종(小宗)'이 되어 장유존비(長幼尊卑)를 구별한다.

*소목 : 종묘에 신주를 모시는 차례. 천자의 경우 태조를 중앙에 모시고 2세·4세·6세는 '소'라 하여 왼편에, 3세·5세·7세는 '목'이라 하여 오른편에 모신다. 그리하여 3소 3목의 7묘이다. 제후는 2소 2목의 5묘이다.

# 진경공묘

능묘에서 발견된 군주들의 무덤 가운데 묘 주인의 신분을 확실히 알 수 있는 것은 경공(景公)의 무덤 진경공묘(秦景公墓)뿐이다. 경공은 목공 이후 진나라에서 집정 기간이 가장 길고 공을 많이 세운 군주로, 40년을 재위하였다. 묘실의 규모가 크고 배치가 온전한 것이 주 천자와 비교하여도 전혀 손색이 없다. 춘추 시대 능묘 중 제일이라 할 만하며 진의 강대한 국력을 충분히 보여 준다. 특히 묘실 가운데 묘 주인의 고귀한 신분을 상징하는 황장제주(黃腸題湊)*는 수백 년 뒤의 한(漢) 왕조 능묘 제도의 중요한 요소가 되었다. 또한 중원의 여러 나라에서 이미 사라지고 없어진 순장 풍습이 이 시기 진의 장례 제도에는 여전히 남아 있었다.

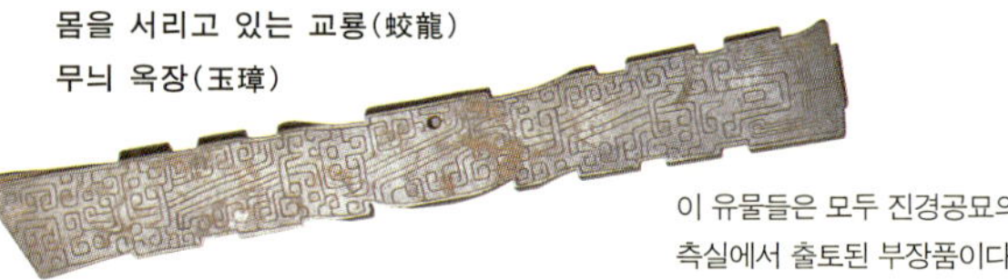

**금룡**

**진경공묘의 묘실**_ 두 개의 곽실(槨室)로 이루어져 있다. 평면은 직사각형을 하고 있으며 전부 목판(木板)으로 쌓았다. 중간에는 칸막이벽이 있어 전실(前室)과 후실(後室)을 이루었는데, 이를 황장제주라 한다. 관은 정중앙에 놓여 있었다. 이는 궁실 '전조후침'의 배치 설계를 따른 것이다. 전실은 경공이 생전에 집무를 보고 공무를 논의하던 조궁을 상징하고 후실은 그가 일상생활을 하던 침실을 상징한다. 황장제주는 한 왕조에 이르러서 널리 퍼져 황제에서부터 제후의 무덤에까지 모두 이 제도를 따랐다.

**순장의 성행**_ 노예를 순장하는 것은 상 왕조에서 유행한 잔혹한 장례 제도로, 지위가 높을수록 순장되는 사람의 숫자가 많았다. 서주 시대에 이르러 이 제도는 억제되기 시작하였고 춘추 시대에는 중원과 장강 유역의 여러 나라에서 이미 사라졌다. 또한 전국 시대에는 동방 6국의 귀족 대묘 중에 순장이 거의 보이지 않는다. 그러나 진나라에서는 여전히 노예를 순장하는 풍습

이 남아 있었고 묻힌 사람의 숫자도 많은 편이었다. 지위가 높은 총신(寵臣)과 시종도 순장을 당했다.

진나라는 중원에 들어온 것이 늦고 또 주의 예의를 따르지 않았기 때문에 아직 원시적 풍습을 고치지 못하였던 것이다. 전국 시대에 이르러 빈번하게 벌어졌던 전

**몸을 서리고 있는 교룡(蛟龍) 무늬 옥장(玉璋)**

이 유물들은 모두 진경공묘의 측실에서 출토된 부장품이다.

**몸을 서리고 있는 교룡 무늬 옥패**



황제의 나라

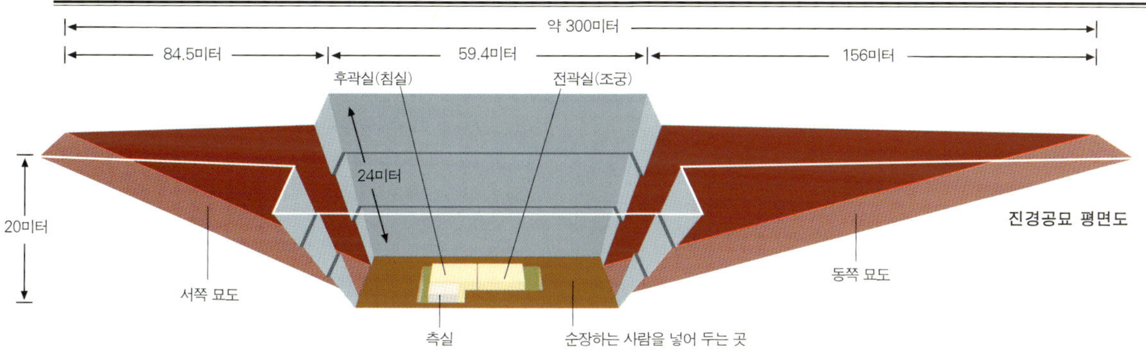


쟁은 많은 전쟁 포로를 만들어 순장의 희생물이 되게 하였다. 진은 이런 잔인한 제도를 계속 보존한 가장 완고한 나라였다. 전국 시대 중기에 이르러 헌공(獻公)이 순장 제도를 폐지할 것을 명령하면서부터 이 제도는 점차 사라졌다. 진시황이 6국을 통일한 후 순장을 대신한 것이 바로 진흙으로 구워 만든 병마용(兵馬俑)이다.

사람과 묘도의 크기를 비교하면 무덤의 규모가 어느 정도인지 짐작할 수 있다.

**진경공묘 발굴 현장**

그 유명한 진시황릉은 부장된 병마용만 발굴했을 뿐 묘실은 아직 발굴하지 않았다. 따라서 진경공묘는 현재 고고 발굴이 유일하게 이루어진 진나라 군주묘라 할 수 있다. 그림에서 도굴 구멍을 볼 수 있다.

*황장제주 : 황벽나무를 대량으로 사용하여 거대한 묘실을 만들고 그 안에 관곽을 놓았다. 진·한 두 왕조의 성대한 장례는 진공대묘에서 기원한다. 이는 한대(漢代)에 400년간 통용되었다. 삼국 시대에 이르러 조조(曹操)가 상제(喪制)를 간소화할 것을 제창함으로써 황장제주는 비로소 사라졌다.

**측실**

측실은 부장품을 두는 곳이다. 오래 전에 도굴당했기 때문에 금옥(金玉) 장식 등의 자잘한 부장품 외에는 없다. 진경공묘의 도굴 상태는 몹시 심각하다. 무덤 표면에 270여 개의 도굴 구멍이 발견될 정도이다. 이 측실의 도굴 구멍은 길이와 너비가 각각 80센티미터쯤 된다.

**순장 발굴 현장**

묘실에는 모두 186명을 순장하였는데, 그중 20명은 묘실의 흙 속에 있고 나머지는 곽실의 2층 대 위를 둘러싸고 있다. 그들은 지위의 고하에 따라 배열되었다. 지위가 높은 사람은 2층 대 위의 안쪽에 있었다. 94명은 방목(枋木)에 흑칠을 한 관 속에 입관되었는데, 그중 어떤 것은 관(棺)과 곽(槨)이 모두 있었다. 거기서 나온 부장품은 대부분 정교하고 아름다운 구슬꿰미와 옥황(玉璜)이었다. 지위가 높은 시종이었을 것이라 짐작된다. 또 얇은 나무 상자에 입관되고 대부분 생산 도구들만 부장되어 있었던 72명은 지위가 낮은 노예였을 것이다. 모든 관목(棺木) 위에는 주사(硃砂)로 쓴 일련 번호가 있다. 이는 장사를 지낼 때 질서 정연하게 차례가 있었고 또 엄격한 등급 관념이 있었다는 것을 보여 주는 것이다.

# 독특한 문화의 형성

진은 동진 과정 중 유목 민족 특유의 문화에 기초하여 주 왕조 및 동쪽 여러 나라들의 종법제 문화와 융합되기도 하고 또한 충돌하기도 했다. 주 왕조는 씨족 혈연이 뻗어나간 분봉제(分封制)를 기초로 하여 왕권, 족권(族權), 신권(神權)이 하나로 합쳐진 정치 체제를 형성하였다. 그 핵심은 친족 정치였고 여기에서 주례가 생겨났다. 예로써 나라를 다스린다고 하는 이례치국(以禮治國)의 개념이었던 것이다. 그러나 진의 정치 체제는 이와는 달랐다. 진은 군사 중앙 집권제와 지방 군현제로써 주의 친족 정치를 대신하였다. 진은 주 왕조의 선진 문화를 흡수하는 동시에 주변 민족의 문화와 6국의 문화를 융합하기 위해서도 노력했다. 법으로 나라를 다스리긴 하였으나 종법 개념이 부족하고 예의를 따르지 않았다. 또한 조상 숭배와 신권도 중요하게 생각하지 않았다. 출토된 당시의 청동 예기들이 이러한 문화적 특징을 구체적으로 보여 준다.

**주례를 가져오다_** 주 왕조의 삼엄했던 예의 제도는 춘추 시대 초기에 이르러 이미 쇠락의 길에 접어들었다. 그러나 이제 막 중원에 진입한 진 왕실과 진 귀족 계층에게는 그때에도 주례의 영향이 남아 있었다. 주 왕조의 왕권과 신권을 대표하는 예기(禮器)는 진이 중원에 진입한 몇 대의 군주에 의해 모방되어 그들의 정치적 지위와 강대한 군사력을 반영하였다. 예컨대 진 목공은 예(禮), 악(樂), 시(詩), 서(書)를 나라의 근본으로 삼았다. 당시 각 제후국은 주 왕실의 예법을 취하여 귀족에서 평민에 이르기까지 모두 청동 예기를 보편적으로 사용하였다. 그러나 진에서는 왕실을 비롯하여 비교적 신분이 높은 귀족만이 청동 예기를 가질 수 있었다. 진에서 제조한 예기는

경공의 궤에 있는 명문 탁본

수량이 적은 데다 종류도 많지 않아 대규모 세트를 이루는 예기는 보이지 않는다. 질 또한 대체로 보잘 것 없어 무늬나 장식이 간결하다. 그 수량이나 질이 모두 동방 6국에 비해 크게 뒤처지는 것은 물론이고 주 왕실과는 더더욱 비교할 수도 없다.



**경공의 궤(簋)**
경공 시기 의식에 쓰인 이 예기는 그릇의 모양과 무늬 장식으로 보아 주례를 본따 만든 전형적인 작품이라 할 수 있다. 하지만 그 안과 뚜껑에 있는 명문에는 고난에 찬 건국 과정과 영원히 국토를 지키라는 경공의 가르침이 적혀 있다. 동방을 차지하겠다는 진나라의 확고한 신념이 표현된 것이다.



황제의 나라

무소 모양 청동 준의 일부분



**구름 무늬를 상감한 무소 모양의 청동 준(尊)**
지금까지 발견된 많지 않은 진의 청동 작품들은 그들이 창조한 새로운 형식의 것이 대부분이다. 어떤 것은 선진적인 수준을 보여 주기도 한다. 이 무소 모양의 주기(酒器)는 궁정에서 쓰였던 것으로, 몸체에는 금은을 박아 넣은 구름 무늬를 장식하였고 터키석으로 상감하였다. 사실적 수법으로 실용 기구를 제조하는 것은 청동기에서는 드문 일이다. 이는 진나라 청동 공예의 걸작품으로 절묘한 구상과 지극히 높은 수준을 보여 준다.

**청동제 박 모양 술병〔壺〕**
술 담는 그릇으로 새 모양의 뚜껑이 있다. 조형과 무늬 장식이 이미 주례의 속박에서 완전히 벗어나 신선하고 자연스럽다.

사람들의 정신에서 비롯된 것이다. 그들은 예기의 수를 줄여 청동을 절약했고 대신 그것을 병기를 만드는 데 사용하여 전쟁에 나섰다. 그러나 현재까지 발견된 얼마 안 되는 진나라 청동 예기를 보면 조형이나 무늬, 장식에서 결코 뒤처지지 않으며 어떤 것은 한 단계 앞선 수준을 보여 주기도 한다. 당시의 예기는 신권과 왕권의 결합이라는 원래 성격에서 벗어나 보고 즐기는 예술품으로서의 성격을 갖는다.

하지만 진나라 동기(銅器)의 조형(造型)과 명문(銘文)에는 그들의 예의가 어느 정도였는지, 그리고 그들의 패권주의적 신념이 어떠하였는지가 잘 반영되어 있다.

**신선한 풍격의 진나라 예기_** 힘이 커지면서 진은 주의 문화를 모방하던 데에서 독특한 풍격을 갖춘 문화를 발전시키는 쪽으로 바뀌어 갔다. 그리고 신선하고 자연스러운 풍격을 추구하는 각종 예술품을 낳으며 주 왕조의 전통을 대표하던 청동제 예기에 강한 충격을 준다. 진은 구리를 이용하여 주로 병기(兵器)를 생산하였는데, 이는 실질적인 것을 중요하게 여기는 진나라

**구름 무늬를 상감한 술병〔壺〕**
장식된 떠도는 구름 무늬(流雲紋)는 금은과 터키석, 그리고 붉은 유리〔紅琉璃〕로 상감했다. 이러한 청동 상감 공예는 당시 새롭게 창안된 기술이었다. 진의 청동기 주조 기술이 매우 선진적이었음을 알 수 있다.

# 음악을 좋아한 진나라 사람들

진나라의 예의 용품 가운데 가장 큰 비율을 차지하고 있는 것은 각종 악기이다. 이는 진의 궁정 악대가 상당한 규모를 갖추고 있었다는 것을 말해 준다. 진나라의 민간 음악은 초(楚)나라의 낭만적 정서와 제나라의 단아함과는 다른 "항아리를 치고 질장구를 두드리고 쟁을 타고 손으로 허벅지를 치는" 성격을 보였다. 중원으로 진입한 후에는 주 정통 예악의 영향을 받아 이러한 민간 음악을 궁정 예악이 점차 대신해 갔다. 따라서 진나라의 여러 악기들에는 주례의 영향이 엿보이지만 동시에 진나라 사람들만의 독특한 풍격을 유지하고 있기도 하다.

**서북의 풍격을 유행시키다**_ 『사서(史書)』에는 진 목공이 서북의 풍격을 음악의 기조로 하라고 명했다는 기록이 전해진다. 진나라 궁정에는 상당한 규모를 갖춘 악대가 있었다. 『사서』에 기록된 유명한 음악인으로는 고점리(高漸離), 소사(蕭史), 진청(秦青) 등이 있다. 특히 주목해야 할 점은 악기의 종류를 모두 갖추었고 연주 방식도 상당히 복잡했다는 것이다. 진의 악기로는 종박(鐘鎛:큰 종과 작은 종-옮긴이 주)과 석제 편경이 있다. 경공대묘에는 석제 편경 2세트가 부장되어 있었는데, 모두 10편(片)으로 그 크기가 매우 크다. 봉상에 있는 진나라 귀족의 대묘에서도 4세트, 모두 합해 48편의 도제 편경이 출토되었다. 음악으로 유명한 초나라 장왕(莊王)의 왕자 오(午)의 묘에도 겨우 석제 편경 3편만 부장되어 있었던 것과 비교해 매우 큰 규모이다. 동방 6국에는 청동제 예악기가 유행했던 데 반해 진에서는 질박하고 거칠면서도 조화를 이루는 석제와 도제 악기가 중시되었다.

무공의 편종과 같은 명문이 새겨져 있다.

**진공의 박**
편종(編鐘)과 편박(編鎛)의 조형 장식은 위엄 속에 활발한 생기를 나타낸다. 주조 공예가 상당히 성숙하여 주 왕조의 청동기에 필적할 만하다. 명문의 서체는 깔끔하고 수려하며 이미 소전(小篆:한자의 열 가지 글씨체 중 하나-옮긴이 주) 체계가 형성된 것이 보인다. 진나라 사람들이 동부의 선진 문화를 흡수하는 동시에 그들만의 독특한 풍격을 보존하고 창조하였다는 사실이 더욱 분명해진다.

**음악으로 낡은 풍속을 고치다**_ 진은 음악 이론 방면에서도 상당한 공을 세웠다. 예컨대 진의 승상(丞相) 여불위(呂不韋)가 제자에게 명령하여 지은 『여씨춘추(呂氏春秋)』에는 음악의 기원과 발전 및 방법 등에 관한 이론이 광범위하게 언급되어 있다. 음악이 풍속을 개량한다며 건강한 음악을 제창하고 통속적 음악을 반대하였다. 따라서 동방 6국에 유행하던 퇴폐적인 음악보다는 그들만의 독특한 음악 풍격을 중시하였다. 심지어 진은 음악의 흥망성쇠가 한 시대의 정치와 밀접한 관계가 있으며 또한 정치에 대한 예기치 못한 작용을 할 수도 있다고 생각하였다. 이는 동방 6국 어느 나라에서도 따르지 못하는 부분이었다.

**무공의 편종**
섬서성 보계(寶鷄)의 평양성(平陽城) 옛 터에서는 청동 예기를 저장한 구덩이가 하나 출토되었는데 진이 천도할 때 소중히 간직해 둔 것으로 여겨진다. 진 무공이 국가적인 큰 제사 의식에 사용했던 악기로, 편종 5개와 편박 3개가 있다. 편종과 편박에는 서로 같은 명문이 있는데 대강의 뜻은 다음과 같다. 진나라의 선조는 국가를 통치하면서 사방에 국토를 가지고 위대한 공적을 세웠으니 이에 종박을 만들어 선조의 공적을 기념하고 '진공이 오래도록 재위하시며 천명을 받고 만수무강하기를' 희구한다는 내용이다. 명문에는 또 진의 음악이 바르고 엄정하며 화음을 중시하는 특성이 있다고 적혀 있다. 오늘날까지도 중국 서북 지방의 민요는 진나라 음악의 거칠고 묵직한 여운을 그대로 가지고 있다.

**악부 종**
이 청동 종은 종의 손잡이에 '악부(樂府)'라는 두 글자가 쓰여 있다. 악부는 궁정 음악을 주관하던 관청이다. 진시황 능묘 여산능원(驪山陵園)에서 출토된 이 종은 능원 내에도 악부를 설치하고 음악인들이 제사 예악 활동을 책임지고 있었다는 것을 증명해 준다.

## 진나라 사람들은 석제 악기를 좋아했다

진 경공의 대묘에서는 석경 수십 편을 포함한 두 세트의 편경이 출토되었다. 이는 경공의 즉위 후 집정식을 할 때 제조한 악기들이다. 이들은 출토될 때 이미 많이 훼손되어 있었는데 그중 이 석경만이 비교적 잘 보존된 것이다. 명문에는 "모든 악기를 동시에 연주한다[百樂咸(合)奏]."라고 기재되어 있다. 이는 진나라 궁정 악대의 웅장한 장면과 열렬한 분위기를 반영해 주는 말이다.

**고양 유령석경의 명문**
고양(高陽)은 오제 중 하나인 전욱(顓頊)이다. 이는 고고학 분야에서 발견된 고양씨(高陽氏)에 관한 가장 이른 기록이다.

# 철기의 발달

진나라 사람들은 관중 지역으로 진입한 후 적극적으로 인재를 끌어모으는 한편 선진적인 생산 기술을 흡수하여 향후의 경제적 비약을 위한 기초를 다졌다. 춘추 시기에 제후국들은 각자 구리 만드는 기술을 발전시켰고 주의 예법을 가져와 저마다 청동 예기를 주조하였다. 그런데 진나라 사람들만은 예의를 중요하게 여기지 않아 구리 대신 야철업(冶鐵業)이 발달하게 되었다. 춘추 중기에는 철기의 생산이 급격히 증가하여 초나라와 함께 철기 대국으로 이름을 날렸다. 이는 진나라가 유목 경제에서 농경 경제로 넘어가는 데 큰 역할을 했다. 전국 말기에는 이미 철의 보급이 상당히 이루어져 일용 소도구까지도 모두 철제였다. 진 왕조에 이르러 야철업은 정부가 직접 관할하는 산업이 되었으며 군사 장비에 있어서는 그 무엇과도 비교할 수 없는 위력을 발휘하였다.

**신흥 산업으로서의 야철업_** 진나라가 위치한 관중 일대는 철광이 부족하였다. 진은 다른 제후국보다 야철업의 발전이 어려운 조건이었지만 그럼에도 불구하고 철을 매우 중요하게 생각하였다. 나라를 세우고 얼마 안 돼 정부는 전국적으로 땅을 개간하여 농사를 지을 것을 장려하였다. 그리하여 경지 면적을 넓히고 국고의 식량 비축을 늘리고자 하였다. 이를 위해 농민들에게 특혜 조건으로서 철제 농기구를 널리 보급하였다. 전국 시기에 이르러 농업과 수공업 생산 도구는 모두 기본적으로 철기로 대체되었고 진은 중국 땅에서 철기가 가장 발달한 나라가 되었다. 특히 우경(牛耕)에 사용되는 철 쟁기와 가래의 보급은 진의 대규모 토지 개간과 심경세작(深耕細作)에 많은 도움이 되었다. 진의 야철업은 정부가 직접 모든 것을 관리하였다. 전국의 야철업을 관리하는 사람은 상당한 권력을 가지고 있었다. 사영(私營) 야철업은 아직 정부의 그늘에서 벗

**철 쟁기**
진은 전국 시대에 우경 기술이 가장 보편화된 나라였다. 철 쟁기는 소의 힘을 이용하여 깊게 땅을 파 농사를 지을 수 있게 하였다. 진나라의 농업 생산이 심경세작의 새로운 단계로 접어들었음을 보여 준다.

어나지 못했다.

섬서성 함양 도성에서 발견된 대규모의 국가 관리 야철 작업장에서 많은 병기와 공구가 출토되었다. 그 유물들로 보아 당시 각 제조 공정이 매우 체계적이고 규모 있게 이루어졌음을 알 수 있다.

**황금 제조업의 성취_** 진나라의 옥기(玉器), 칠기(漆器), 금기(金器)의 생산은 모두 상당한 규모를 갖추

진나라 사람들이 널리 사용한 철제 가래, 저울추, 대패 등의 농사 도구는 오늘날 농촌에서도 볼 수 있는 것들이다. 실질적인 것을 추구하던 진나라 사람들은 예의용 기구를 그다지 좋아하지 않아 항상 철제 농구를 부장하였다. 진나라의 무덤에서는 언제나 대량의 철기가 출토된다. 예컨대 섬서 봉상에서 발견된 전국 시대 진 무덤에는 56점의 철제 농구만 부장되어 있을 뿐 다른 것은 나오지 않았다. 이는 무덤 주인이 농업에 종사하는 사람이었다는 것을 나타내 줄 뿐 아니라 철제 농구의 보급 정도도 보여 준다.

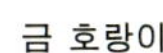

철 대패

철 저울추

철 가래

었다. 특히 춘추 전국 시대 진나라의 황금 제조업은 제후국들 중 가장 수준이 높았다. 수량뿐만 아니라 예술적 성과도 훌륭했다. 금기를 주조하는 데는 높은 온도와 복잡한 공예 기술이 요구되므로 동기, 철기보다 훨씬 만들기 어렵다. 그런데 춘추 시대 중기에 진에서 중앙의 관리를 받으며 제조된 금기는 이미 통일적, 규범적인 특성을 가지고 있었다. 이는 당시 민간 작업장에서는 따라갈 수 없는 수준이었다. 진의 금기 중에는 예기와 장식품이 별로 없었다. 주로 벨트 버클, 거마(車馬) 용품 등의 실용적인 것이었으며 맑고 신선한 풍격을 추구하였다.

금 호랑이

진의 금 제품은 모두 틀에 부어 형태를 만들었다. 이 금 호랑이는 무늬 장식이 뚜렷하며 용맹 속에 천진함을 나타내고 있다. 진나라 금 제품의 대표작이다.

옹성에서 출토된 이 두 금 제품은 진나라 사람들의 뛰어난 공예 수준과 창조력을 반영한다.

금으로 만든 괴수

금으로 만든 짐승 얼굴

## 핸드바이스의 정교함

이것은 현대의 핸드바이스와 외형이 완전히 똑같다. 현대의 핸드바이스가 연축(連軸) 방식의 여닫기를 채용하고 있다면 이 핸드바이스는 좌·우의 부품이 한가닥 홈에만 의지한 채 접합되어 용접을 하거나 못을 사용하여 꿰어 이을 필요가 없다.

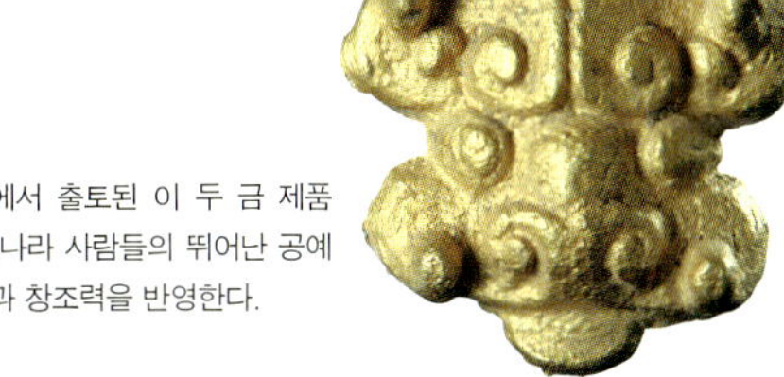

### 청동으로 만든 작은 공구

이 핸드바이스는 용도가 광범위한 공구이다. 철기를 만들 때 이것을 사용하여 집을 수 있었다. 진은 유목 민족으로 일어났으며 예의를 따르지 않고 공공의 이익과 실용을 중시하였다. 진의 청동 만드는 기술은 조예가 깊기도 했지만 당시의 다른 나라들과 비교해 특징이 뚜렷했다. 수량이 가장 많고 성과가 있는 제품은 당연히 청동 무기이고 그 다음이 대형 건축 자재 및 귀족의 거마 용품과 평민이 사용한 청동 공구, 벨트 버클 등의 자잘한 일용품들이었다.

# 최초의 통일 국가, 진 왕조

기원전 221년 진시황은 중국 역사상 처음으로 통일된 다민족 국가 진 왕조를 세웠다. 그리고 그는 황제 제도, 군현 제도, 관리 제도와 그에 상응하는 법률을 만들었다. 황제를 중심으로 하는 이 일련의 제도는 2천 년간의 중국 황제 체제를 통해 이어져 내려온다. 정벌 전쟁 중에 형성된 절대 권위가 진의 통일 대업을 완성시켰다. 하지만 통일 후 진시황의 일인 독재로 바뀌었고 멸망의 길로 접어들었다.

진시황

**진이 6국을 무너뜨린 순서**

❶ 기원전 230년, 6국 중에서 가장 작은 한(韓)을 멸망시킨다.

❷ 기원전 229년~기원전 228년, 천재(天災)를 틈타 조(趙)나라의 수도 한단(邯鄲)을 점령하고 조 왕을 포로로 잡는다. 조나라 왕자는 대군(代郡)으로 달아나 스스로를 대왕(代王)이라 칭한다.

❸ 기원전 227년, 연나라의 태자 단(丹)이 형가(荊軻)를 보내 진시황을 척살하려 하나 실패한다. 진이 연을 공격하여 이듬해에 계성(薊城)을 무너뜨리고 연은 요동군(遼東郡)으로 천도한다.

❹ 기원전 225년, 황하의 물을 이용하여 위(魏)나라의 도성을 3개월간 잠기게 하여 멸망시킨다.

❺ 기원전 224년, 60만의 군대를 출병시켜 가장 강대한 나라였던 초나라를 공격한다. 전쟁은 2년이 넘게 지속되었는데 진시황은 전국 모든 사람과 재물을 동원하여 지원한다. 기원전 222년에 초가 멸망한다.

❻ 기원전 222년, 연나라를 무너뜨린다.

❼ 기원전 222년, 대군을 공격하여 조나라를 멸한다.

❽ 기원전 221년, 제나라는 싸우지도 않고 항복해 온다.

**진의 통일 전쟁_** 전국 시대 말기 철기가 보급됨에 따라 생산력이 크게 증대되었고 제후국 간의 경제적인 교류가 잦아졌다. 주변부에 거주하던 소수민족들은 이미 중원 민족과 융합하여 공통의 문화를 가지게 되었다. 이렇게 혼합된 민족을 화하족(華夏族)이라 부른다. 이러한 상황 하에서 제후들 간의 혼전을 종결하고 통일을 이루는 것은 이미 필연적 추세였다. 기원전 230년부터 221년까지 10년 동안 진나라는 6국을 통일하고 중앙 집권 국가를 수립하여 500여 년에 걸친 혼전을 마무리지었다.

**진시황과 황제 제도_** 진시황(기원전 259년~기원전 210년)은 진 제국의 창립자이다. 본명이 '정(政)'이고 조상의 성은 '영(嬴)'이며 30세에 즉위하여 그 유명한 진시황이 되었다. 그의 집정 기간 동안 진의 국력은 이미 최고였다. 진시황은 선조들이 추구하던 패권의 정신을 계승하였다. 그는 예의 도덕의 속박에서 더 자유로웠고 훨씬 더 난폭했다. 예로부터 선조들이 꿈꾸어 왔던 "황하에서 말에게 물을 먹인다."는 희망을 좇아



황제의 나라

천하를 합병하는 것이 진시황이 추구한 유일한 이상이었다. 드디어 기원전 221년에 그는 6국을 평정하고 통일의 과업을 이룬다. 상주 이래 군주는 모두 왕(王)이라고 불렸다. 그런데 진시황은 천하를 통일한 후 스스로 "덕이 삼황(三皇)보다 높고 공이 오제(五帝)를 덮었음에도 왕이라고만 부르는 것은 지위에 맞지 않는다."라며 삼황오제를 하나로 합쳐 '황제(皇帝)'라 하였다. 중국 역사상 첫 번째 황제가 탄생한 것이다.

진시황은 그의 신성한 지위를 과시하며 일련의 황제 제도를 확립하였다. '명(命)'을 '제(制)'라 하고 '령(令)'을 '조(詔)'라 했으며 스스로를 '짐(朕)'이라 칭했다. 황제의 전용 도장은 옥으로 조각하여 '새(璽)'라는 고유 명칭을 썼다. 이때 만든 제도가 청 왕조까지 이어졌다. 진의 황제 제도에 의하면 황제는 지고무상(至高無上)의 절대 권력을 갖고 전국의 주요 관원을 모두 친히 임명하며 또 해고할 수 있었다.

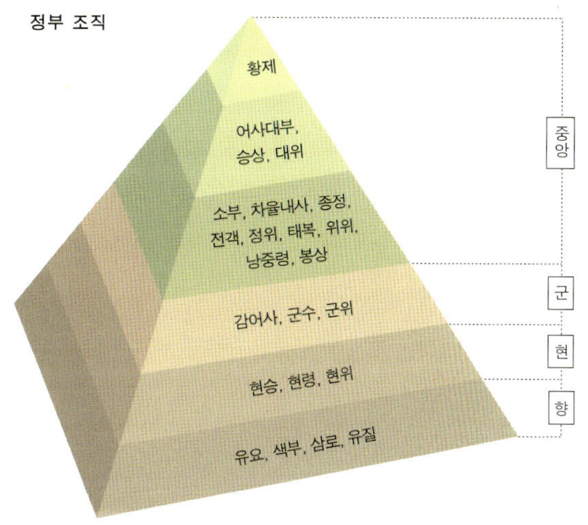



**피라미드 식 관리 제도_** 진 왕조는 중앙 집권적 정치 체제를 추진하고 관직을 세습할 수 없도록 했다. 황제 밑에 중앙 정부를 두고 삼공(三公)과 구경(九卿)을 핵심 성원으로 삼았다. 승상, 태위(太尉), 어사대부(御史大夫)의 삼공은 전국의 행정, 군사 및 감찰을 주관하는 고위 관리였고 구경은 황실의 사무 및 법률, 외교, 군사, 재무 등을 관리했다. 삼공과 구경은 각기 행정 기구를 가지고 정부의 사무 처리를 책임졌다. 대사(大事)는 먼저 승상에게 물어 보고 맨 마지막에는 황제의 허락을 받는 피라미드 식 체계가 형성되었다.

**군현 제도와 지역 정치_** 진은 통일의 과정 중 한 지역을 점령할 때마다 행정 기구 '군(郡)' 또는 '현(縣)'을 세웠다. 그리고 군주가 직접 임명한 장관이 그곳을 관리했다. 전국에는 48개의 군이 만들어지고 군현 제도가 전면 추진되었다. 군현 제도는 진 왕조 특유의 행정 관리 체계이다. 진은 주 이래로 널리 행해지던 분봉제를 폐지하고 대신 군현 제도를 추진하였는데, 이는 진이 종법 관념을 경시하고 지역 정치를 실행한 결과이다.

# 천하를 순행하는 진시황

진시황은 천하 통일의 위업을 이루고 일련의 새로운 제도와 법규들을 반포하였다. 진시황은 전국 시대 6국의 구귀족들로부터 강렬한 반격을 받았다. 이에 황제의 명성과 위엄을 선양하고 정치적 영향을 확대하며 6국의 반진(反秦) 세력을 위무하기 위하여 다섯 차례의 대규모 천하 순행에 나섰다. 이는 실제로는 제국의 선전을 위한 것이었다. 황제의 위엄과 법령 및 제도를 생생하고 선명하게 전국 각지에 전파하여 지방의 각급 관리에서부터 평민 백성에 이르기까지 가급적 빨리 이 거대한 사회 변혁을 이해시키려 하였다.

진 왕조의 일반적인 소전체 글씨 '제(帝)'

**순행 지역**_ 진시황이 순행한 구역은 주로 6국의 옛 땅인 중원, 화북(華北), 화동(華東) 일대에 집중되었다. 그는 가는 길마다 명산대천(名山大川)에 제사를 지냈다. 그리고 자신이 하늘의 명을 받아 천신(天神)을 대신하여 국가를 통치한다는 것을 널리 알렸다. 또 대형 기념비를 세우고 자신의 말을 새겨 황제의 위대한 공적을 찬양하고 진 제국의 강대함을 과시하였다.

**진 28년 낭야 각석**

낭야(琅邪), 태산(泰山), 갈석(碣石), 회계(會稽) 등의 7종의 각석(刻石:글자나 그림을 새긴 돌-옮긴이 주)은 진시황이 각지를 순시하며 새긴 것으로 통일의 공적을 널리 알리고 있다. 후대에 사(辭)를 더 새겨 넣었다. 현재 태산 각석과 낭야 각석의 잔문(殘文)만 보존되고 있다.

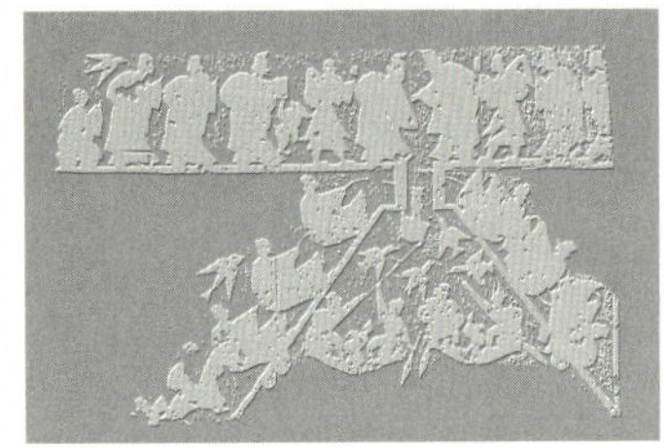

**정을 인양하는 그림 탁본**

선진 시대에 청동 정은 대대로 전해 내려오는 국가의 보물로서, 이것이 있으면 나라가 존재하고 잃어버리면 나라가 망한다고 생각하였다. 진시황은 천하를 통일한 후 팽성(彭城:지금의 강소 서주)에서 몸을 깨끗이 하고 기도를 하였다. 그리고 사수(泗水)에서 천 명의 사람들에게 주 왕조 때 잃어버린 구정(九鼎:우왕이 주조하여 하, 은, 주 삼대로 전해져 왔다고 하는 아홉 개의 정-옮긴이 주)을 건져 올리게 했다. 이는 국토를 영원히 보존토록 하기 위한 것이었다. 그러나 결과적으로는 건져 내지 못하였고 사람들은 이를 불길한 징조라 여겼다. 바로 그 일을 주제로 하여 돌에 새긴 그림이다.



황제의 나라

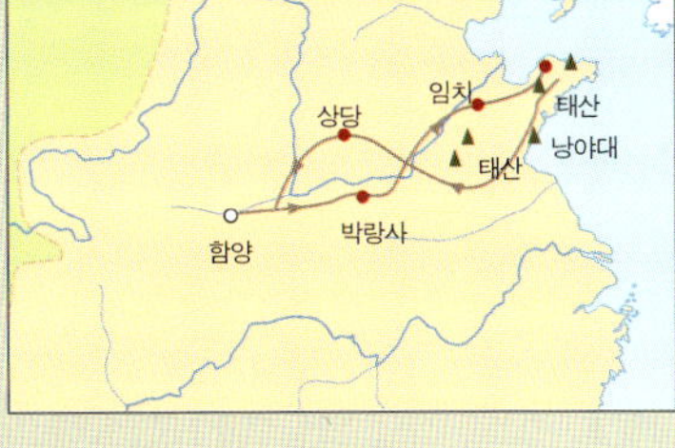


순행 : 제1차
시간 : 기원전 220년
순시 지점 : 농서군(隴西郡:현재 감숙 경내)
기록된 사건 : 진시황이 진나라의 서북 변방을 순찰하고 흉노에 반격할 전략을 확정하였다.

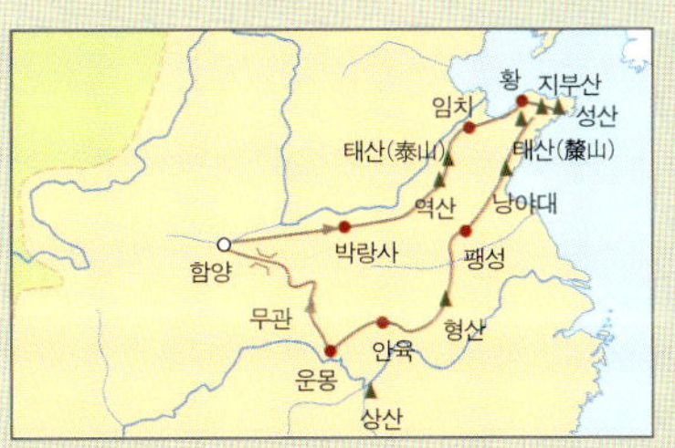


순행 : 제2차
시간 : 기원전 219년
순시 지점 : 제나라와 초나라의 옛 땅
기록된 사건 : 태산에서 봉선(封禪:봉토를 쌓아 하늘에 제사 지내고 땅을 깨끗이 쓸고 산천에 제사 지내는 일-옮긴이 주)을 하고 태산 각석을 세웠다. 지부산(之罘山)에 올라 낭야대(琅邪台)에 각석을 건축하였다. 진시황이 장생(長生)하기 위해 도사 서복(徐福)에게 남녀 어린이 각 1천 명씩을 데리고 동쪽으로 건너가서 바닷속으로 들어가 선인을 찾도록 명령했다.

순행 : 제3차
시간 : 기원전 218년
순시 지점 : 연나라, 한나라의 옛 땅
기록된 사건 : 한나라 귀족의 후예 장양(張良)이 자객을 모집하여 박랑사(博浪沙)에서 진시황을 척살하려 하다 실패함.

순행 : 제4차
시간 : 기원전 215년
순시 지점 : 주 왕조의 수도 부근, 연나라와 한나라의 옛 땅

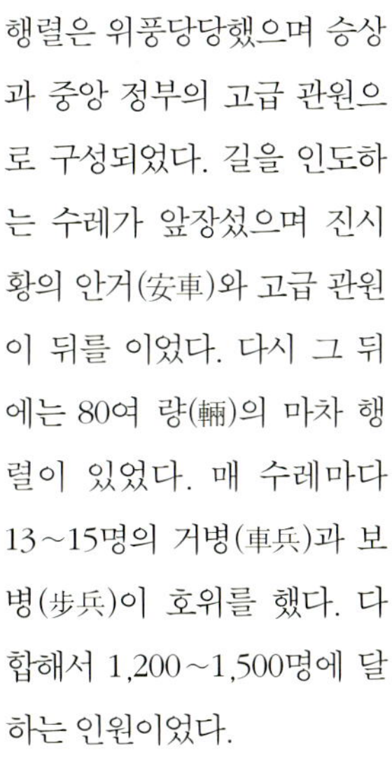


순행 : 제5차
시간 : 기원전 210년
순시 지점 : 초나라, 월나라, 오나라, 제나라, 연나라의 옛 땅
기록된 사건 : 진시황이 도중에 중병을 앓아 사구(沙丘) 평태(平台:지금의 하북성 광종 서북쪽)에서 사망했다.

진시황이 군대를 점검하는 장면

## 진시황의 출행 행렬

행렬은 위풍당당했으며 승상과 중앙 정부의 고급 관원으로 구성되었다. 길을 인도하는 수레가 앞장섰으며 진시황의 안거(安車)와 고급 관원이 뒤를 이었다. 다시 그 뒤에는 80여 량(輛)의 마차 행렬이 있었다. 매 수레마다 13~15명의 거병(車兵)과 보병(步兵)이 호위를 했다. 다 합해서 1,200~1,500명에 달하는 인원이었다.

# 진시황의 출행 전용 수레

**금으로 만든 말 고삐 장식**
수레를 끄는 네 필의 말은 각자 자기의 위치가 있다. 가운데 두 필을 복마(服馬)라 하고, 가장자리의 두 필은 참마(驂馬)라 했다. 이 말고삐 장식은 왼쪽 복마와 참마의 것이다.

1980년 진시황릉 서쪽 거마갱에서 채색을 한 청동제 마차 두 량이 출토되었다. 그중 한 량은 진시황의 전용 수레 안거(온량거라고도 함)를 본떠서 만든 것으로 진 왕조에서 가장 높은 등급의 수레였다. 진시황은 제5차 순시 도중 사구 평태에서 사망하여 이사(李斯)가 그의 시체를 이 수레에 실어 비밀리에 수도로 운반해 왔다. 이 모형 안거는 한 명의 마부가 수레를 몰고 네 필의 말이 앞에서 끌고 있다. 그 크기는 진짜 거마의 2분의 1이다. 수레의 총 길이는 3.28미터, 높이는 1.04미터이고, 총 중량이 1,800여 킬로그램에 달한다. 수레

**천공 : 재갈 장식이나 고삐 등을 조립하여 연결할 때 고정 핀을 사용하였으며 구멍의 직경은 1~3밀리미터이다.**

**안경 모양의 청동 사슬**
수레에는 사슬을 많이 사용하였다. 안경 모양의 이 사슬은 말의 재갈로 쓰였던 것이다. 지금도 기계나 일상 생활에 이런 사슬이 쓰이고 있다.

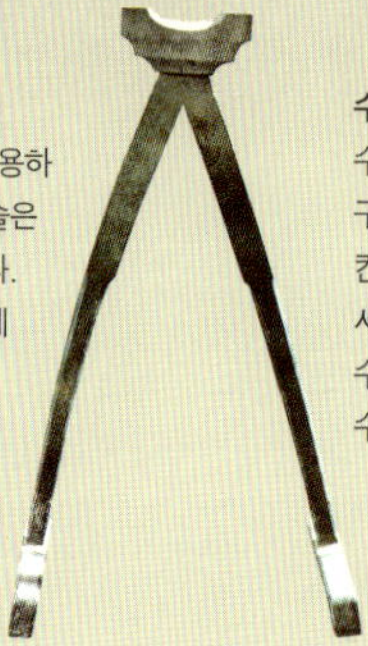

**수레 버팀대**
수레에는 상비되어 있는 수리 공구와 부속품이 많이 있었다. 예컨대 청동 수레 버팀대는 수레를 세우고 쉴 때 사용하는 것으로 수레 차체를 받쳐서 말들이 쉴 수 있게 하였다.

와 말에 청동으로 주조된 부품이 3,400여 개이며 주조, 용접, 리베트, 상감, 조각, 천공(穿孔), 연마 등 여러 가지 기술을 사용하였다. 이는 진 왕조 통일 후 6국의 청동 수공업 기술을 결집하여 그 수준을 최고로 끌어올린 대표적 작품이다.

## 청동 안거

고대 중국인의 관념에 의하면 둥그런 마차 차양은 하늘을 상징하고 네모난 차체는 땅을 상징하며 30개의 바퀴살이 있는 수레바퀴는 해와 달의 빛을 상징한다. 안거의 설계는 이러한 조건에 완전히 부합되고 있다. 결코 단순한 의미가 아닌 것이다. 주조 기술 또한 상당했다. 일단 측정해 보아 주석 함량이 비교적 높은 청동에 속해야만 주조(鑄造)하고 형체를 만들 수 있었다는 것은 진이 선진적인 주조 기술을 장악하고 있었다는 좋은 증거이다.

## 안거의 문 디자인

수레와 말의 전체 디자인은 용봉 무늬와 구름 무늬를 위주로 하였다. 색깔은 흰색, 주홍색, 녹색, 남색, 갈색, 검정색의 여섯 가지가 있었다. 색깔마다 명암이 다르고 퇴주(堆朱:여러 가지 칠을 바르고 그늘에 말린 후 각종 무늬를 부조한 것-옮긴이 주) 공예와 같은 입체 효과를 냈다. 이는 나무의 진으로 만든 안료를 사용했기 때문인데, 안거의 색채를 더욱 풍부하게 하여 호화롭고 고귀한 기풍을 한껏 드러내었다.

직사각형의 차체는 전실과 후실로 나뉜다. 중간의 격자 창을 사이에 두고 마부는 전실에, 주인은 후실에 있었다.

전실　후실

타원형의 차양

후실의 양쪽에는 창이 있다. 주인은 차체 안에서 앉을 수도 누울 수도 있었으며 매우 쾌적하게 설계되었다.

청동으로 만든 수레바퀴 축
진나라 때 실제로 사용되던 수레바퀴 축이다.

안거에는 여러 가지 형식의 용접 방법을 채용하고 있다. 예컨대 수레 앞에 가로 놓여 손을 올려놓게 되어 있는 난간 횡목 '식(軾)'은 길이 72센티미터, 너비 17.5센티미터, 두께 0.6센티미터의 동판을 한 데 용접하였는데 그 이음매가 육안으로 알아보기 어려울 정도로 작다. 이는 전에 없던 새로운 기술이다.

# 제국의 도성

진은 통일 후 함양에 수도를 정했다. 진시황은 통일 제국의 기세와 황권(皇權)의 위엄을 표현하기 위하여 전국의 재력을 기울이고 6국 건축의 정수를 모아서 그의 지위에 걸맞는 대규모의 도성과 궁전을 건축하였다. 함양 도성의 기획은 독창적이다. 그것은 주 왕조 이래의 도성 배치 도식을 완전히 던져 버린 것이다. 도시의 주위에 방어 기능을 하는 성벽을 세우지 않아 강성함과 자신감을 나타냈다. 또한 궁전을 상제가 거주하는 천궁(天宮)에 비유함으로써 독창적인 천인관(天人觀)을 표현했다.

**독특한 건축 문화_** 함양은 관중의 안쪽에 위치하고 있는데 지세가 드넓고 하류(河流)가 촘촘히 퍼져 있다. 또 땅이 기름지고 산물이 풍부하며 교통이 사통팔달로 열려 있다. 효공 12년(기원전 350년) 수도를 세우고 기원전 206년 멸망하기까지 8대의 군주가 144년간 이곳을 경영했다. 도성을 처음 세웠을 때는 규모가 크지 않았고 궁전 지역이 위하 북쪽 기슭에 위치했다. 이후의 역대 왕은 계속 위하 양안(兩岸)으로 궁궐을 증건하였다. 진시황 집정 시기에는 궁전 지역이 급격히 확장되어 서주 쪽으로 뻗어 갔다. 특히 진시황은 6국을 통일하는 과정에서 한 나라를 점령할 때마다 사람을 파견하여 그 나라의 가장 웅장하고 화려한 궁전 구조를 측량, 제도하도록 하고 함양에 이와 똑같은 건물을 지었다. 이것이 '6국 궁전'이다. 통일 후 함양에 지은 6국 궁전은 모두 145곳이었고 더불어 각국 출신의 미녀 1만여

명을 그곳 궁녀로 두었다. 도성의 총체적 배치에는 중대한 변화가 생겼다. 함양 도성의 기획은 이미 주 왕조의 엄격한 규정을 완전히 내던져 버린 것이었다. 성벽이 없을 뿐만 아니라 전조후시(前朝後市), 좌조우사(左祖右社)의 배치도 깼다. 도성은 황궁을 주체로 하여 대부분의 장소를 점거하였으며 그 사이에는 또 관청(官

府) 건축이 있었다. 관청의 수공업 작업장과 상거래 장소는 모두 성 변두리에 건설하였다. 이러한 배치는 실로 획기적인 의의를 가지는 것이며 한 왕조 및 후대의 도성 기획에 커다란 영향을 주었다.

**아방궁**_ 진시황은 직접 황궁의 건축을 기획하고 또한 그곳에서 정무를 보았다. 정전(正殿) 앞에 있던 전전(前殿)이 바로 아방궁(阿房宮)이다.

진시황의 기획 의도는 도성의 정치 중심을 위하 북부에서 남쪽으로 옮기고 위하 이남의 광활한 평야에 대도시를 건설해 원래의 함양궁(咸陽宮)을 대신하겠다는 것이었다. 『사서』에는 이렇게 기록되어 있다. 아방궁은 "동서로 5백 보(步), 남북으로 5십 장(丈)이며 그 위에 만 명이 앉을 수 있고 아래에는 5장의 기(旗)를 세울 수 있다." 이는 엄청난 기세의 거대한 궁전 군으로 서쪽으로는 함양, 동쪽으로는 임동(臨潼)에 이른다. 주위로는 이궁과 별관, 정자와 누각이 200여 리나 이어지며 하늘과

태양을 가렸다. 궁실 사이에는 서로 통하는 복도가 있고 도도한 위수가 그 사이를 뚫고 흘러 마치 은하수가 하늘에 걸려 있는 것 같았다. 진시황은 천하의 병기를 함양으로 모아 거대한 도금 동인상(銅人像)을 만들어 아방궁 문 앞에 세웠다. 궁전의 기백을 살리려는 의도였다. 진시황은 기원전 212년 아방궁 건설을 착공하기 시작하였는데 노동에 투입된 인원이 70만 명에 달한다. 이는 진 왕조 멸망의 도화선 중 하나가 되었다. 북방의 석재와 초나라와 촉나라 땅의 목재는 모두 이곳으로 가져왔다. 당시 민간에는 "아방 아방 시황을 멸망시키네." 라는 민요가 유행했다. 3년 뒤 진시황은 병사했고 그가 죽은 뒤 4년이 채 못 되어 진 왕조는 멸망을 고한다. 진시황의 궁궐 건조라는 웅대한 기획은 실현되지도 못하고 전쟁의 불길에 연기처럼 사라져 갔다.

아방궁 터에서 출토된 건축 자재와 정교하고 아름다운 물건들.

높은 발 옥제 술잔〔杯〕

아방궁의 청동 건축 자재

16유두 신수(神獸) 무늬 구리 거울

# '팔백리진천' 위의 대형 건축—함양궁

함양궁 터의 분포

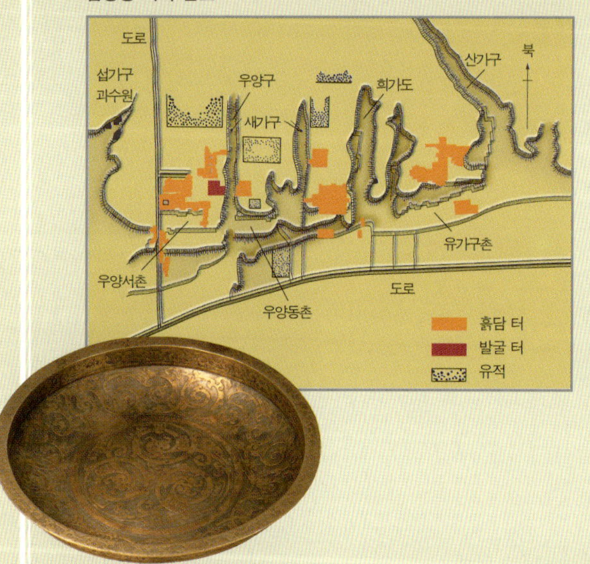


위하의 평원 일대는 춘추 전국 시대 진의 영토였기 때문에 팔백리진천이라 불렸다. 진천에서부터 관외(關外 : 산해관의 동쪽)로 동쪽 바다 끝까지 이르는 넓디넓은 대지는 모두 진 제국의 판도에 들어 있었으며 수백 개의 이궁과 별관이 퍼져 있었다. 진천의 궁전 사이사이는 회랑으로 연결되었다. 이는 큰 것을 추구하던 진나라 사람의 의식을 잘 보여 준다. 함양궁은 진천에 있는 궁전 중 하나로 효공이 함양으로 천도한 후에 건립한 첫 번째 왕궁이다. 여기서 여러 의식과 조회(朝會)가 거행되었다. 이후의 진 왕들은 여기에서 또 부단히 확장을 하였다.

함양궁은 위하 양안의 함양원에 위치하고 있다. 고고학적 발견에 의하면 높은 평지 위에 진의 궁전 터가 도처에 널려 있고 기와 조각이 쌓여 있었는데, 그중 함양궁의 중심 궁전이 발굴되었다. 이 궁전은 고지(高地)에 늠름하게 자리잡고 있으며 지세를 충분히 활용하고 있다. 고지 위에는 골짜기가 하나

**함양궁에서 출토된 은 접시**
이것은 제나라 왕실이 소장하고 있던 것으로 위에 '함양궁'이라는 글자가 새겨져 있다. 이 접시는 원래 진이 함양궁을 위해 제조한 것인데 나중에 제나라에 선물로 보내졌다.

**함양궁 1호 궁전 터에서 출토된 봉황 무늬의 속 빈 벽돌**
속이 빈 벽돌은 고대에 건축용으로 쓰던 벽돌의 일종이다. 방음, 방습, 실내 온도 유지 등의 기능이 있다.

함양궁 1호 궁전 복원 모형

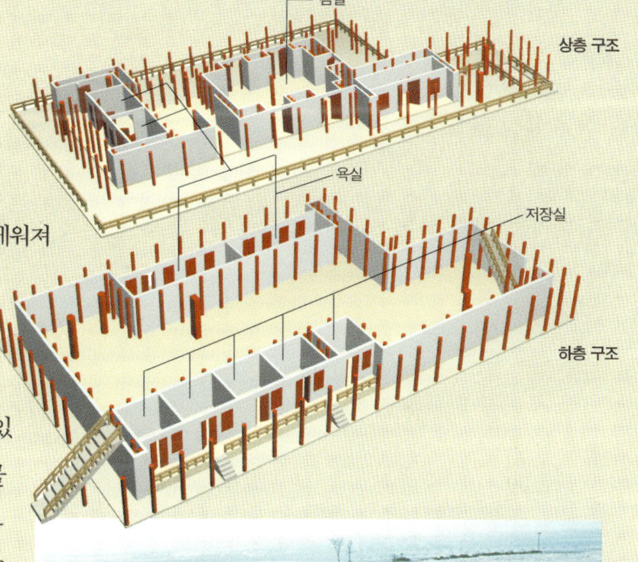

**함양궁 1호 궁전 내부 복원도**
함양궁은 골짜기를 가로질러 동서 대칭이 되는 두 개의 고대 궁실
로 이루어졌다. 이것은 궁실의 상층, 하층 구조이다.



있고 그 골짜기의 양옆에는 고대(高臺) 궁실이 세워져
있다. 골짜기에 걸쳐 비각(飛閣:높은 전각)
으로 궁실의 양쪽을 하나로 이었다. 보존이
더 잘 되어 있는 것은 서쪽 터로 길이 60미터,
너비는 45미터이다. 2층 누각이 중심을 이루고 있
고 궁비(宮妃)가 거주하는 침실과 욕실, 음식물
을 저장하는 움집도 있었다. 설계가 극히 정교하
고 아름답다. 엄격한 대칭의 원칙 하에서 각 방 사
이가 유기적으로 서로 연결되어 있다. 높낮이가
갑자기 달라지기도 한다. 궁실의 사방을 곁채가
둘러싸 중심 건물을 부각시키고 있다.

**함양궁 1호 궁전의 터**
이것은 토목(土木) 혼합 구조로 지은 건축의 방대한 터이나 함양궁의
일부분에 지나지 않는다.

# 사후 통치를 위해서

진시황은 자신의 지고무상한 황권에 결코 만족하지 못했다. 그는 사후의 통치 지위를 생전과 마찬가지로 중요하게 여겼다. 진시황은 기원전 246년 즉위한 직후 여산(驪山)에 능묘를 짓기 시작하여 죽을 때까지 37년 동안 계속했다. 특히 통일 후 진시황은 전쟁 시기에 군사를 동원하던 방식으로 전국의 자재와 인력을 대량 이용하여 궁전과 능묘를 건설하였는데, 당시 사역에 동원된 죄수가 72만 명에 달한다. 여산능묘는 지면에서부터 지하로 건축을 해 들어갔다. 능묘는 모두 "사후를 생전과 같이"라는 원칙에 따라 배치하였다. 여산의 능묘와 함양의 수도는 서로 멀리 떨어진 채로 우뚝 솟아 빛을 발하며 진 제국의 상징이 되었다.

**능원**_ 진시황은 도성을 기획하면서도 방어 기능을 하는 성벽은 짓지 않았다. 하지만 능묘에는 오히려 담장이 중요한 위치를 차지하여 203만 제곱미터나 되는 능원(陵園)의 사방에 3중으로 흙담을 쌓았다. 바깥 담은 둘레가 6,210미터이고 높이가 17.5미터, 7미터이며 네 모퉁이에는 성루가 있었다. 가운데 담은 둘레가 3,870미터이고 제일 안쪽의 담은 2,050미터였다. 이 세 성벽에는 모두 10개의 성문이 있었는데, 문의 너비가 9~12미터였으며 높고 큰 성루 건축물이 있었다. 성문

**진. 한 능묘의 봉토에 심은 나무의 등급**

| | |
|---|---|
| 황제 | 소나무 |
| 제후 | 측백나무 |
| 대부 | 버드나무 |
| 사 | 느릅나무 |

은 막강한 군사가 지키고 있었고 매일 정해진 시간에 열고 닫았다.

**봉토**_ 춘추 전국 시대 각 제후국 군주의 무덤에는 높고 큰 봉토(封塚)가 나타나기 시작했는데, 이는 묘 주인의 지위를 과시하기 위한 것이었다. 봉토에 심은 나무의 품종과 수량 또한 그들의 신분을 나타냈다. 진시황은 새로이 국가 등급 제도를 확립함과 동시에 능묘를

**2천 년간 비바람에 깎인 진시황의 봉토**

능원, 봉토, 침전, 원사이사(園寺吏舍) 등은 모두 진시황릉의 예법 건축이다. 하지만 지상의 건축은 오늘날에는 모두 사라졌고 봉토만이 남아 여산능묘의 상징이 되고 있다. 진시황의 봉토는 원래 높이가 약 116미터, 둘레가 2,100미터였다. 그러나 2천 년간 풍우에 깎이고 침식되어 봉토의 높이는 87미터, 둘레는 1,390미터가 남았다. 그 규모를 보면 당시의 어려움을 짐작할 수 있다. 당시 노역을 했던 노동자들이 다음과 같이 울부짖었던 것도 무리는 아니다. "석감천(石甘泉)의 입구를 바라보니 위수가 흐르지 않네. 천 명이 노래하고 만 명이 울부짖어 날라온 돌이 산처럼 쌓였네."

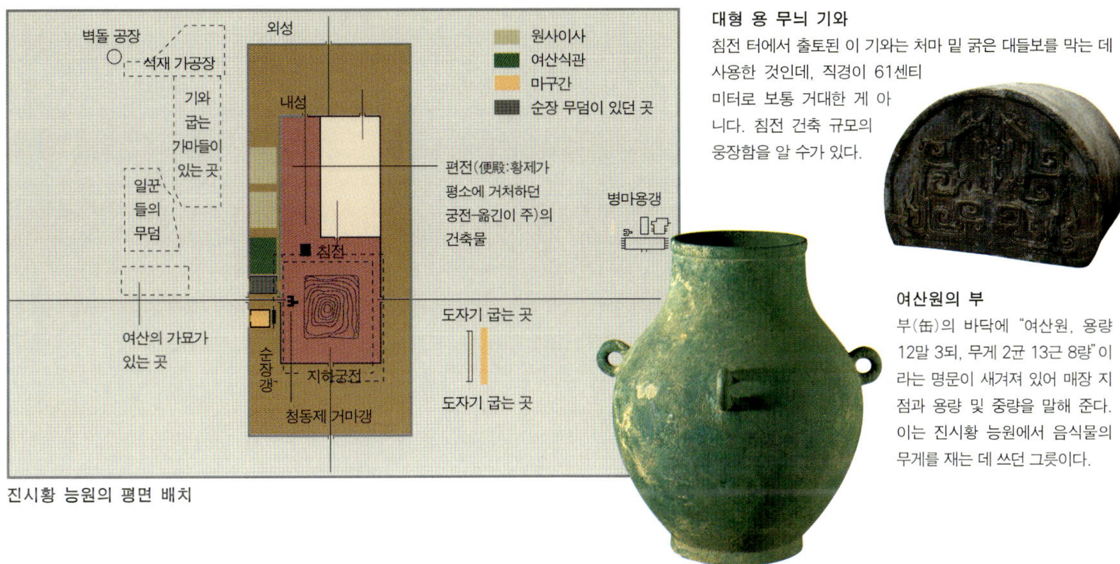



진시황 능원의 평면 배치

**대형 용 무늬 기와**
침전 터에서 출토된 이 기와는 처마 밑 굵은 대들보를 막는 데 사용한 것인데, 직경이 61센티미터로 보통 거대한 게 아니다. 침전 건축 규모의 웅장함을 알 수가 있다.

**여산원의 부**
부(缶)의 바닥에 "여산원, 용량 12말 3되, 무게 2균 13근 8량"이라는 명문이 새겨져 있어 매장 지점과 용량 및 중량을 말해 준다. 이는 진시황 능원에서 음식물의 무게를 재는 데 쓰던 그릇이다.

제도화하였다. 그는 황제의 지존의 지위를 과시하기 위하여 봉토의 모양을 큰 산처럼 했고 위에는 마치 산림과 같이 나무를 심었다.

**침전_** 침전은 도성의 건축 제도를 따랐으며 진시황의 '영혼'이 조정을 다스리고 일상생활을 하던 곳이다. 실내에는 묘 주인의 생전의 의복과 가구, 일용품이 모셔져 있는데 모두 생전의 관습대로 꾸몄다. 매일 이곳에 와서 진시황의 영혼을 모시는 관리와 시종이 있어 청

**여산식관 건축 복원도**

소, 목욕, 침구 정리, 옷과 식사 배달 등을 했다.
침전 내에는 또 조묘(祖廟)를 세워 진나라 역대 조상들을 모셔 놓고 때맞춰 제사를 지냈다. 진시황에 의해 세워진 이 제왕 능침 제도는 대대로 이어졌다.

**능원 관리 기구_** 여산원(驪山園)의 제사 활동은 상당히 복잡했다. 매일 침전에서 진시황에게 한 차례 제사를 올려야 했고, 매일 네 차례씩 음식물을 바쳐 진시황의 영혼이 맛보게 해야 했으며, 매달 한 번 조상에게 제사를 지내야 했다. 특히 진 2세가 능에 오를 때에는 제사가 훨씬 성대하고 호화로워졌으며 음식도 풍성했다. 이러한 수요에 부응하기 위해 여산원은 제대로 갖추어진 관리 기구가 능원 내의 일상 업무를 맡아 했다. 이들 관원 및 시종, 궁녀, 호위 등이 소속된 사무 관청과 그들의 주거지는 능원의 서북부에 있었다. 그중 능원의 식사 업무를 관리하는 여산식관(驪山食官)은 가장 중요한 부서로, 그 옛터 또한 비교적 잘 보존되어 있다.

# 신비한 지하 궁전

진시황이 생전에 친히 감독하여 건축한 여산능원은 그의 영혼의 귀착점이다. 땅속에 깊숙이 감추어진 궁전은 전체 능원 건축 군의 핵심이며 미지의 세계의 거대한 제국이다. 건축 구상은 그 기세가 매우 높다. 산천과 천하를 포괄하는 수준을 뛰어넘어 일월성신, 우주창공이 모두 이 지하 궁전 안에 다 들어 있다. 지하에 풍부하게 매장한 진귀한 보물은 후세 제왕들의 후장(厚葬) 기풍의 효시가 되었다. 묘실 안 장식은 진나라 사람들이 애써 추구하던 사실적 예술 수법을 잘 운용하여 그들의 우주관과 천체 운행, 수학 연산과 기계 원리까지 절묘하게 옮겨다 놓았다.

**지하 궁전**_ 지하 궁전은 진시황이 심혈을 기울여서 설계한 지상의 궁전을 본떠 만들었다. 그 규모의 웅장함과 화려함에 대해서는 역사서에 이미 많이 기록되어 있다. 최근 들어서는 각종 현대 과학적 측정 방법을 사용하여 그 윤곽을 밝혀 내고 있다. 지하 궁전은 능원의 범위 내에 있었고 더 정확한 위치는 봉토 아래였을 것으로 추정된다. 지표에서 약 40~50미터의 깊이였고 묘실, 측실, 묘도로 이루어져 있었다. 사마천의 『사기』에 기재된 것과 거의 비슷하다. 다만 고고학적으로 입증할 만한 근거가 발견되지 않은 까닭에 아직 많은 문제들이 수수께끼로 남아 있다.

**황하와 양자강을 상징하는 수은**_ 역사서에는 진시황이 능묘 안에 대량의 수은을 집어넣어서 황하와 양자강을 상징했다고 기록되어 있다. 수은은 일종의 금속성 원소이다. 근래의 과학적 조사로 여산능원의 수은이 1만 2천 제곱미터에 달했다는 것이 밝혀졌다. 더욱 믿기 어려운 것은, 만일 수은의 두께가 10센티미터라고 계산한다면 능묘 안에는 100톤의 수은이 저장되어 있었다는 것이다.

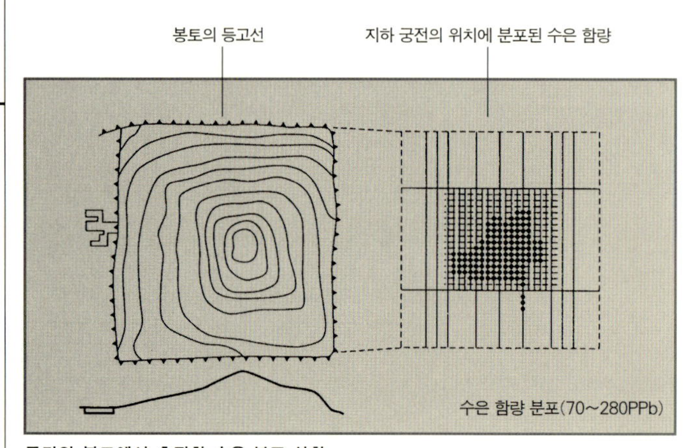


무덤의 봉토에서 측정한 수은 분포 상황

① 묘실은 지하 궁전의 주체로, 진시황의 관을 놓아 둔 곳이다. 출입구가 크고 바닥이 작아 금자탑을 거꾸로 놓은 듯한 모양이고 6층의 계단이 있다. 면적이 19,200제곱미터에 달하는데 이는 농구장을 48개 합한 넓이이다.

② 묘실은 천원지방(天圓地方:하늘은 둥글고 땅은 네모짐-옮긴이 주)의 원리에 따라 설계하였다. 천정은 반구형이며 하늘을 본떠 한 폭의 천문성상도(天文星象圖)가 그려 있다. 은하수 주위에는 별이 가득 퍼져 있고 야명주(夜明珠:밤에 빛나는 구슬-옮긴이 주)로 해와 달을 표현했다.

③ 바닥은 네모난 모양으로 땅을 상징한다. 지면에는 진 왕조 영토의 지리적 모형을 설치해 두었는데 5악(嶽) 9주(州)와 48군이 포함되어 있다. 진시황의 관은 그 가운데 놓여 있다. 모형은 실제 측량을 기초로 하고 있다. 수학과 측량 기술이 발달한 진 왕조에서 진시황의 능묘 안에 들어갈 전국 지리 모형을 만드는 데 소홀히 했을 리가 없을 것이다.

④ 옹성의 경공대묘에 이미 보이는 당시 최고의 장례 황장제주(黃腸題湊)를 진시황 역시 사용하고 있었던 것은 당연하다.

⑤ 전국 시대 최고 귀족의 무덤 분석에 근거하여 보면 진시황은 일관일곽(一棺一槨)을 사용해야 한다. 진나라 사람들은 검은색을 숭상하는 경향이 있어서 외곽(外槨)은 검정색을 바탕색으로 하여 채색했고 내관(內棺)은 붉은색을 바탕으로 하였다. 또한 도안은 용봉 무늬와 구름 무늬, 기하 무늬를 위주로 했다. 관곽의 주위에는 도금한 청동제 프레임이 견고히 버텨 주어 튼튼할 뿐만 아니라 장식 효과도 있다.

⑥ 금루옥의(金縷玉衣)는 한 왕조에 성행한 것이지만 전국 시대에 이미 옥의의 형태가 발견된다. 『한서수은으로 상징한 백천(百川), 강하(江河), 대해(大海)는 기계 장치에 밀려 움직여 강물이 끊이지 않고 순환하는 것을 표현했다.

(漢書)』에는 진시황이 "주옥(珠玉)을 걸치고 비취로 장식을 했다."고 적혀 있다. 진시황도 틀림없이 금루옥의를 입었으며 형식은 한의 황제와 같았을 것이다.

⑦ 진시황의 부장품은 풍부하여 6국에서 약탈한 진귀한 보물이 묘실 가득히 쌓여 있었다. 묘실 양쪽에는 부장품을 진열해 놓는 곳이 있는데, 이곳 역시 묘 주인이 잔치를 베푸는 곳이다.

⑧ 묘실에는 장명등(長明燈:대문 밖 처마 끝에 달아 두고 밤새도록 켜 놓는 등-옮긴이 주)이 있다. 고래 기름을 제련한 지방으로 연료를 썼는데, 매 시간마다 7.78그램을 소비했다. 연소 시간이 길어 장명등이라 했다.

⑨ 능을 만든 장인과 인부들이 능묘의 비밀을 누설할 것을 방지하기 위하여 노역에 종사한 사람 모두를 묘도에 가두었다. 수만 명의 사람이 천고의 원혼이 된 것이다.

# 진시황을 위해 순장된 사람들

진시황 능묘 주위에 있는 많은 순장묘에는 수만 명의 사람이 묻혔다. 그중에는 신분이 고귀한 황실 종친과 조정 관원도 있었다. 그들은 진시황 사후에 궁정에서 발생한 잔혹한 정변의 희생자들이다. 그외에 궁녀와 시종, 능을 만든 장인과 노동자들도 함께 묻혔는데 이는 진 2세의 우매하고 잔인한 성격을 잘 보여 주는 것이다. 근 20년간의 새로운 고고학적 발견에 의해 진시황릉의 수많은 지하 건축과 시설은 점차 세상에 공개되었다.

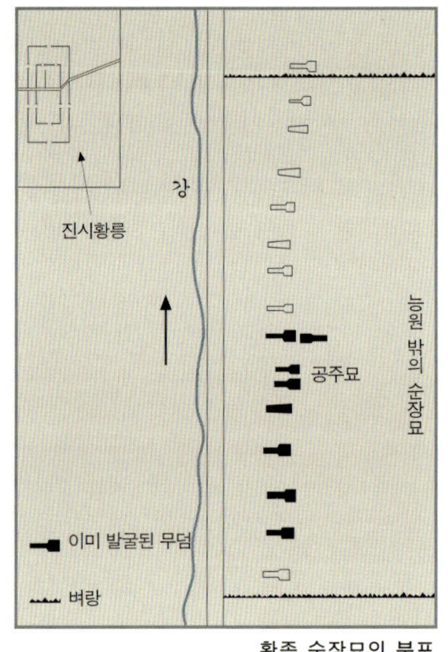


황족 순장묘의 분포

**순장묘 지역**_ 진시황 능원 및 그 주위에는 순장묘 지역이 세 곳 기획되어 있다. 비록 순장자들의 정치적 지위는 달랐지만 모두 비명에 갔다는 점에선 동일하다. 진의 순장 제도는 한, 당 이래 황제의 능묘에서 성행한 순장 제도와는 다르다. 전자가 정치적 목적 때문에 순장당한 것이라면 후자는 생전에 황제의 보살핌을 받다가 순장된 경우이다.

**종장갱**_ 진시황 능원의 주위에는 종장갱(從葬坑)이 많이 있다. 병마용갱, 청동 마차갱, 마구갱, 기이한 짐승갱 등이 이에 포함된다. 병마용갱에는 진짜 사람과 말을 본떠 만든 진흙 인형 7천여 개가 매장되어 있다. 이는 진 왕조 백만 군대의 축소판이다. 진은 순장이라는 낡은 풍습을 보존한 가장 완고한 나라였다. 병마용은 순장이 변화하여 생긴 것으로 잔인무도한 순장 제도와 비교할 때 일대 진보한 것이라는 점은 의심할 여지가 없다. 진 왕조 이후 순장은 일반적으로 사라졌다. 서한(西漢)에서 당에 이르는 역대 제왕의 능묘에도 진의 병마용과 일맥상통하는 대량의 병마용이 부장되어 있기는 하지만 그 규모와 기세 면에서는 비교할 수 없다.

능원 안에는 또 400여 개의 마구갱이 분포되어 있고, 모두 1천여 필의 말을 순장하고 있다. 구덩이 안에는 꿇어앉은 인형이 부장되어 있는데 이는 말 기르는 일을 관리하던 어사(圉師)이다.

**진시황 능묘는 왜 동쪽을 향하고 있는가**_ 중국 역대 제왕의 무덤은 대체로 북쪽에 앉아 남쪽을 향하고 있어 생전에 남쪽을 바라보며 왕노릇하던 것을 그대로 나타낸다. 그러나 진의 왕들은 선조 때부터 진시황에 이르기까지 그 무덤이 모두 서쪽에 앉아 동쪽을 향하고 있다. 심지어 진시황의 부장묘들과 병마용으로 이루어진 군대까지도 모두 하나같이 동쪽을 향하고 있

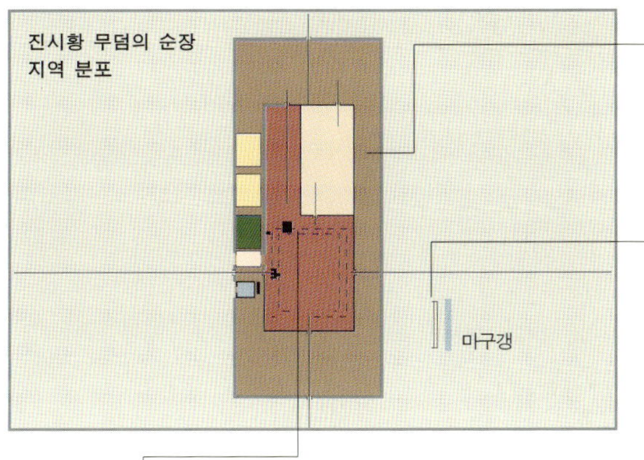



**완성되지 못한 순장묘 지역**

묘지가 15,300제곱미터를 차지하고 61기의 무덤이 분포되어 있으며 묘실의 규격이 고르지 않다. 이곳엔 매장된 흔적이 없는 것으로 보아 아직 완성되지 않은 순장묘 지역이었던 것으로 보인다.

**비빈과 궁녀의 순장 지역**

진시황의 장례를 지내면서 진 2세는 후궁들과 아직 아이를 낳지 않은 모든 비빈과 궁녀를 전부 순장하라고 명령을 내렸다. 궁녀들의 묘는 16만 제곱미터의 땅을 차지하고 28기의 무덤이 있으며 세 줄로 나뉘어 배열되어 있다. 또한 '갑(甲)' 자형 대형 묘실이 다수를 차지한다.

**황족 순장묘 지역**

능원 동쪽 350미터 되는 곳에 위치한 황족 순장묘 지역에는 17기의 무덤이 있다. 무덤은 순서대로 배열되었고 모두가 대형 '갑' 자형 묘실이다. 장례에 쓰인 도구는 모두 신경을 많이 쓴 물건인 듯이 보인다. 관곽에 안치되어 있으며 견직물의 잔해도 발견된다. 이는 묘 주인의 신분이 아주 높았던 것을 증명하는 것이다. 그러나 이들 순장자의 유골은 대부분 처참하다. 어떤 것은 목이 잘렸고 어떤 것은 화살이 뼈를 뚫었다. 그들은 아마도 뜻밖의 재난을 만난 뒤 세심한 안배를 거쳐 매장된 것 같다. 『사기』에는 진시황이 죽은 뒤 진 2세가 왕위를 찬탈하고서 귀족의 자제들과 공신 몽염(蒙恬) 부자 등 수십 명을 살해하여 순장하도록 명령했다고 적혀 있다.

**마구갱에서 출토된 흙 단지〔陶罐〕**

마구간에서 복역하던 군사들이 쓰던 물건으로 음식이나 물을 담는 데 사용했다. '마구(馬廄)' 라는 명문이 새겨 있다.

다. 진시황의 능원 외에 함양 도성의 궁전과 안팎의 이궁 별관 및 동쪽 바다 가운데에 지어진 국문(國門)에 이르기까지 모두 다 이 법칙을 따른다.

이에 대해 동방을 숭상하는 것이 진의 원시 종교였다거나 끊임없는 동진의 정치적 신념을 표현한 것이라 해석한다. 또 어떤 사람은 서방에서 시작하여 동방 6국을 평정하고 천하를 통일한 진나라의 공적을 분명히 알리기 위한 것이라 말하기도 하며 진시황이 생전에 장생불로를 추구하였으나 끝내 이루지 못하였기 때문에 죽은 뒤에라도 동방을 동경함으로써 선인(仙人)이 천국에 오르도록 인도해 주기를 바란 것이라 생각하기도 한다.

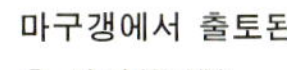

능원 동남쪽 귀퉁이의 마구갱

**말 기르는 일을 관리하는 어사**

꿇어앉은 이 인형은 진 왕릉의 마구갱에서 출토되었고 진시황을 위해 순장한 준마들의 사육을 책임졌다.

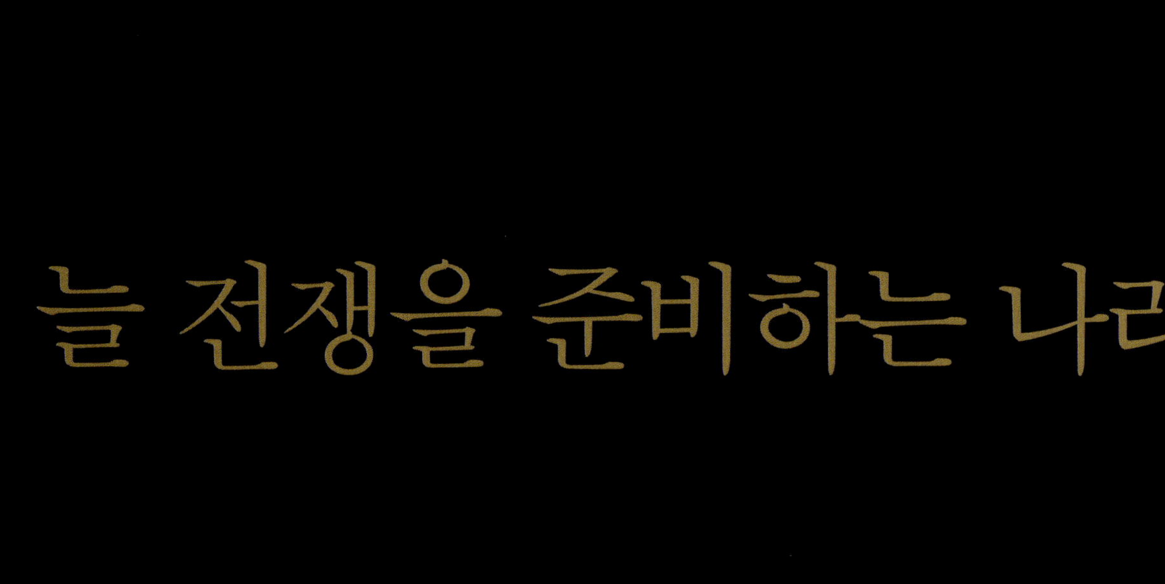
늘 전쟁을 준비하는 나라

진 왕조
기원전 221년~기원전 206년

# 황제의 명령을 따르는 군대

진의 막강한 군대는 그들이 패권을 잡는 데 기초가 되었다. 진시황은 즉위 후에 필승의 정예부대를 훈련시켜 마침내 동방 6국을 소멸시켰다. 진나라의 군주는 이 용맹스러운 군대를 만드는 데 심혈을 기울였다. 진의 군사 체제는 정부의 관리 기구와 상응하는 것이었다. 황제는 군사와 정부의 양 방면의 최고 통수였다. 따라서 군대의 각급 군관을 그가 직접 임면(任免)하였으며, 군대의 이동은 반드시 그의 칙령을 따라야 했다. 정부 또한 군(軍), 정(政) 양 방면의 관원으로 조성되었다. 각급 정부는 모두 그에 상응하는 숫자의 군대를 관할하였고 이는 군주에게로 집중되었다.

**진나라 군대의 지휘 계통_** 국위(國尉)는 최고 지위의 군사 장관이었다. 그는 황제의 명령을 받들어 전국의 군대를 통솔했다. 하지만 실제적으로 통솔권만 가질 뿐 군대 이동권은 없었다. 진나라의 군대를 지휘하는 데에는 평시와 전시의 구분이 있었다. 군대를 배경으로 세력이 커지는 것을 피하기 위해 고정적인 통솔자를 두지 않았고 출정하는 장군은 모두 황제가 임시적으로 임명하였다. 출정 시에는 대장군의 역할을 하였던

국위도 전쟁이 끝나고 나면 병권을 해제당하고 조정으로 돌아가 일상적인 군 업무를 처리했다.

**중앙군을 주력으로 하는 작전 부대_** 진나라의 군대는 중앙군과 지방군으로 나뉘었다. 중앙군은 황제의 경호 부대와 수도 경비 부대로 이루어졌고 지방군은 변방 부대와 군현 부대가 있었다. 지방군은 평소에는 각 군현에 흩어져 주둔하며 경위를 하거나 군사 훈련을 받았다. 중앙군은 주로 군현 부대 중에서 선발했다. 전쟁이 나면 황제는 출정을 명령했다. 이때 대개 수도 경비 부대를 주력으로 하고 일부 지방군을 보조로 하여 임시 부대를 조직했다.

**대규모 전쟁에 적응하는 부곡제_** 진이 6국을 통일하는 전쟁 기간에는 항상 수십만에서 수백만에 이르는 군대가 참전하는 대규모의 전쟁이 발생하였다. 작전 시에는 지휘의 편리를 위해 부곡제(部曲制)를 실시하였다. 부

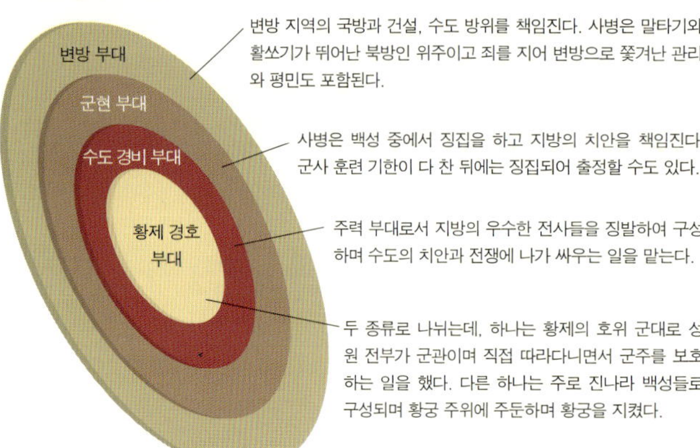

**진나라 군대의 구성**

(部)는 가장 큰 독립된 작전 단위로서 현재의 군(軍) 또는 사(師)에 해당된다. 부는 통상 몇 개의 곡(曲)*과 지휘부로 이루어졌다. 이러한 군사 편제는 상당히 짜임새가 있어 여러 개의 부와 곡을 하나의 방대한 군대로 결집하여 집중적으로 관리할 수 있었다. 또한 이들을 독립된 전투단으로 분리하여 기동성을 갖추게 할 수도 있었다. 이는 상대방의 예상을 찔러 대규모의 전쟁을 유리하게 이끌었다.

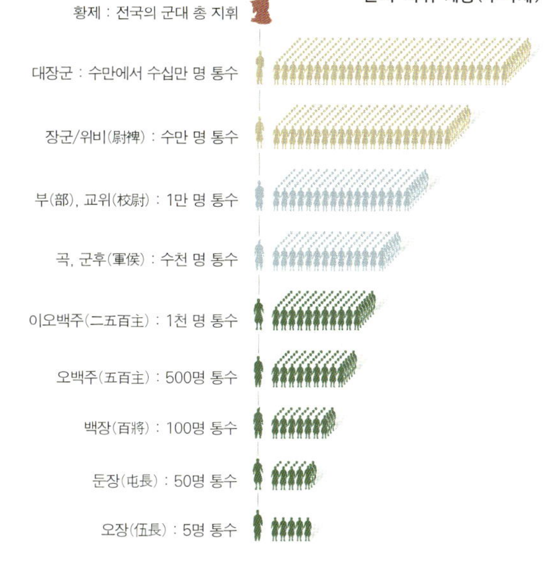



진 왕조 무관의 직책

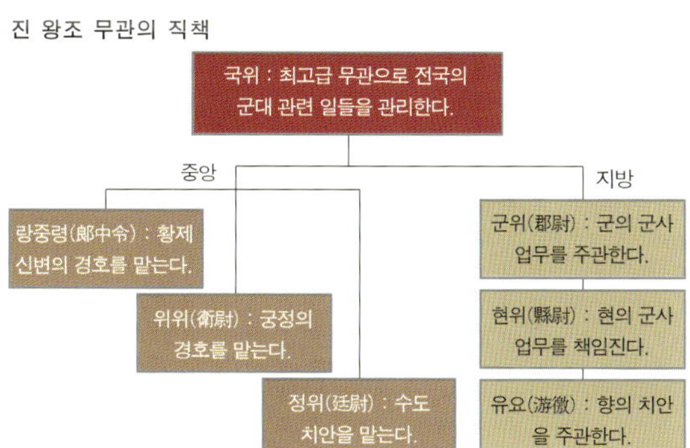



*곡 : 고서에는 진나라 군대가 "몇 천에서부터 때로는 만 명 가까이 되는 사람을 일곡(一曲)으로 삼았다."고 기록했다. 진시황 병마용 1호갱에서는 매 곡에 2천 명의 사람이 소속되어 있었다. 이는 오늘날의 전투단 2개에 해당되며 『사서(史書)』의 기록과 매우 유사하다.

## 병력 이동의 표지

진나라의 군권은 완전히 황제가 장악하고 있어 50명 이상의 병력을 이동시키려면 반드시 황제의 비준을 거쳐야 했다. 황제가 병력 이동을 허락하였음을 나타내는 표지는 호부(虎符)라고 하는 청동으로 주조한 웅크린 모양의 호랑이였다. 호부는 머리부터 꼬리까지 정중앙에서 좌우로 같은 명문이 두 줄씩 적혀 있었다. 황제는 통수를 임명할 때 장군에게 좌부(左符)를 내주고 자신은 우부(右符)를 가졌다. 병력 이동을 할 때 황제의 우부가 전장으로 보내져 장군이 가지고 있는 좌부와 하나로 합쳐져야만 군사 행동을 할 수 있었다. 이것이 바로 '부합(符合)'이라는 말의 유래이다. 전쟁이 끝나고 나면 황제는 곧장 호부를 회수하고 동시에 장군의 병권은 해제당한

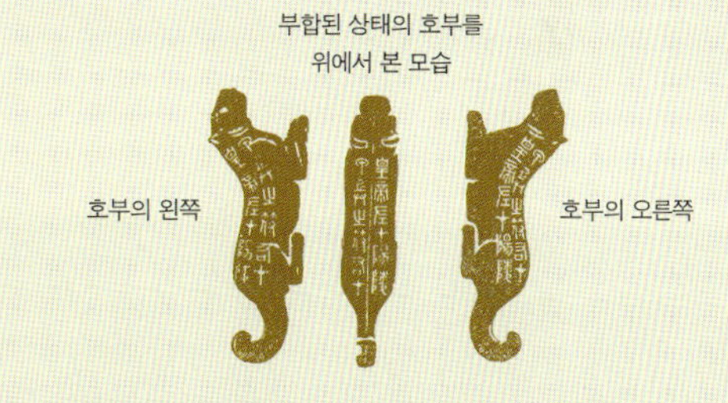



다. 이 호부에는 "갑병의 병부가 오른쪽은 황제에게 있고 왼쪽은 양릉에 있다〔甲兵之符, 右才(在)皇帝, 左才(在)陽陵〕."라는 명문이 새겨져 있다. 이는 양릉(陽陵) 지역의 군대에 파견했음을 나타내는 표지이다.

양릉 호부의 명문

# 전쟁을 위해 태어나 전쟁을 위해 죽는다

진나라는 전국의 군영화를 실시하여 전체 국민을 엄밀한 군사 체제로 통제하였다. 농민은 평소에는 농사를 짓고 전시에는 전쟁에 나가며 언제라도 전투에 투입될 수 있다는 의식을 가지고 있었다. 통치자는 공로를 포상하면서 백성들로 하여금 전쟁을 위해 태어나 전쟁을 위해 죽으며 이를 영예롭게 여기도록 하는 사회적 분위기를 조성하였다. 전국 시대 말기 제후들의 패권 다툼이 종결 단계로 접어들 때쯤 진나라의 군사력은 이미 동방 6국을 훨씬 뛰어넘어 있었다. 진나라의 군대는 전장에서 일당백의 용맹성을 보였고 "죽음을 두려워하지 않는 군대"라 불렸다.

**모든 백성의 의무 병역제**_ 전국 시대에 진나라는 원전제(爰田制)를 실시하여 정부는 정부 소유의 땅을 농민과 노예에게 나누어 주었다. 농민은 평소에는 농사를 지었고 전시에는 전쟁에 나갔기 때문에 '농전지사(農戰之士)'라고 했다.

진이 중국을 통일하기 10년 전(기원전 231년) 진시황은 전국의 남자들에게 나이를 신고하도록 명령하고 의무 병역제를 추진하였다. 따라서 진나라에서는 15~16세의 남자는 모두 징집에 응해야 했으며 그중 작위가 있는 사람은 56세에 앞당겨 퇴역을 할 수 있었다. 진나라의 정부는 사병의 신분에 대해 엄격한 규정을 해 놓았다. 죄인과 노예, 상인은 모두 정식 사병이 될 자격이 없었다. 그들은 다만 군대 내에서 노역에 충당될 뿐이어서 가장 낮은 대우를 받았다. 식사 때 음식도 제대로 내 주지 않았으며 작전 시에는 선두에서 화살을 막는 인간 방패 역할을 했다. 의무 병역제 아래에서 진나라의 모든 남자는 다 군인이었다. 그리고 각 가정은 군대

병역 종류와 병역 기간

| 차수 | 병역 기간 | 업무/성질 |
| --- | --- | --- |
| 평생에 한 번 | 1년 | 수도 방위 / 군사 업무 |
| 평생에 한 번 | 1년 | 변경 수비 / 군사 업무 |
| 1년에 한 번 | 1개월 | 해당 군현의 군사 작업/노동 |

15세에 병역을 시작하여 60세에 퇴역하였다. 평생 69개월을 복무하도록 되어 있었다.

의 후원(後援)이 되어 동방 6국을 정벌하기 위해 필요한 물품들을 제공하였다.

그러나 전쟁이 길어지면서 현역 복무 기간을 연장하거나 노인과 어린이까지 징발해 가는 현상이 보편적으로 일어났고 심지어는 병역 기간을 따지지 않고 모든 사람을 전쟁에 끌고 가기도 했다. 특히 진 말기에 폭정이 행해질 때에는 15세 이상의 남자 열 명 중 예닐곱이 군역이나 변방 방위를 위해 징발당했을 정도였다. 농민은 병역의 압박으로 굶주림과 추위에 시달리면서 겨우 목숨을 이어 나갔다.

**전쟁 공훈에 따른 작위 하사표**

| 토지 하사 | 주택 하사 | 작위급별 |
| --- | --- | --- |
| 20 | 180 | 20급 : 철후(徹侯 : 작위와 대우는 삼공과 같음) |
| 19 | 171 | 19급 : 관내후(關內侯) |
| 18 | 162 | 18급 : 대서장(大庶長) |
| 17 | 153 | 17급 : 사거서장(駟車庶長) |
| 16 | 144 | 16급 : 대상조(大上造) |
| 15 | 135 | 15급 : 소상조(少上造) |
| 14 | 126 | 14급 : 우경(右更) |
| 13 | 117 | 13급 : 중경(中更) |
| 12 | 108 | 12급 : 좌경(左更) |
| 11 | 99 | 11급 : 우서장(右庶長) |
| 10 | 90 | 10급 : 좌서장(左庶長) |
| 9 | 81 | 9급 : 오대부(五大夫) |
| 8 | 72 | 8급 : 공승(公乘) |
| 7 | 63 | 7급 : 공대부(公大夫 : 작위와 대우는 현령과 같음) |
| 6 | 54 | 6급 : 관대부(官大夫) |
| 5 | 45 | 5급 : 대부 |
| 4 | 36 | 4급 : 불경(不更) |
| 3 | 27 | 3급 : 잠뇨(簪裊) |
| 2 | 18 | 2급 : 상조(上造) |
| 1 | 9 | 1급 : 공사(公士) |

■ 민작(民爵)

■ 관작(官爵)

● 민작은 작위가 수여되어도 신분은 여전히 평민이다. 관작은 어느 한 관직에 상당하는 작위이다.
● 각급 작위에 대해 땅과 집을 주는 숫자는 밭은 1경(頃), 집은 9무(畝)의 비율로 늘어난다.
● 적의 머리 하나를 베어 오면 작위 1급을 주며 작위를 주는 사람은 적어도 9급 이상이 오른다.
● 1급에서 4급까지의 작위를 가진 사람은 군대 내에서는 여전히 졸(卒)이며 5급 이상이 되어야만 군관이 된다.



**작위 수여제_** 진나라는 법률과 제도를 이용하여 전 국민에게 전쟁을 중시하는 정신을 심어 주려 하였다. 진나라에서는 전장에서 공을 세우기만 하면 죽인 적의 숫자에 따라 작위와 땅과 집을 받을 수 있었는데, 이를 '군공사작(軍功賜爵)' 이라 한다. 목숨을 걸고 돌격하는 사병 역시 작위 1급을 주며 전사하면 가족이 작위를 계

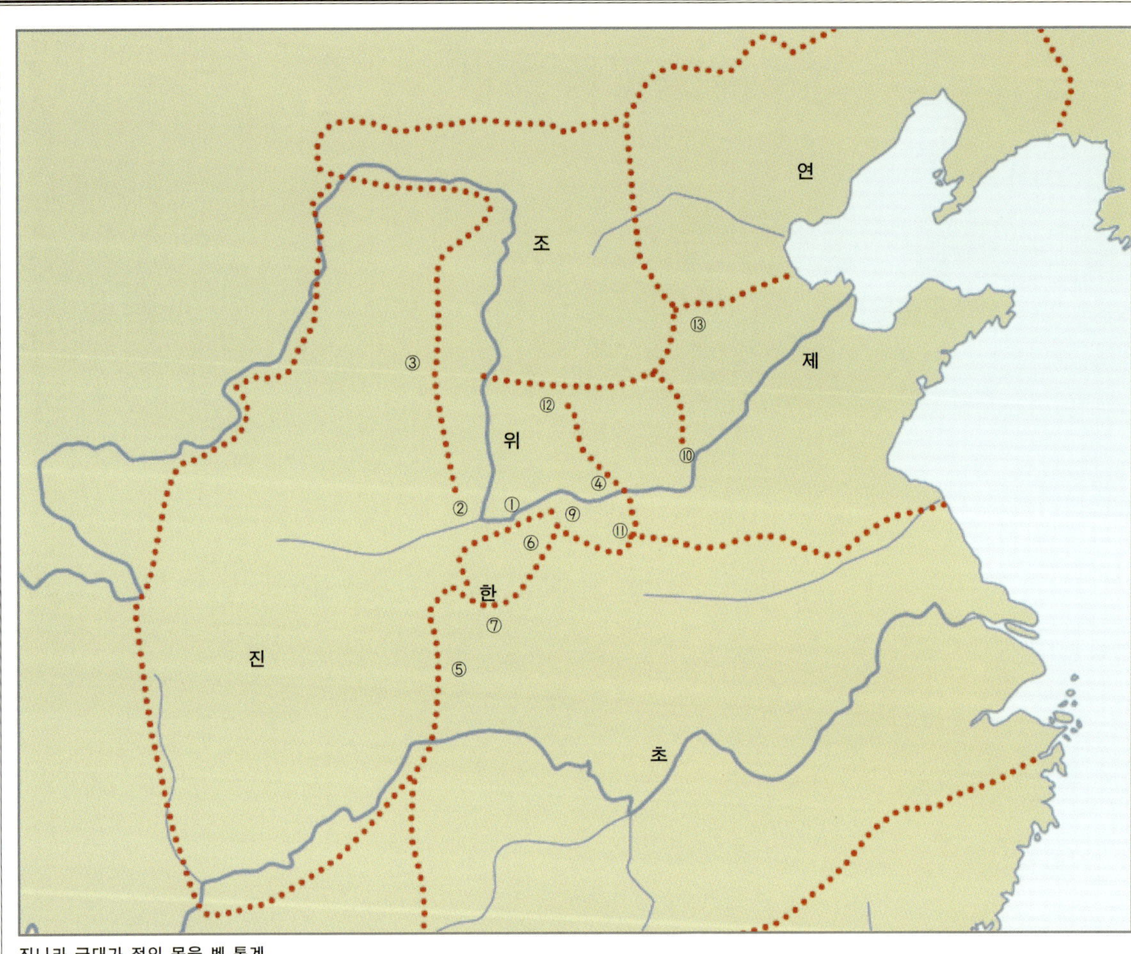


진나라 군대가 적의 목을 벤 통계

| 시간 | 전쟁(장소) | 적의 목을 벤 수(단위 : 1만 명) |
| --- | --- | --- |
| ① 기원전 364년 | 진-위 석문(石門) 전투 (현재 산서 운성 서남쪽) | 6 |
| ② 기원전 354년 | 진-위 원리(元里) 전투 (현재 섬서 징성 남쪽) | 0.7 |
| ③ 기원전 330년 | 진-위 조음(雕陰) 전투 (현재 섬서 감천 남북) | 4.5 |
| ④ 기원전 317년 | 진-진(晉:한·조·위 3국 연합) 수어(修魚) 전투 (현재 하남 원양 서쪽) | 8.2 |
| ⑤ 기원전 312년 | 진-초 단양(丹陽) 전투 (현재 하남 석천단수 북쪽) | 8 |
| ⑥ 기원전 308년 | 진-한 의양(宜陽) 전투 (현재 하남 의양 서쪽) | 6 |
| ⑦ 기원전 298년 | 진-초 석(析) 전투 (현재 하남 서협) | 5 |
| ⑨ 기원전 294년 | 진-한·위 연합군 이궐(伊闕) 전투 (현재 하남 낙양 용문) | 24 |
| ⑩ 기원전 275년 | 진-한·위 연합군 대량(大梁) 전투 (현재 하남 개봉) | 4 |
| ⑪ 기원전 273년 | 진-위 화양(華陽) 전투 (현재 하남 신정 북쪽) | 15 |
| ⑫ 기원전 260년 | 진-조 장평(長平) 전투 (현재 산서 고평) | 40 |
| ⑬ 기원전 236년 | 진-조 하간(河間) 전투 (현재 하북과 산동 사이) | 10 |

* 이상은 사서에 기재된 진나라 군대의 전과 통계 중 일부 자료에 근거함

승하였다. 반대로 전쟁터에서 도망을 치는 사병은 많은 사람들 앞에서 거열(車裂)*을 당하거나 오(伍:5인으로 편성되는 옛 군대의 최소 단위–옮긴이 주)의 군사가 되어 고생을 하게 되었다.

전쟁터에서 베어 온 적군의 목으로 공적을 인정하여 작위를 줌으로써 진나라 군대에는 학살과 야만의 풍습이 생겨났다. 진의 군대가 가는 곳마다 노약자, 부녀자, 어린이 할 것 없이 모두 포로가 되거나 죽었다. 적의 목을 베어 작위를 받은 사람이 1만 명을 넘을 정도였다. 그러자 진나라를 일컬어 "적의 목을 베어 공을 세우는 나라"라고 말하게 되었다.

**전국이 전쟁 준비**_ 사서에 기록된 전쟁 사례 통계에 의하면 진은 통일 후 인구가 2천만이었고 군대는 2백만(정규군과 노역 복무 다 포함)으로 전체 인구의 10분의 1을 차지하였다. 이는 훗날 흉노를 정벌하고 실크로드를 개척한 한 무제(武帝) 시대보다 배가 많은 숫자이다. 게다가 간접적으로 군대 일을 한 사람들, 예컨대 군복과 갑옷을 만들거나 무기를 주조하거나 군마를 사육하거나 군수 물자를 운송하는 등의 일에 복무한 예비 인원은 2백만이라는 숫자를 훨씬 뛰어넘었다. 진의 국가 재정 수입은 궁정과 정부의 지출에 제공되는 것 외에 거의 대부분 군비(軍備)로 나갔다고 할 수 있다.



## 진나라 병사가 집에 보낸 편지

농민은 복역 기간 중 군복을 제외한 내의 및 기타 개인 비용을 모두 본인이 부담한다고 진나라 법률에 규정되어 있다. 이는 가난한 농민에게 너무나도 가혹한 일이었다. 호북(湖北) 운몽(雲夢) 지방에서 진나라 때의 목간으로 추정되는 목판이 2개 출토되었다. 이는 '흑부(黑夫)'와 '경(驚)'이라는 병사의 편지로 진시황 시대 사병의 생활상이 진솔하게 표현되어 있다. 그들은 약속이라도 한 듯 모두 빨리 돈과 천을 부쳐 달라고 집에다 요구하고 있다. 그리고 만약 보내 주지 않으면 "곧 죽음이다!"라고 말하고 있다.

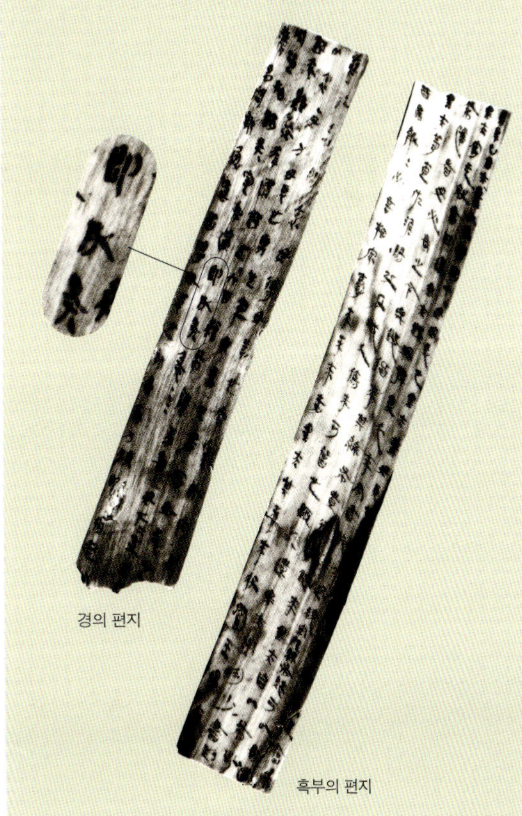

경의 편지

흑부의 편지

# 적의 목을 베어 공을 세우다

전국 시대 말기 진의 군대는 가는 곳마다 승리를 하여 대항할 자가 없었다. 전공을 세우면 작위를 하사하는 전공사작제(戰功賜爵制)는 6국을 통일하는 데 결정적인 작용을 하였다. 이런 제도에 고무, 격려된 진나라 군은 용맹스러운 기세로 적들을 압도하였고 다른 나라에서는 진을 범이나 이리 보듯이 하였다. 당시 사람들은 6국 군대가 진의 군대에 대항하는 것을 계란으로 바위 치기나 마찬가지라고 말하였다. 이러한 진나라 군대의 용맹성은 무를 숭상하는 정신에 근거하고 있지만 직접적인 원동력은 통치자가 시행한 전쟁 공훈 장려 정책이었다고 볼 수 있다. 해를 거듭한 전쟁으로 용맹스러운 군대가 배양되었고 전쟁에서의 공훈으로 집안을 일으키고 최고의 사회적 지위를 얻는 신흥 지주 계급이 형성되기도 하였다.

**전쟁 공훈자의 사회적 지위**_ "공을 세운 자는 입신 출세하고 공을 세우지 못한 자는 빛을 보지 못한다." 적을 죽이고 공을 세워 부자가 된 신흥 지주는 사회에서 지위가 가장 높은 계층에 속했다. 그들의 지위는 심지어 전공을 세우지 못한 황가 종실보다도 한 등급 더 높았다. 종실은 관직 상승, 토지 소유, 노예 소유, 심지어 복장과 복식에서까지 엄격한 제한을 받았는데 이들 신흥 지주는 작위, 주택, 토지, 관직을 향유할 뿐만 아니라 요역과 부세 등에 있어서 감면 특권까지 받았다. 그들이 개인 노예를 소유하는 현상은 매우 보편적이었으며 노예의 매매도 합법적으로 할 수가 있었다. 그들의 이익은 법률의 엄격한 보호를 받았다. 그리하여 "부자는 밭이 천 마지기라도 가난한 자는 송곳 하나 세울 땅도 없다."는 상황이 되어 버렸다.

**제국을 넘어뜨린 잔학한 공신들**_ 진의 통일을 위해 전쟁에서 공훈을 세운 이들은 오히려 진 제국의



황제의 나라

**옥 호랑이 패용 장식**
몸을 서리고 있는 교룡 무늬가
새겨져 있다.

『진율』에 규정된 전쟁 공훈자의 특권

| 범주 | 특권 |
|---|---|
| 부역 의무 감면 | 1. 전공자의 면역권* : 작위가 있는 자는 부역이나 병역에 복무하지 않아도 된다. 또 돈이나 노예를 사용하여 부역 감면의 특권을 얻을 수도 있다.<br>2. 작위가 있는 자는 병역에 복무할 때 56세에 퇴역할 수 있다(작위가 없는 자는 60세에 퇴역). |
| 금품을 바치고 죄를 면함 | 1. 작위 1급 이상을 받은 자는 만약 죄를 저지르더라도 감면 또는 속죄받을 수 있다.<br>2. 대부(제5급) 이상의 작위가 있는 자는 오인(伍人)에 편입되지 않아도 되고 '오' 중에서 가까운 사람들이 죄를 범하여도 연좌*죄를 받지 않는다.<br>3. 작위가 있는 자는 노예를 구타하거나 심지어 죽일 수도 있다. 만약에 노예가 관청에 고발을 하면 관청에서는 오히려 그들을 엄하게 처벌한다. |
| 생전과 사후의 대우 | 1. 전공이 공대부(제7급)에 이른 자는 관리가 되고 싶지 않더라도 현 장관 정도의 대우를 누릴 수 있다.<br>2. 작위가 있는 자는 죽은 뒤 노예를 순장할 수 있으며 경우에 따라 그 수는 수십 명에 이르기도 한다. 이러한 순장 현상은 동방 6국에서는 이미 잘 보이지 않는 것이다. |

**마노 구슬꿰미**
전쟁 공훈 지주가 일상적으로 패용하던 장식품

멸망에 주요 요인이 되었다. 진 제국은 상하 각급의 관원이 모두 적을 죽여 공을 세우고 작위를 받아 임명된 자들이었다. 제국의 정권을 완전히 장악한 이들은 잔혹한 전쟁과 군법 통치 하에서 성장한 군인들이었고 나라를 다스리는 방법도 매우 잔인했다. 그중 가장 전형적인 인물은 범양(范陽) 현령으로, 기록에 의하면 그의 관할 지역 내에서는

"남의 아버지를 죽이고 남의
아들을 고아로 만들며

**새가 서 있는 모양의 구리 그릇〔盉〕과 쟁반〔盤〕**
이 구리 그릇은 진 특유의 주기이다. 평민은 구리 대신 도기를 사용했다.
쟁반은 지주가 손을 씻는 데 사용하던 예의 용기로서 의식이나 연회 전에 항상
사용되던 것이다.

사람의 발을 자르고 얼굴에 문신을 하는 잔혹한 행위가 이루 다 헤아릴 수 없을 만큼 많았다."고 한다. 칼로 세운 제국은 또 일순간에 칼로 무너지고 만다. 전국 시대의 학자 한비(韓非)는 이렇게 말했다. "적을 죽인 전쟁 공훈자들에게 나라를 다스리게 하는 것은 살인자에게 의사와 건축가가 되라고 하는 것과 같아서 결과적으로는 집도 잘 짓지 못하고 병도 제대로 치료하지 못한다."

**청동의 명문 정**

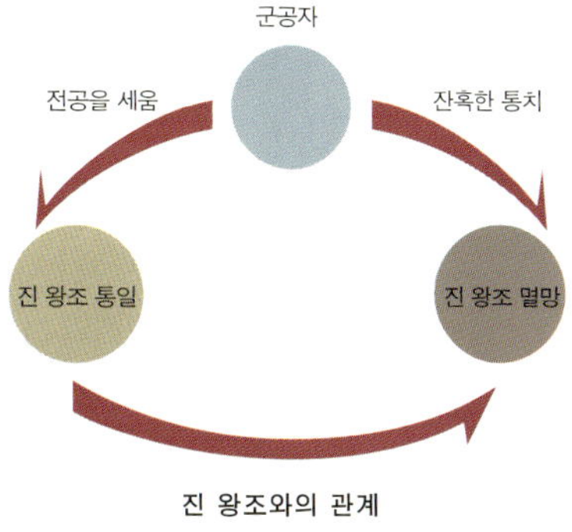

**귀가 둘 달리고 주둥이가 네모난 청동 술병〔壺〕**

정교하면서도 고상한 음식 그릇에는
그들의 사치스럽고 화려한 생활이 반영되어 있다.



**진 왕조와의 관계**

# 전차병과 기병

춘추 시대에서 진에 이르는 기간 동안 전쟁은 끊임없이 확대되어 동원된 군인의 숫자가 100만 명에 이르는 규모로 발전하였다. 군단(軍團) 식 작전이 생겨나게 되었고 전장은 더욱 넓어졌다. 전쟁 형식에도 변화가 생겨 전차병보다 보병과 기병(騎兵)이 막강해졌다. 전국 시대에 진나라는 대규모 군단 작전의 수요로 인해 적시에 병종(兵種)을 조정해야 했다. 200만의 진나라 군대는 육군과 수군 두 부분으로 구성되었고 육군을 주력으로 하여 전차병, 기병, 보병 등으로 나뉘었다. 진나라는 가장 먼저 기병 부대를 결성한 나라로, 기병을 독립된 병종으로 만들었다. 그에 따라 전차병은 점점 뒤로 물러났다. 진나라의 기병은 여러 나라들 가운데 그 수가 가장 많았고 질적으로도 제일 우수했으며 전투력도 강하여 천하 통일의 주력이 되었다.

**전차병**_ 전차병은 군대 내에서 지위가 가장 높았고 전차마다 세 명이 배치되었다. 진은 전차에 타는 병사를 선발하는 데 대단히 엄격했다. 나이는 반드시 40세 이하여야 하고 키는 173센티미터 이상이어야 하며 팔의 힘은 8석(石:240킬로그램)의 무거운 활을 당길 수

진나라 군대의 병종 비율

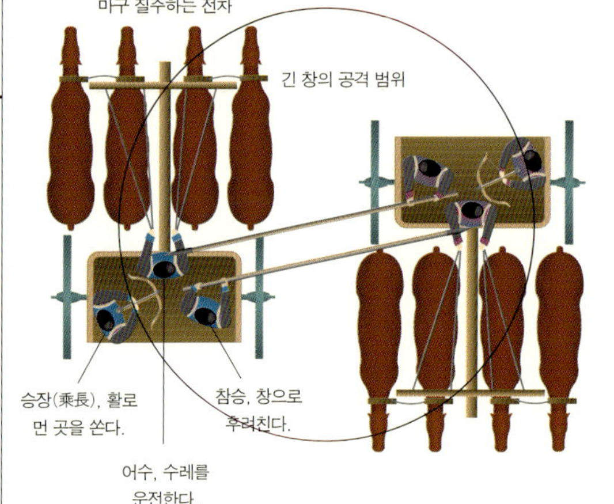

전차전 설명도



있어야 하고 빠르기는 달리는 말을 따라잡을 수 있을 정도여야 했다. 그들의 대우는 일반 사병보다 높았는데, 특히 어수는 모두가 3급 작위 이상이었다(49쪽의 '작위 하사표' 참조).

춘추 시대에는 전차전이 성행하였는데, 전차의 많고 적음이 국력을 가늠하는 척도이자 패권을 잡는 자본이 되었다. 예컨대 제나라는 '천승지국(千乘之國)'이라는 영예로운 호칭을 가지고 있었다. 그러나 전국 시대에 이르러 훈련을 받지 못한 농민이 대량으로 입대를 하게 되었고 전쟁터도 평지가 아닌 산림으로 확대되어 전차전이 불리해지게 되었다. 그러자 군대를 구성하는 주요 성분은 점차 변화하게 된다. 특히 전국 시대 말년에 이르러 진나라가 6국을 통일하는 과정 중에서는 네 필의



황제의 나라

**말을 끄는 병사**
전국 시대에 각 나라에서는 군마의 키 1.33미터 이상, 기사의 키 1.73미터 이상을 보편적으로 요구했다고 고서에는 기록되어 있다. 무덤에 묻힌 이 병마용의 군마는 키가 1.33미터이고 기사는 1.8미터 이상이다. 표준에 완전히 부합된다.

말이 끄는 전차는 이미 보조 병종으로 밀려나 보병, 기병, 노병(弩兵) 등과 함께 혼합 편대를 이루었다. 당시에는 장수만 타는 지휘용 전차가 있었는데, 이는 군단 작전의 중심적 위치에 있었다. 장수는 전차 위 군막에서 전략을 짜고 천군만마를 지휘하였다. 그러나 한 왕조가 지나며 전차는 이미 운수용으로 변화하였고, 장수들 또한 모두 말을 타고 전쟁에 나갔다. 이때부터 전차병은 완전히 도태되어 버렸다.

**기병** _ 기병은 전국 시대 이래 나타났다. 기동성이 강하여 주로 정찰, 기습, 추격, 포위 등의 임무를 맡았다. 전국 시대 말기에 기병은 전차병을 대체하여 국력의 상징이 되었다. 진나라는 기병을 중시하여 강대하고도 고도로 정규화된 기병 부대를 발전시켰다. 그때 기병은 총 병력의 6분의 1에 달했다. 진나라의 군마는 품종이 우수하여 한 번에 5미터의 폭을 달릴 수 있는 것이 1만여 필이나 되었다. 또 젊고 기운 세고 체격이 큰 기사(騎士)를 말의 주요한 산지인 서북 지역에서 징발해 왔다. 당시 각국의 기병은 갑옷을 입지 않아 방호 능력에 한계가 있었다. 그래서 진나라는 기병의 장비에 대해 중대한 개혁을 단행하였다. 기병 전용의 경량형 갑옷을 발명하여 방어력을 겸비할 수 있게 한 것이다. 이러한 갑옷의 출현은 전차병에서 기병으로 바뀌는 중요한 전환점이 되었다.

**참승**
참승(參乘)은 직접 적과 싸우는 역할을 맡았다. 갑옷의 어깨 부분을 이어 방어력도 높이고 민첩성도 유지할 수 있었다.





**갑옷을 가볍게 차려 입은 어수**
어수는 전차를 조정하는 일을 한다. 두 명의 전차병과 긴밀하게 협력하여 전투력을 발휘하는데, 고도의 수레 조종 기술을 요했다.

# 높은 지위를 가진 어수

고대에는 마차를 모는 사람을 어수라고 했다. 매 전차마다 전차병 2명과 어수 1명이 배치된다. 어수는 조종을 맡아 전차를 이용해 돌진하거나 추격하거나 철퇴했다. 또한 전차의 방위를 적절히 조정하고 전투병의 공세를 받쳐 주는, 전체 작전에 있어서 핵심적인 인물이었다.

따라서 어수는 사병 중에서 지위가 가장 높았고 전부 3급 작위 이상이었다. 특히 전쟁을 지휘하는 장수를 위해 수레를 조종하는 어수는 책임이 막중하였다. 그의 조종 기술은 장군의 생명과 전군의 승부에 직접 관계되었다. 장군이 부상을 당하게 되면 대신 북을 쳐서 군대의 진퇴를 지휘할 수도 있었다. 장군 지휘 전차의 어수는 6급 작위에까지 오를 수도 있었다.

일반 수레와 전차 모는 자세는 다르다. 일반 수레의 어수는 앉는 자세인 데 반해 전차의 어수는 하나같이 일어선 자세이며 양 팔을 이용하여 고삐를 조종한다. 앉은 자세와 비교했을 때 선 자세는 자연히 평형 잡기가 훨씬 어렵다. 그러나 선 자세는 상대적으로 민첩하고 무기를 가진 전차병과 협동 작전을 펴는 데 유리하다.

**마차를 조종하는 방법**

어수가 마차를 모는 데는 상당히 뛰어난 기술이 요구된다. 3단계의 상호 협력에 의지하여 말의 전진 속도와 방향을 조종한다.

1. 고삐

   어수는 양손으로 고삐 여섯 줄을 조종한다. 각 손에 세 줄씩 잡고 말 두 필을 지휘할 수 있다.

   (1) 왼손에 힘을 준 뒤에 고삐를 당기면 말은 왼쪽으로 돈다.

   (2) 오른손에 힘을 준 뒤에 고삐를 당기면 말은 오른쪽으로 돈다.

   (3) 양손에 동시에 힘을 준 뒤에 고삐를 당기면 말은 전진하던 것을 멈춘다.

   (4) 양손으로 한 번은 가볍게 한 번은 세게 고삐를 당기면 말은 전진한다. 당기는 빈도가 빠를수록 전진하는 속도가 빨라진다.

2. 구호

   어수는 고삐를 잡아당김과 동시에 일종의 전문적 구호를 외쳐서 말의 행진 속도와 방향을 명령해야 한다.

3. 채찍

   이상의 두 절차가 효과가 없어 보이면 대나무로 만든 채찍으로 말을 때려서 말의 전진을 재촉할 수 있다. 속도를 더 내고 싶으면 채찍을 더 자주 사용한다.

전국 시대 청동기에 새겨진 전차 도안

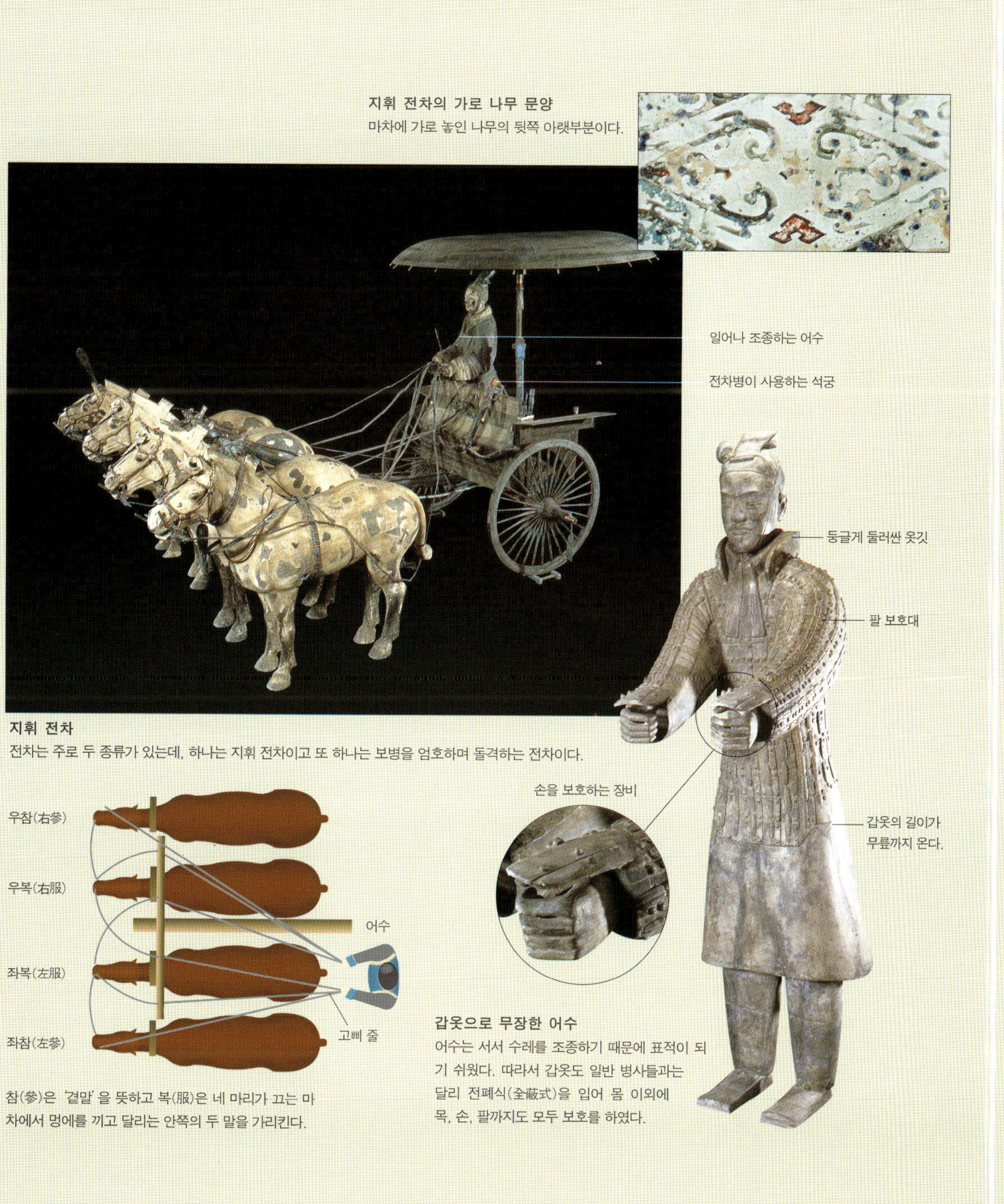


**지휘 전차의 가로 나무 문양**
마차에 가로 놓인 나무의 뒷쪽 아랫부분이다.

**지휘 전차**
전차는 주로 두 종류가 있는데, 하나는 지휘 전차이고 또 하나는 보병을 엄호하며 돌격하는 전차이다.

참(參)은 '곁말'을 뜻하고 복(服)은 네 마리가 끄는 마차에서 멍에를 끼고 달리는 안쪽의 두 말을 가리킨다.

**갑옷으로 무장한 어수**
어수는 서서 수레를 조종하기 때문에 표적이 되기 쉬웠다. 따라서 갑옷도 일반 병사들과는 달리 전폐식(全蔽式)을 입어 몸 이외에 목, 손, 팔까지도 모두 보호를 하였다.

# 보병과 수군

보병은 긴 역사를 가지고 있는 병종으로, 전에는 줄곧 전차에 배속되어 있었으나 전술의 운용을 여러 모로 강구하던 전국 시대에 이르러서는 민첩, 기민하며 지형의 제한을 받지 않는 장점으로 인해 점차 두각을 드러내게 된다. 이후로 보병은 진나라 및 기타 각 나라 군대의 주요 요소가 되었으며 심지어 전쟁의 승부를 결정짓는 중요한 역할을 하기도 하였다. 진의 수군은 초나라 및 파촉(巴蜀)에 맞서 싸우기 위해 만든 것으로 남방(南方)을 통일하고 제어하는 데 기초가 되었다.

**보병**_ 보병은 전장의 주요 전투 역량으로, 가장 민첩한 병종이기도 하다. 통상 전차병과 기병의 작전에 협력하며 적과의 근거리 교전을 맡는다. 보병의 편제는 100명이 하나의 '졸'이 되고 5명이 하나의 '오'를 이룬다. 사병은 각각 과(戈), 극(戟), 모(矛), 수(殳) 등의 긴 병기를 가졌고 군관은 모두 단검을 갖추고 있었다. 보병의 무장에도 두 종류가 있다. 적진으로 돌격하여 격투하는 일을 맡은 보병이나 지휘관은 갑옷으로 중무장을 하였고 일반 하급 사병은 갑옷을 갖추지 않은 가벼운 무장에 그쳤다.

**노병**_ 노병은 넓은 의미로는 보병에 속하는데, 살상력이 가장 강한 병종으로 전차 및 일반 보병과 혼합 편대를 이룬다. 포진을 할 때에 노병은 선봉과 옆날개가 된다. 교전 시에는 앞장서서 1만 개의 화살을 일제히 발사, 원거리 사격망을 조성한다. 적군의 공격력을 억제함으로써 공격해 오는 전차 진형(陣形)에 맞서 싸우는 데 특히 효과가 있다. 적의 기운을 꺾어 다른 종류의 군사가 앞으로 돌격해 나가는 데 유리한 역할을 한다. 이는 군진 식

**병종 별 주요 훈련 지역**

**중무장한 보병**
갑옷을 입은 무사로서 등급이 비교적 높은 전방의 전사이다.

**가볍게 무장한 보병**
전포(戰袍)만 입고 갑옷을 갖추지 않은 하급 무사이다. 갑옷을 입지 않았다 해도 전방 전투에 투입된다.

작전에서 자주 사용하는 방법이다. 사수(射手) 역시 보병에 속하며 활과 화살을 갖추었다.

**수군**_ 수군(水軍)은 누선사(樓船士)라고도 불렀다. 진나라는 천하무적의 수군을 보유하고 있었다. 통상 매 전함마다 50명의 사람과 3개월치의 군량을 배치하였으며 하루에 300리를 전진하고 장강 유역에서 늘 순시를 했다. 수군은 초나라를 합병하고 백월(百越)을 공격하는 전쟁에서 중요한 역할을 했다. 기원전 280년

진나라 군대는 "파촉 사람 10만, 선박 1만 척"을 모아 사천(四川)으로부터 장강을 따라 내려가 뒤에서 초나라를 습격하여 심한 타격을 주었다. 기원전 214년에 이르러 진시황은 또 수군을 주력으로 하는 50만 대군을 파견하여 백월을 공격하고 바로 남해(南海)에 이르렀다. 또한 진은 기동성이 매우 강한 경주(輕舟:가볍고 작은 배-옮긴이 주) 부대를 보유했다. 진격을 할 때는 배가 전투 대형을 갖추어 앞에는 노병, 뒤에는 창을 가진 사병을 두었는데 이 또한 살상력이 꽤 높았다.

한 왕조 벽돌에 그려진 화살 쏘는 형상

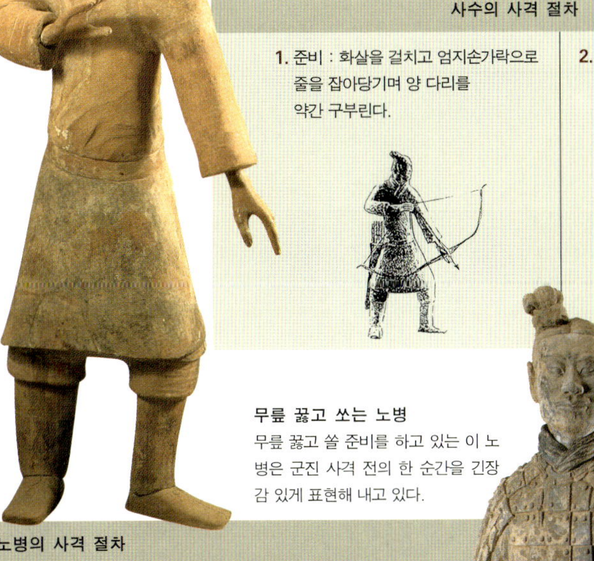

**사수**
쏠 준비를 하고 있는 사수가 보통 군진의 선봉과 옆 날개에 집중 편성된다.

사수의 사격 절차

1. 준비 : 화살을 걸치고 엄지손가락으로 줄을 잡아당기며 양 다리를 약간 구부린다.

2. 활쏘기 : 왼쪽 다리를 앞으로 뻗고 화살을 쏜다.

**무릎 꿇고 쏘는 노병**
무릎 꿇고 쏠 준비를 하고 있는 이 노병은 군진 사격 전의 한 순간을 긴장감 있게 표현해 내고 있다.

양손에 노를 잡고 있는 모습을 하고 있다.

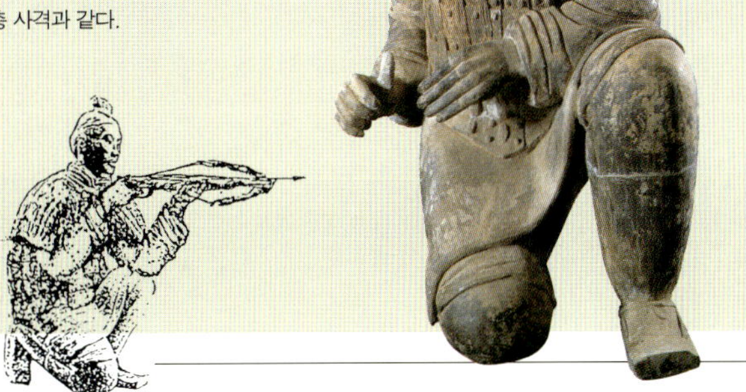

노병의 사격 절차

1. 누군가 전담해서 노를 당겨 화살을 끼워 주지 않는다면 바닥에 앉아서 양 다리를 앞으로 뻗어서 스스로 당겨야 한다.

2. 엄지손가락으로 화살을 잡아 화살이 홈에서 미끄러져 떨어지는 것을 방지한다.

3. 목표를 향해 조준을 하고 발사 준비를 하는 것은 현대의 소총 사격과 같다.

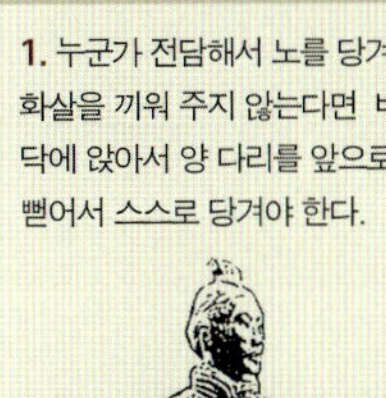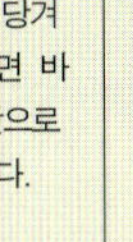

# 갑옷으로 무장하다

군사의 옷은 공격 및 방어 능력을 강화하는 중요한 군사 장비이다. 진나라의 사병에게는 계급과 병종에 따라 각기 다른 옷이 배급되었다. 군관 및 직접 전쟁에 나서는 군사에게는 대체로 갑옷이 주어졌는데, 갑옷의 방호 정도는 계급과 병종에 따라 달랐다. 계급이 낮거나 원거리 공격을 맡은 사병에게는 일반적으로 전포만 배급되었다.

**각 병종 별 특징**_ 보병은 복잡한 지형에서 싸우기에 적합하고 또 적과 가까이에서 육박전하기 편하도록 민첩성과 방어력을 중시한다. 어수는 전차의 조종을 맡고 있어 스스로를 방위하기 어렵기 때문에 갑옷을 강화하고, 전투병은 적을 향한 근거리 공격을 해야 하므로 어수보다 간단한 군장을 한다. 기병은 쾌속 돌격이 중요하고 또 민첩하게 방향을 바꾸어야 하므로 장비는 가볍고 정교해야 한다. 노병과 사수는 원거리 공격을 담

**병종에 따른 무장 비교**

황제의 나라

당하여 적과 정면으로 싸우는 일이 적다. 따라서 군장의 방호력이 상대적으로 약한 편이다.

**진나라 군대의 갑옷**_ 진나라의 갑옷은 청동제와 가죽제 두 종류가 있다. 장군의 갑옷은 가죽 재질이고 기병과 어수의 갑옷은 청동제인데, 두 가지 모두 가죽 끈으로 동 조각이나 가죽 조각을 꿰매어 만들었으며 중량이 가볍고 운동이 자유롭다는 특징을 가지고 있다. 주의할 만한 점은 장군의 갑옷에는 채색된 무늬가 그려져 있다는 것이다. 검은색, 하얀색, 자주색, 빨간색, 초록색 등의 색채를 사용하여 흐르는 구름 무늬 등의 사방 연속 마름모꼴 도안을 그렸다. 남방 초나라의 풍격이 살아 있다.

**장군의 갑옷에 그려진 도안**
갑옷의 도안은 활발하고 생기가 충만하다. 주 왕조의 전통적인 신비한 색채를 뛰어넘어 완전히 새로운 기상을 표현하였다.

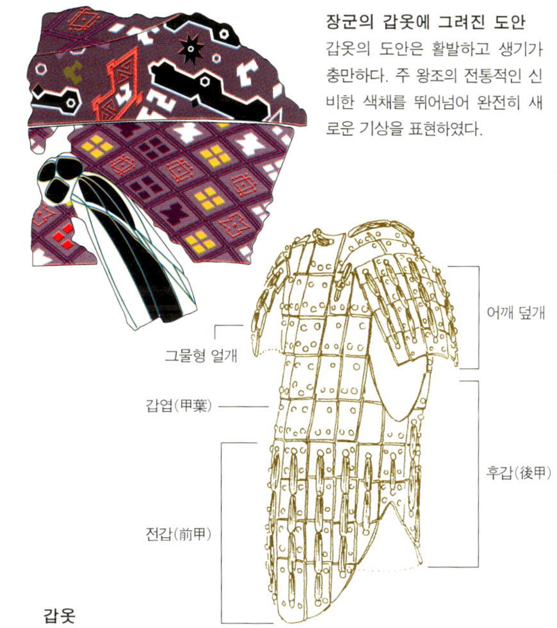

갑옷

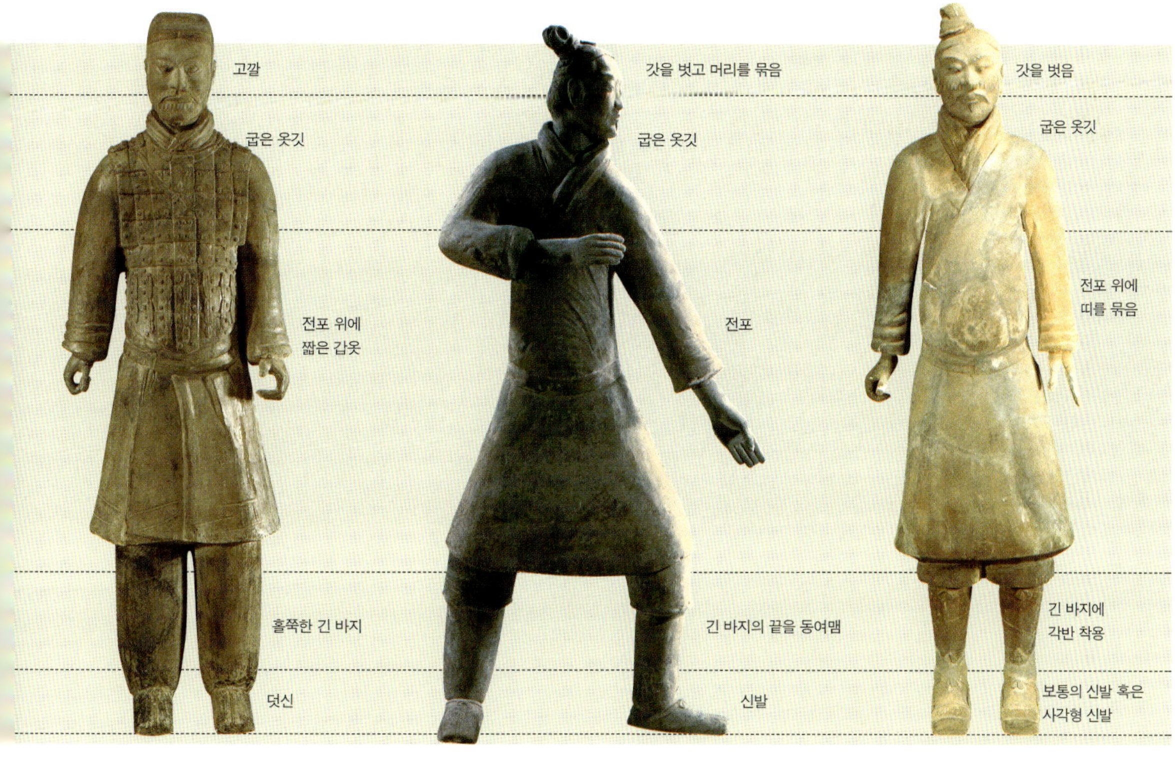


기병　　사수　　가벼운 무장의 보병

# 용사의 풍채

진의 백만 장수는 무를 숭상하는 정신으로 무장한 채 동방을 쟁패하였다. 그들은 진나라 사람들의 선명하고 강렬한 시대적 풍모를 보여 준다. 진은 계급이 엄격한 나라였다. 군대의 전투 장비를 등급에 따라 배치하였을 뿐만 아니라 군인의 모자와 머리 모양까지도 엄격하게 규정하였다. 2천여 년간 지하에서 말없이 진시황릉을 지키고 있는 군용(軍俑)을 볼 수 있다는 건 매우 다행스러운 일이다. 그들을 통해 과거 진나라 용사의 풍모를 짐작해 볼 수 있기 때문이다. 실물과 똑같이 만들어 놓은 군용들은 그 기세가 매우 높으며 사실적이고 섬세한 예술적 감각으로 진나라 사람의 기상을 재현해 보여 주고 있다.

**사실적인 진나라 군대의 모습_** 진의 병마용 군단은 방대한 조소(雕塑) 그룹을 이루고 있다. 조형이 반듯한 7천여 개의 군용은 진 정부가 전국에서 가장 우수한 장인들을 모아 만든 것으로, 진시황이 천군만마를 지휘하여 전국을 통일하였던 역사적 장면을 표현하였다. 이것을 만들기 위해 들인 인력과 물력은 헤아릴 수 없을 정도이다.

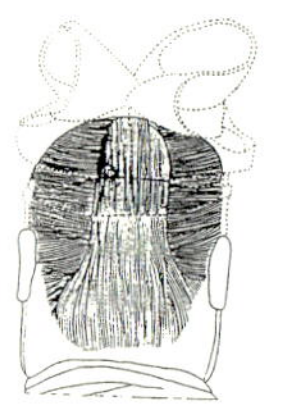


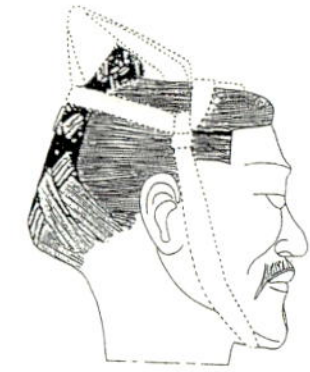


**진나라 군사의 상투 머리**
진나라 사람들은 6을 길한 숫자로 여겼다. 군사가 머리를 빗을 때도 먼저 머리카락을 세 가닥 또는 여섯 가닥으로 나누어 각각 변발을 땋은 다음 끌어올려 상투를 만들었다. 관모를 써야 하는 사람의 경우에는 상투 위에다 관을 썼다.

**병마용 부분**

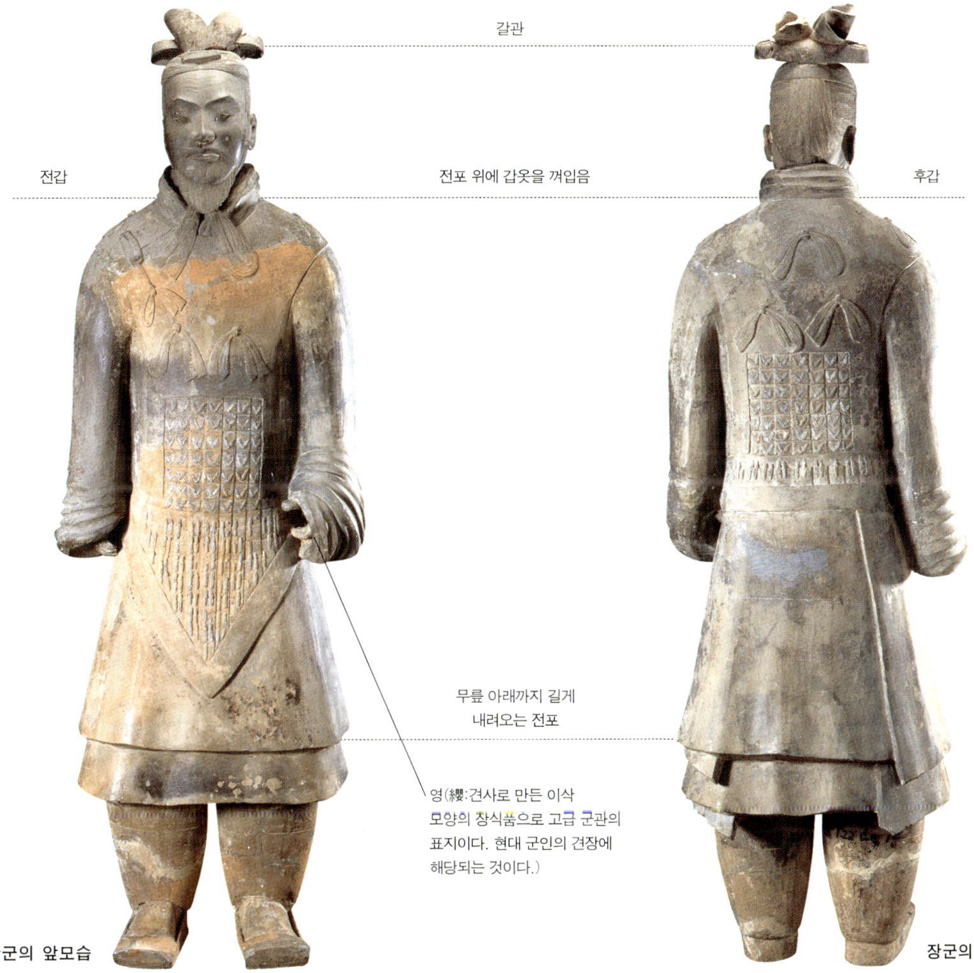


장군의 앞모습

장군의 뒷모습

진지한 장년 군사

명랑한 청년 군사

근엄한 청년 군사

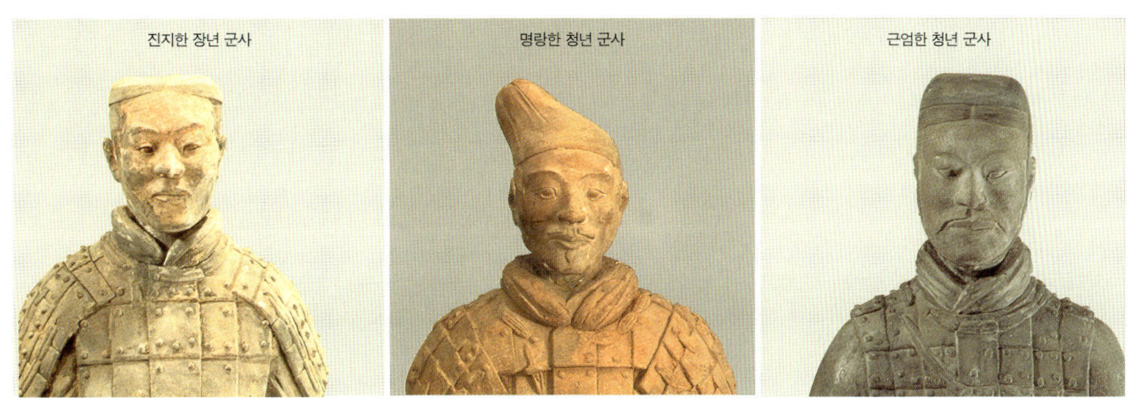

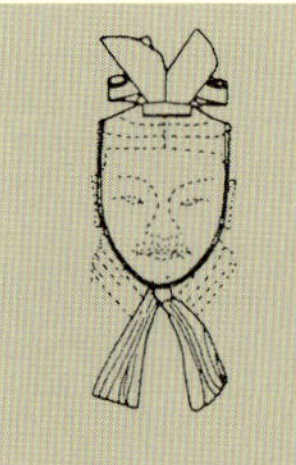
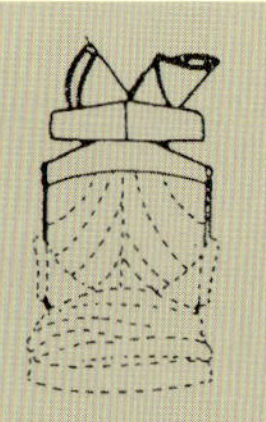
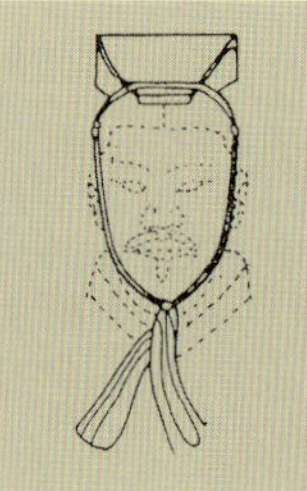
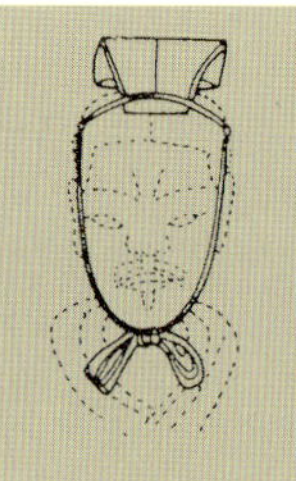
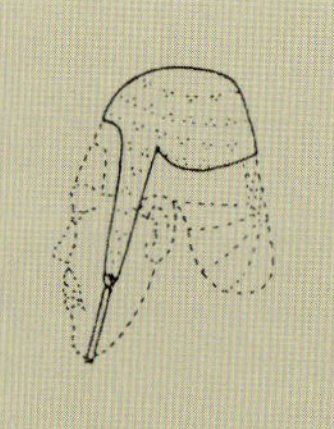
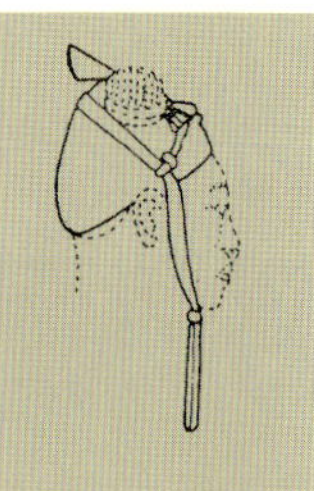

**갈관**

절운관(切雲冠)이라고도 한다. 모양이 검은색 꿩 갈(鵑)의 꼬리를 닮았기 때문에 갈관(鵑冠)이라고 불렀다. 호인(胡人:북방 오랑캐-옮긴이 주)의 가죽 모자에서 유래한 것으로 전국 시대 조나라 무령왕(武靈王)의 개혁을 거쳐 갈관이 되었으며 후에 진나라에 의해 모방되었다. 이 관을 쓴 사람은 가장 지위가 높은 장군으로, 계급은 1만 명의 부대를 통솔하는 교위이다. 진용(秦俑) 가운데 여섯 개만이 갈관을 쓰고 있다.

**장관**

처음에는 남방의 초인(楚人)들이 즐겨 쓰던 관이었는데 후에 진의 군모(軍帽)가 되었다. 전체적으로 장관(長冠)은 개어 놓은 방건(方巾:명대에 문인이 썼던 두건-옮긴이 주)과 비슷하다. 높이는 약 15센티미터이고 3급 또는 4급 작위의 중급 군관이 쓰던 것이다. 진용 중에는 장관을 쓴 군관이 모두 53개 있는데 신분이 비교적 높은 어수도 포함되어 있다.

**변관**

변관(弁冠)에는 원형과 두건 식, 두 종류가 있다. 하급 군관과 기병들이 즐겨 쓰던 군모이다.

관모의 종류

장인들은 각 계급 군인들의 실제 모습에 기반하여 하나하나의 군용을 모두 정교하게 제작하였다. 장군의 모자와 복장, 신발에서부터 머리 모양과 수염에 이르기까지 모두 특징을 가지고 있다. 특히 인격화를 중시하여 그들의 표정에는 감정이 풍부하게 묻어난다. 예컨대 장군은 위엄이 있고 젊은 군관은 말쑥하며 나이 먹은 사람은 노련하고 어린 사람은 명랑해 보인다. 또 근심하는 사람, 생각하는 사람, 분노하는 사람도 있다. 이처럼 과장되면서도 한편으로는 아주 세밀한 수법을 사용했기 때문에 군용은 "장엄하고 정교하며 개괄적이고 사실적인" 예술적 걸작이 될 수 있었다.

**관모—계급의 상징_** 진나라 사람의 관모(冠帽)는 조나라와 초나라에서 기원하며 대개 가죽으로 만들어졌다. 현재 발굴된 1천 3백여 개의 용(俑) 중에는 소수만이 관모를 쓰고 있는데, 그들은 모두 작위가 있는 군관이다. 모양은 세 가지가 있는데 90퍼센트 이상이 진홍색이다.

**진나라 사람의 풍습을 보존하고 있는 머리 모양_** 진나라 사람 특유의 거칠고 용감하고 승부욕 강하고 싸우기를 좋아하는 성질은 6국을 정복하는 전쟁 중에 최대한 발휘되었다. 그러나 6국 문화의 침투도 그 영향이 적지 않았다. 진나라 사람들의 옷차림에서부터 관모에 이르기까지 6국을 모방한 흔적을 흔히 볼 수 있다. 오직 군인들의 머리 모양만이 고유한 진의 전통을 굳건히 지키고 있었다.

## 머리 모양의 종류

군인 중에는 관모를 쓰지 않은 사람이 많다. 그들은 모두 여러 가지 모양으로 상투를 틀었다. 그들은 대개 지위가 낮은 사졸 또는 1급, 2급 작위의 군사이다.

### 원뿔형 상투

원뿔 모양의 상투를 정수리 뒤쪽으로 올리는 것은 지위가 가장 낮은 사졸의 머리 모양이다.

### 왼쪽으로 올린 원형 상투

원형의 상투를 정수리 왼쪽으로 올리는 것은 원뿔형 상투보다 지위가 약간 높은 사졸의 머리 모양이다.

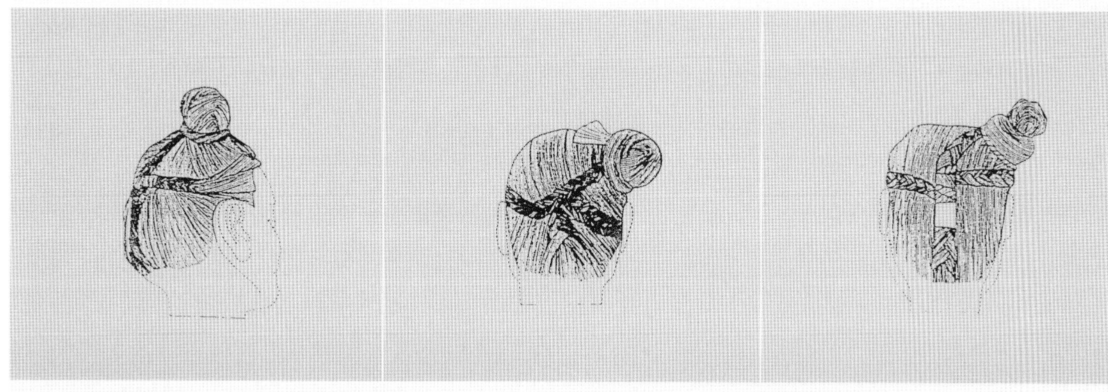

### 오른쪽으로 올린 원형 상투

정수리 오른쪽으로 원형의 상투를 올린 것은 1급 작위(공사)의 머리 모양이다.



늘 전쟁을 준비하는 나라

# 진나라의 뛰어난 무기

굴원(屈原)의 시 중에 "장검을 차고 있네, 진궁을 끼고 있네〔帶長劍兮挾秦弓〕."라는 구절이 있다. 이는 진나라 병기의 종류가 상당히 많았음을 반영해 주는 것이다. 진나라가 병기를 정교하게 잘 만들었다는 것은 이미 공인된 사실이었다. 진나라의 기술은 일곱 나라 중 선두를 달리고 있었다. 진시황 병마용갱에서 출토된 480여 점의 병기가 당시에 유행한 무기의 종류를 모두 망라하고 있다는 것이 그 증거이다. 주의할 만한 것은 진의 무기 장비가 중앙 정부와 지방 정부의 양쪽 계통으로 제조되었고 전문적 관리 체계와 병기 보관 창고가 설치되어 있었으며 무기 보관 규정까지 제정되어 있었다는 사실이다. 제국은 준 군대화되어 있었다.

**장거리 병기_** 고대의 활과 화살은 현대의 총기에 해당하는 것으로, 원거리에서 사람에게 충격을 입히는 무기이다. 전국 시대에 초나라 사람들은 활과 화살의 원리를 이용하여 노기(弩機)를 발명하게 되었는데, 이는 순식간에 집중적으로 발사하는 효과를 낸다.

진은 노기의 크기를 더 키워 팔 길이가 72센티미터나 되는 것을 만들어 냈다. 작전 시 사용하는 대형 활〔弓〕은 가장 긴 것이 1.6미터이고 화살 또한 그에 맞게끔 길어져서 사정거리가 수백 미터에 달했다. 덕분에 사격망이 더욱 넓어졌고 보다 효과적으로 적군을 꺾을 수가 있었다.

**긴 병기_** 근거리 교전 시 사용하던 무기이다. 전투가 보병이나 기병에 의존하는 형태로 바뀌어 감에 따라 길이가 긴 병기들이 유용하게 쓰였다. 선진 시대의 전차병은 과, 극, 모 등을 사용했다. 하지만 근거리 교전 시 전차는 회전과 이동, 공격이 모두 어려웠다. 따라서 당시 사용하던 긴 병기들도 제대로 위력을 발휘하지 못했다. 그러나 상대적으로 기병과 보병은 기동력이 있었기 때문에 근거리 작전에서 긴 병기가 위력을 발휘할 수 있게 되었다. 진의 무기 중에서 긴 병기는 특히 중시되었고 종류와 수량도 가장 많았다.

**짧은 병기_** 청동 단검은 당시 사용되던 짧은 병기 중 가장 대표적인 것이다. 진나라의 동검은 기병의 세력이 커짐에 따라 점점 길어져 길이 약 80~100센티미터, 너비 3~4센티미터가 되었다. 진나라의 단검 공예 기술은 매우 훌륭해서 몸체가 단단하면서 잘 부러지지 않았다. 측정해 보면 경도(硬度)가 9~10도이다.

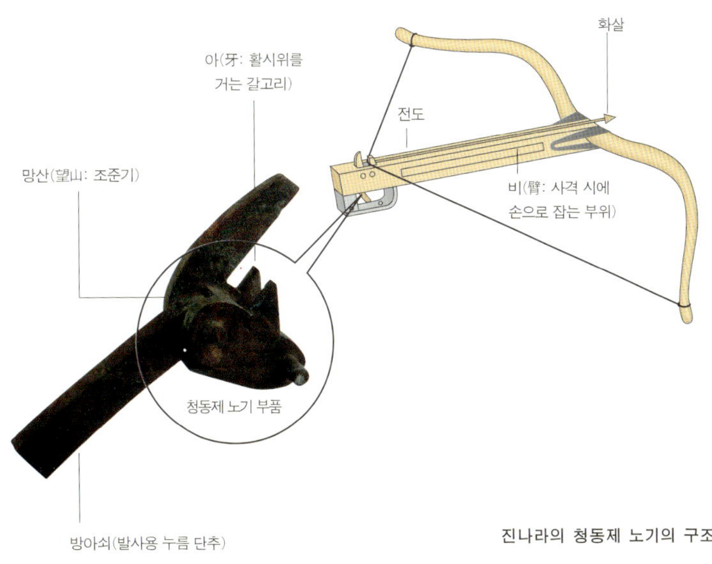

**진나라 용갱에서 출토된 청동제 화살촉**
멀리 곧게 나아가고 관통력이 뛰어난 청동제의 삼각형 화살촉이 많다.



사격 순서

1. 활 시위를 잡아당겨 '아' 에 고정시킨다.
2. 화살을 '전도' 에 넣는다.
3. '망산' 을 이용하여 겨눈다.
4. 방아쇠를 움직여 발사한다.

**진나라의 청동제 노기의 구조**

나무 재질의 자루

3.8미터

연호(年號)<br>가 새겨져<br>있다.

구리<br>재질의 피

소가죽<br>끈으로<br>동여맴

청동으로<br>만든 창끝

## 구리로 만든 피

피(鈹)는 단검을 장착한, 긴 자루의 찌르고 치는 무기로 진나라에서는 '담(錟)'
이라 불렀다. 전국 시대에 "강한 노가 앞에 있고 담과(錟戈)가 뒤에 있다."는 표
현으로 이 병기가 당시 전쟁 중에 담당했던 역할을 미루어 짐작할 수 있다. 이는
다른 여섯 나라에서는 찾아보기 힘든 것인데, 진의 병마용갱에서는 모두 16점이
출토되었다. 진 특유의 공격용 병기였던 듯하다.



## 대가 납작한 검

대가 납작한 이 검은 기병 전용 병기로서 몸체가 납작하고 좁아 모양이 난 잎 같다.

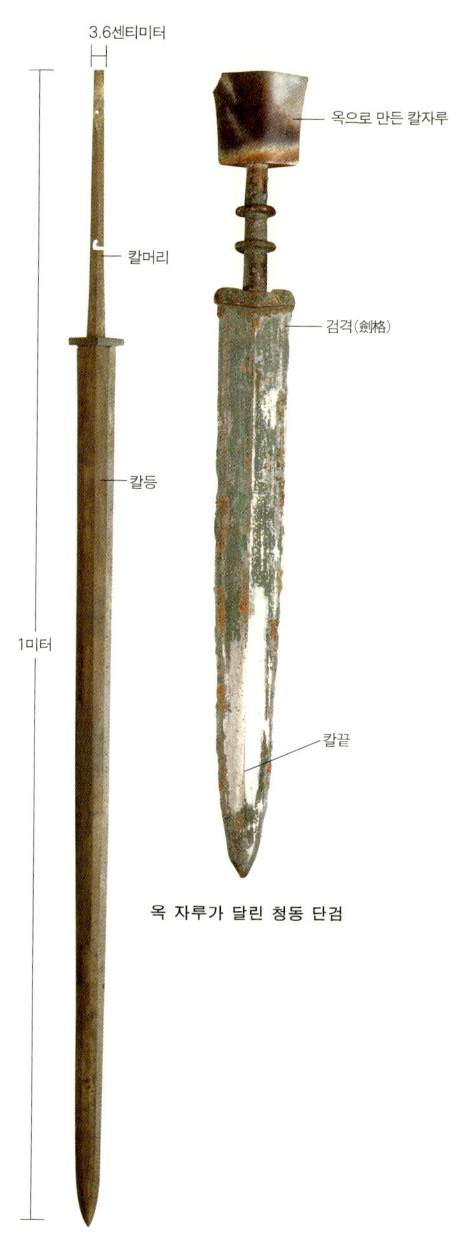


**옥 자루가 달린 청동 단검**

**병기 제조 체제_** 진의 병기 제조는 중앙과 지방의 양대 계통으로 나뉘어 이루어졌으며 정부에서 통일적으로 조직, 배치하였다. 중앙 계통은 경사(京師)를 관리하는 내사(內史)에서 총괄 관리하며 아래로 각 철관(鐵官)을 관할하고 소부(少府), 사공(寺工) 등의 기구를 두었다. 이들 기구는 수도 부근에 집중되어 승상이 친히 총 감독을 맡았다. 병기에 쓰여 있는 "상방여불위과(相邦呂不韋戈)"라는 문구는 그것이 승상 여불위의 감독 하에 만들어진 것이라는 사실을 증명한다. 중앙에서 생산한 병기는 품질이 우수하여 주로 중앙에서 직접 관할하는 군대에 분배되었다.

지방 군현에서 제조한 병기는 군의 태수(太守)가 감독하여 만든 것으로, 생산량은 방대하지만 질적인 면에서는 중앙에 미치지 못하였다. 주로 지방과 변방의 부대로 분배되었다.

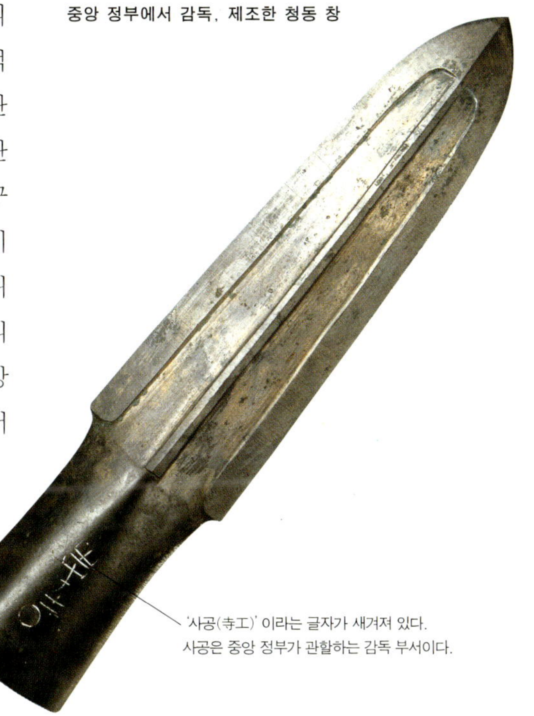

'사공(寺工)'이라는 글자가 새겨져 있다. 사공은 중앙 정부가 관할하는 감독 부서이다.

## 서방보다 2천 년 앞선 크롬 도금 기술

진 군대가 사용한 청동 병기는 대부분 강하고 날카로워서 오늘날까지도 서슬이 퍼렇다. 이 병기들은 표층에 크롬 도금을 하거나 크롬 염산화 처리를 거쳐 잘 부식되지 않게 하였다. 이러한 기술은 서양에서는 20세기에 이르러서야 독일인과 미국인에 의해 발견되었고 특허권이 취득된 것이다. 2천년 전에 진나라 사람들이 크롬 도금 기술을 가지고 있었다는 것은 야금 역사상 커다란 의의를 가지는 것이다.

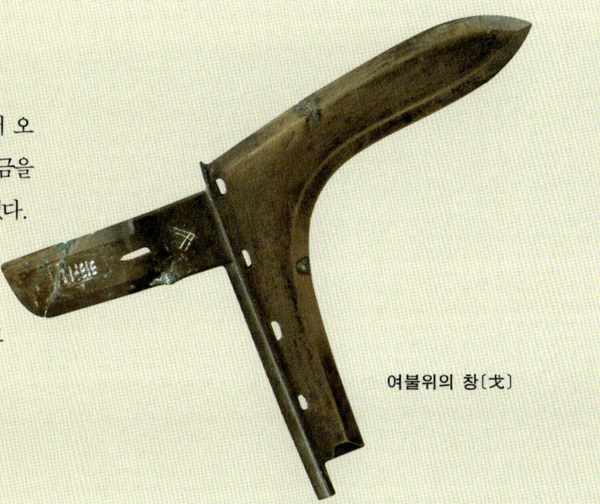

여불위의 창〔戈〕

# 전술의 발달

전국 시대 말기에 패권 전쟁은 가장 격렬한 고비에 이르렀다. 각국은 대외적으로는 군사 외교적 책략을 적극 동원하여 동맹을 맺고 대내적으로는 무기를 개량하고 군사를 확충하였다. 또한 군대의 질을 제고하는 데 힘쓰는 한편 그 동안의 전쟁 경험을 총괄하여 체계적인 전술과 진법(陣法)을 연구해 냈다.

**병법 모략**_ 전국 7웅의 경쟁은 실제로는 병법 간의 대결이었다. 그 당시에 『손자병법(孫子兵法)』, 『손빈병법(孫臏兵法)』, 『위료자(尉繚子)』, 『상군서(商君書)』 등의 대표적인 병법이 등장했다. 6국이 연합하여 강력한 진에 대항하였으나 진은 먼 나라와는 친교를 맺고 가까운 나라는 공격하면서 하나하나 격파해 나갔다. 그리고 마침내는 6국 연맹을 격파하고 전국을 통일하게 된다.

**병종과 전술 운용**_ 병기와 병종의 배치는 작전 시의 환경과 전술에 의해 결정된다. 진나라가 통일 전쟁을 진행하는 과정에서 작전 지역은 중원에서부터 점차

북방의 산림과 남방의 호수 및 늪지대로 확대되었다. 이에 따라 진나라는 민첩하게 무기를 변환하고 서로 다른 지형 조건에 맞도록 병종을 배치하여 최대한의 전투력을 발휘하였다.

**유연한 진법**_ 군대 진법의 변화는 승리에 이르는 중요한 방법이다. 군사는 서로 다른 지세와 작전의 필요성에 따라 수시로 전투 대형을 변환함으로써 최강의 공격 효과를 이루어 내야 한다. 전국 시대의 군사(軍師) 손빈(孫臏)은 다음과 같이 지적하였다. 각종 군진은 대체로 병력을 셋으로 나누어 약 3분의 1의 병력으로는

**병종의 전력과 지형의 관계**

| 지형 환경 | 산림과 하천 | 구릉과 평원 |
|---|---|---|
| 이기는 쪽 | | |
| 지는 쪽 | | |
| 병법의 원칙 | 양쪽 군대가 산림과 하천에서 교전하고 있다면, 이곳은 지형이 복잡하여 보병이 싸우기에 적합하다. 여기에서는 전차병이나 기병이 "둘이 하나를 당하지 못한다." | 구릉과 평원은 전차병과 기병이 싸우기에 적합하여 보병은 "열이 하나를 당하지 못한다." |
| 설명 | 전차병과 기병은 속도가 생명인데, 산림과 하천은 지형이 복잡하거나 진창이어서 전차병은 방향을 돌리기가 힘들고 기병은 길을 잃어 질주하지 못하게 된다. 반대로 보병은 복잡한 지형을 이용하여 우회 공격을 할 수가 있으니 활과 노를 가지고 전투력을 발휘하기에 유리하다. | 이러한 지형은 전차병과 기병이 질주하기에 유리하고 보병은 그 속도를 따를 수 없다. 전차병과 기병의 살상력 또한 보병과는 비교할 수가 없으니 당연히 이곳에서의 싸움은 전차병과 기병에게 유리하다. |

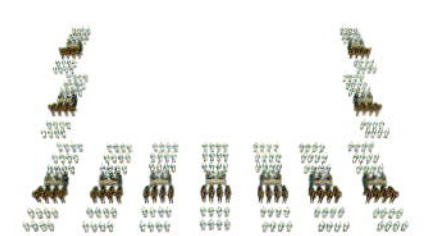

네모꼴 진
성질 : 공격형 군진
특색 : 중간 병력이 적어서 허장성세(虛張聲勢)일 수 있으나 사방의 병력이 강하여 적을 격파하기가 쉽다.

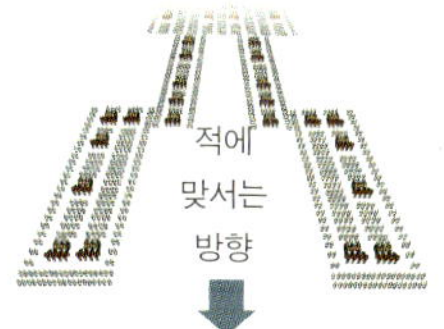

갈고리 모양의 진
성질 : 공격형 군진
특색 : 정면은 사각형의 진이고 양 날개는 뒤로 갈고리 모양으로 구부러져 있어서 날개 쪽이 안전하다.

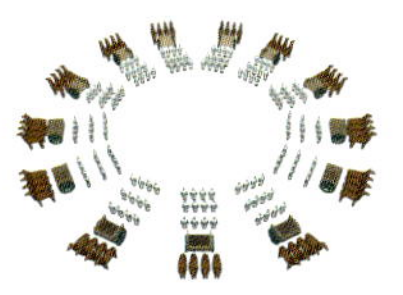

송곳 모양의 진
성질 : 공격형 군진
특색 : 선봉이 뾰족하여 적진으로 찌르고 들어가 적군을 갈라놓을 수 있고 양 날개와 후미가 두터워서 적을 포위하여 섬멸할 수 있다.

기러기떼 모양의 진
성질 : 공수 겸비형 군진
특색 : 좌우 날개가 전열을 향해 사다리꼴로 적을 포위하면 후위에서 후속 공격을 가한다.

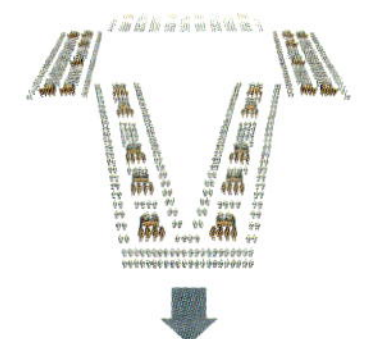

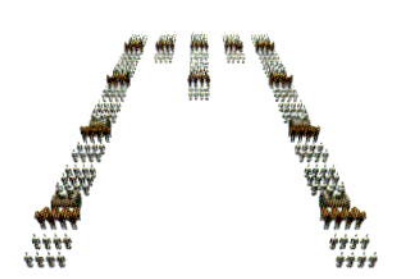

키 모양의 진
성질 : 공수 겸비형 군진
특색 : 기러기떼 모양 진의 변형

둥근 진
성질 : 방어형 군진
특색 : 군사들의 힘을 고리 모양으로 고르게 분포하여 평탄한 지형에서 방어를 하기에 적합하다.

적과 교전하고, 3분의 2의 병력은 때를 기다린다. 또 3분의 1의 병력으로는 적진을 돌파하고 3분의 2의 병력으로는 승리를 거두고 진영을 확대한다. 각종의 군진이 각기 서로 다른 특징을 가지고 있는 것은 물론이지만 공통점도 있었다.

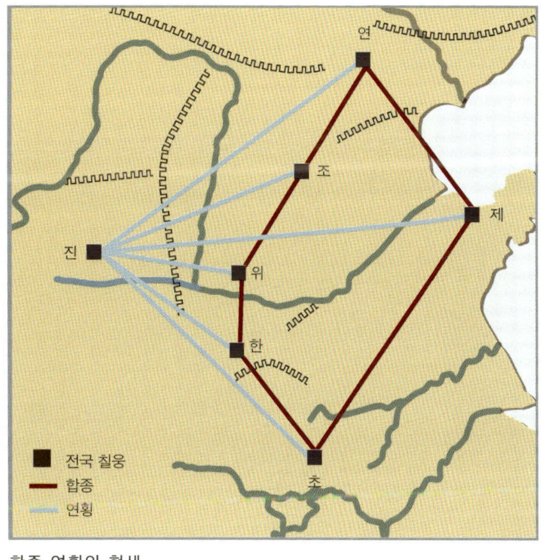



합종 연횡의 형세

| 풀이 짧은 평지 | 밀림 지대 | 험한 산기슭 |
|---|---|---|
|  | |  |
| 풀이 짧은 평지는 장극(長戟)을 사용하기에 적당하여, 이런 환경에서라면 장검과 방패는 "셋이 하나를 당하지 못한다." | 밀림 지대는 모정(矛梃)을 사용하기에 적당하다. 장극은 "둘이 하나를 막지 못한다." | 험한 산기슭에서는 검과 방패를 사용하는 것이 적합하여 궁노(弓弩)는 "셋이 하나를 당하지 못한다." |
| 장검과 방패는 보병의 상비 무기이고 장극은 기병과 전차병, 보병이 모두 갖추고 있는 무기이다. 초원에서 싸울 때는 풀이 있는 것이 방해가 되어 동작이 민첩하지 못하다. 따라서 장극을 이용해 원거리에서 격투하는 것이 유리하다. | 모정은 장극과 길이가 서로 비슷하고 보병, 기병, 전차병이 모두 갖추고 있는 무기이다. 밀림 지대에서는 이 둘의 전력에 차이가 생기는데, 모정이 앞뒤로 찌르는 것인데 반해 장극은 좌우로 치는 것이라는 사용 방법과 관련이 있다. | 활과 화살, 그리고 노는 원거리 사정 무기인 데다가 직선 공격용이어서 산악 지대에서는 제 역할을 하기가 힘들다. 검과 방패는 근거리 전투에 적당하여 산악 지대에 적합한 편이다. |

# 진시황의 군진

'세계 여덟 번째의 기적'이라 불리는 진시황릉의 병마용은 모두 네 곳의 용갱(俑坑)을 가지고 있다. 그중 세 곳은 이미 복원이 되어 7천여 개의 장사용(將士俑)과 수백 필의 전마(戰馬), 100여 량의 전차가 나왔다. 그들은 하나같이 동쪽을 향하고 있다. 그중 1호갱은 '임전군진

**네모꼴 군진의 작전 단위**

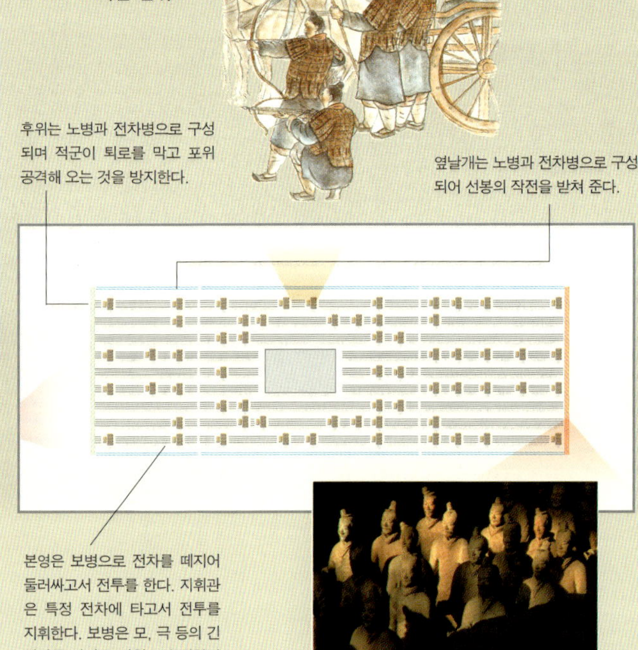

**병마용갱의 평면도**

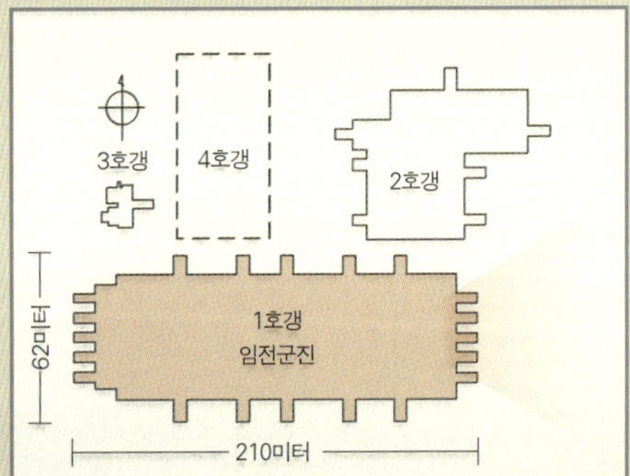

후위는 노병과 전차병으로 구성되며 적군이 퇴로를 막고 포위 공격해 오는 것을 방지한다.

옆날개는 노병과 전차병으로 구성되어 선봉의 작전을 받쳐 준다.

### 네모꼴 군진

모든 진은 선봉, 옆날개, 후위(後衛) 및 본영(本營)의 네 부분으로 구성된다. 네모꼴 군진의 진법은 강노(剛弩)가 앞에 있고 담과가 뒤에 있다. 몸에는 도포를 입고 손에는 활과 화살을 든 가벼운 무장의 노병 2명 내지 4명이 한 조가 되어 공격적인 선봉을 조성하고 활을 쏘아 적군의 진세를 어지럽힌다. 그리고 양 날개 쪽으로 물러나면 본영의 병마가 이어서 후속 공격을 한다.

본영은 보병으로 전차를 떼지어 둘러싸고서 전투를 한다. 지휘관은 특정 전차에 타고서 전투를 지휘한다. 보병은 모, 극 등의 긴 병기를 가지고 싸웠으며 전차병은 궁노를 위주로 하였다. 곧 멀리 있는 적은 화살로 공격하고 가까이 있는 적은 창과 칼로 공격하는 것이다.

**네모꼴 군진의 선봉**

선봉은 200여 명의 보병으로 구성된다. 3명의 전사는 긴 병기를 갖고 있고 그 나머지는 궁노를 갖고 있다.

(臨戰軍陣)'의 진상이다. 6천 명의 군사와 4천여 승(乘)
의 전차는 그때 그때의 상황에 따라 공수를 전환한다. 또
전국 시대에 주로 많이 사용되던 차병, 보병, 기병의 혼합
편대에 적용된 네모꼴의 군진을 이루고 있다. 이는 진나라
군대의 웅장한 모습이 처음으로 세상에 선을 보인 것이다.
전체 군진은 몇 개의 단위로 나눌 수가 있다. 매 단위마다
지휘관이 하나씩 있고 전차와 보병도 배치되어 있다. 또
진 가운데에는 출발을 기다리는 장군 및 군사가 이미 제자
리를 잡고 있다. 그들은 화살을 뽑고 노를 당기고 말 위에
올라서 있는데, 적진으로 출발하기 직전 명령만 떨어지기
를 기다리는 바로 그 순간이다. 고요함 속에는 천지를 뒤
흔들 전운이 흐르고 있다.

1호갱의 전마
병마용갱의 전마는 수레를 끄는 '거마'와 안장을 걸친 '승마(乘
馬)' 두 종류가 있다. 이것은 승마로서 기병이 타는 말이기도 하다.

1호갱의 전경
총 면적이 14,260제곱미터에 달한다.
이는 축구장 2개 정도의 크기이다.

# 군대의 주둔지

2호갱의 병마용 출토 현장

병마용의 2호갱과 3호갱은 각각 진 군대의 영지(營地)와 작전 지휘부에 해당한다. '영(營)'이란 군대가 주둔하는 곳이다. 차전을 위주로 하던 시대에는 영지를 선택한다는 개념이 없이 필요할 때에는 전차 자체를 임시 영지로 썼다. 병종의 종류가 많아지면서 군대의 구조는 복잡해졌다. 또한 행동도 민첩해야 했다. 따라서 진지를 구축하여 주둔하는 문제는 정규 군대의 중요한 과제가 되었다.

2호갱은 행군 중의 임시 주둔지이다. 영내에는 노병, 전차병, 기병, 보병의 네 병종이 머무르고 있어 모두 900여 개의 무사용(武士俑), 400여 필의 전마용(戰馬俑), 89승의 전차가 있다. 이동 진영의 병력

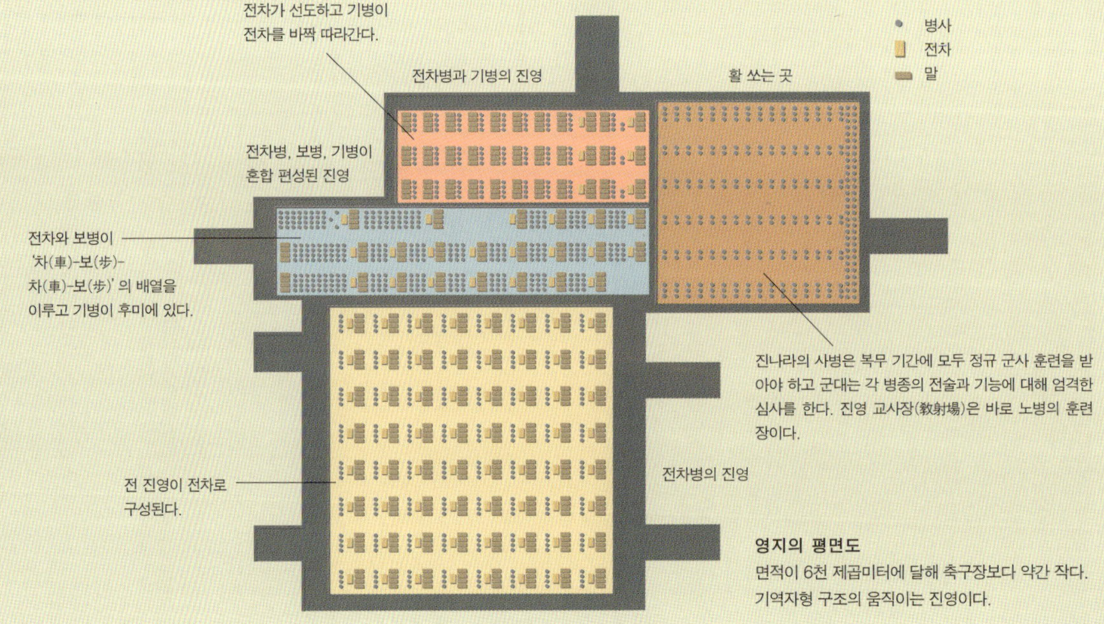


**영지의 평면도**
면적이 6천 제곱미터에 달해 축구장보다 약간 작다.
기역자형 구조의 움직이는 진영이다.

은 네 지역으로 나뉘어 배치되어 이동이 편리하며 수시로
싸움에 투입될 수 있었다. 3호갱은 작전 구역 지휘부이다.
전차는 앞에서 명령을 기다리고 근위병은 뒤에서 두
줄로 의장을 갖추고 마주보고 서서 장군이 오기를
기다린다.

### 작전 구역 지휘부 복원도
3호갱은 520제곱미터를 차지하는데
병마용갱 중에서 면적이 가장 작다.

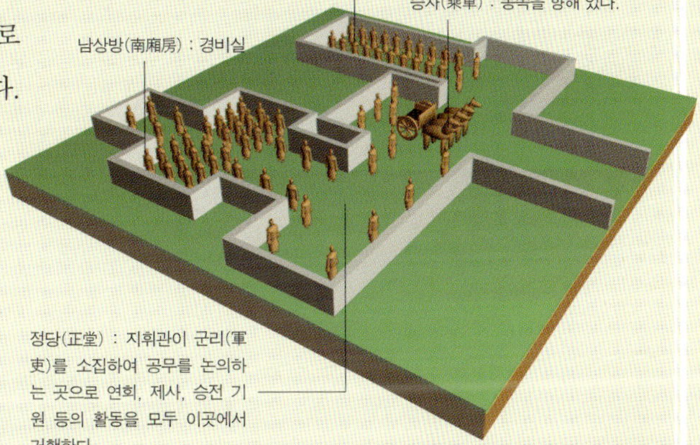

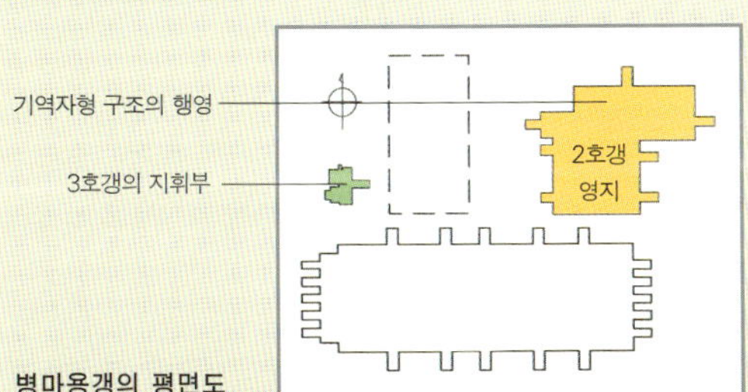



병마용갱의 평면도

### 중무장한 군관
3호갱의 장수는 계급이 높다. 머리에는 장관을 쓰거나 연책(軟幘:부드러운 상투-옮긴이 주)을 하고 있다.

작전 구역 지휘부 :
3호갱 전경

# 도성을 중심으로 도로를 만들다

진은 6국을 통일한 후 판도를 10여 배로 확대하였다. 6국의 반진 세력이 다시 일어서는 것을 막고 칙령이 신속하게 하달되도록 하기 위해 진시황은 각국의 성곽과 보루를 허물었다. 또한 막힌 수로를 트고 방어 관문을 없애도록 명령했다. 수도 함양을 중심으로 사방팔방으로 육로와 수로를 건설한 이 일은 규모가 상당히 컸다. 교통 기획은 로마 제국보다도 더 선진적이어서, 전국에 치도(馳道:천자가 다니는 길·옮긴이 주)와 직도(直道)를 만들어 간선도로로 삼았다. 『진율(秦律)』에서는 간선도로와 차량의 규격을 규정해 놓았고 조밀한 소로(小路)까지 합해 전국적으로 발전된 교통망을 구성하였다.

**금우도**

전국 시대에 진의 혜왕(惠王)은 촉 땅에 출병하려 했으나 험한 산이 가로막고 있어 갈 수가 없었다. 혜왕은 다섯 마리의 돌 소(石牛)를 만든 후 이 소가 황금 똥을 눌 수 있다고 촉의 왕을 속여 소를 끌고 가도록 하였다. 그리고는 장의(張儀)와 사마착(司馬錯)을 시켜 병사를 이끌고 따라가 공격하게 하였다. 그후로 이 길을 '금우도'라고 한다.

**황제 전용 도로_** 기원전 220년 진시황은 치도를 대대적으로 정비했다. 도로의 너비는 70미터였고 지반을 쇠망치로 다져서 쌓았다. 정중앙 7미터는 황제의 전용 도로였고 양쪽은 평민이 다니는 길이었다. 진시황은 출행할 때마다 크고 작은 차량 80여 대 그리고 1천여 명의 백관(百官), 근위병과 함께하였으니 도로가 얼마나 넓었는지는 미루어 짐작할 수 있다.

**북방으로 가는 군용 직선로_** 북방에 흉노가 침입하여 소란을 일으키는 데 대처하기 위하여 기원전 212년 진시황은 장군 몽염과 아들 부소(扶蘇)에게 30만 대군을 이끌고 장성(長城)을 쌓아 변방 요새를 지키면서 직선로를 개척하라고 명령하였다. 이 군사 전용 도로는 함양에서 구원군(九原郡:지금의 내몽고 포두)까지 바로 닿으며 총 길이가 1,800리(대략 지금의 1,400리에 해당)인데, 길을 따라서 산을 깎고 골짜기를

**직도 터**

기원전 212년 몽염은 군대를 이끌고 직도를 건설하였는데 진시황이 사망할 때까지 채 완공하지 못했다.



황제의 나라

진이 길을 뚫는 데에 힘을 쏟게 된 것은 전쟁과 상업의 수요 때문이었다. 사천 광원(廣元) 일대에 위치한 이 고잔도(古棧道)가 바로 그 전형적인 예이다. 협곡 절벽에 구멍을 뚫어 나무를 받치고 널판지를 깔아 잔도를 만들었다.

메우는 공정이 대단히 어렵고 방대하였다. 직도가 치도와 다른 점은 길이 곧아 차량 통행이 빠르고 병력 이동이 쉬웠다는 점이다. 이는 돌발적인 변방의 변란에 대처할 수 있는 장점이 있다. 진시황이 순행 도중 급사했을 때에도 산서 경내의 치도에서 직도로 길을 돌려 빨리 시신을 운반하였다.

**군사 통신 시설**_ 진은 치도와 직도 외에 군사 통신과 우편 시설인 정역(亭驛)을 두었다. 중심지에는 10리마다 하나씩, 변경에는 30리마다 하나씩의 정(亭)을 세웠다. 당시에는 말을 타고 우편물을 전달하였는데, 만약 군대의 사정이 긴급하면 정역에서 말을 바꿔 타고 하루에 500리를 달릴 수 있었다.

**서남쪽으로 통하는 도로**_ 진 왕조는 서남 지구를 개발하기 위하여 함양에서 파촉으로 통하는 험한 산 사이에 금우도(金牛道)를 뚫었다. 또 파촉과 운남(雲南) 지방 전지(滇池) 사이에는 너비가 겨우 5척에 불과한 작은 잔도(棧道)를 뚫었다. 서남쪽은 지세가 험한 탓에 치도를 건설할 수가 없어 이 두 특별 도로를 개통한 것인데, 이는 당시 중원에서 서남쪽으로 통하는 유일한 육로였다.

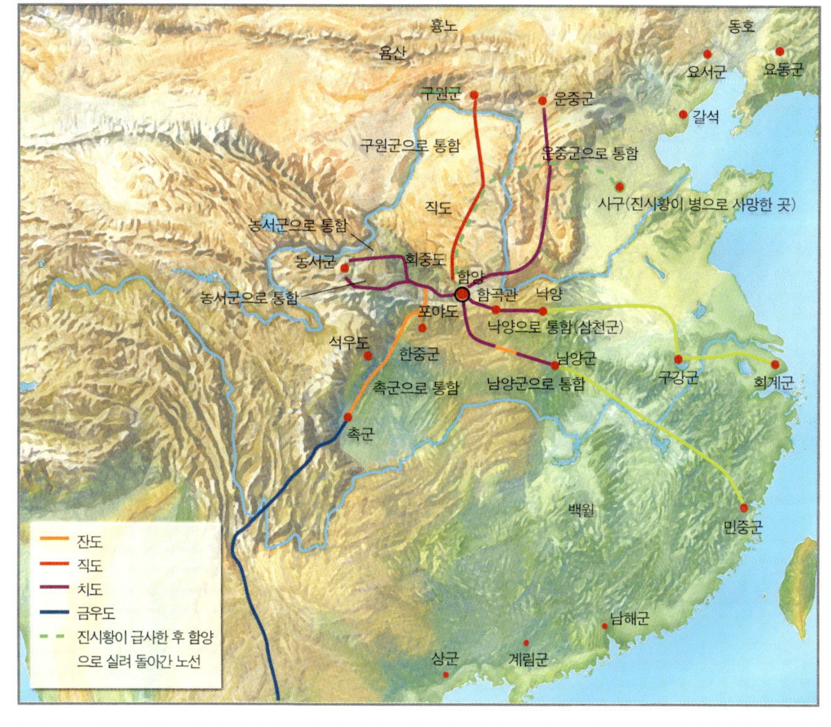


진 왕조의 주요 간선도로

# 운하를 만들다

진 왕조의 200만 군대는 매일같이 엄청난 병참 시스템의 공급을 필요로 했다. 육로에서는 주로 우마차로 운반했고 수로에서는 배로 날랐다. 초를 무너뜨린 전쟁 중에 진 군대 60만 명은 사흘 동안 식량 20만 석을 소비하였는데, 이를 위해서는 소 1만 마리나 배 5천 척을 징용해야 했다. 군수 공급의 수요로 인해 진 왕조는 통일을 전후하여 정국거(鄭國渠)와 영거(靈渠)의 두 운하를 뚫었다. 이 양대 운하는 당시 중국에서는 물론이고 세계적으로도 엄청난 규모의 수리 시설이었다. 정국거는 관중 지역에 물을 공급해 주었고, 비옥해진 평야에서는 진나라의 군량 공급을 원활하게 해줄 양식이 많이 생산되었다. 또 영거는 통일을 이룬 진이 순조롭게 영남(嶺南)으로 진입하게 해 주었다.

**정국거―관중의 곡물 창고_** 진나라는 대규모 전쟁 중 군대에서 필요한 군량과 말 먹이의 운반 문제를 해결하기 위하여 기원전 236년에 함양 북쪽에 정국거를 건설하였다. 이름은 이 수로의 설계자 정국(鄭國)의 이름을 따서 지은 것이다.

정국거는 경하(涇河)에서 물을 끌어 와 최종적으로 낙하(洛河)로 흘러 들어가게 한다. 총 길이 150킬로미터, 물을 끌어다 댈 수 있는 땅이 280만 무에 이르렀다. 경하는 진흙과 모래 함유량이 많았다. 이 흙탕물은 밭에 물을 공급해 주었을 뿐 아니라 광활한 저지대의 침수되기 쉬운 늪과 소금기 많은 땅을 질 좋은 밭으로 변화시키기도 하였다. 당시 1무의 밭의 생산량은 1종(鍾:약 125.5킬로그램에 해당)에 달했다. 이때부터 관중 지구에는 매년 풍작이 들어 중요한 곡물 생산 기지로서의 역할을 톡톡히 하였다. 10년간의 통일 전쟁 기간 중 진

**정국거의 위치**
정국거는 경수에서 물을 끌어 와 야욕하(冶峪河), 청수하(清水河), 탁욕하(濁峪河)를 뚫고 지나가다가 마지막으로는 낙수(洛水)로 흘러간다.

**정국거 터**
한 왕조 때 정국거 남쪽에 다시 백거(白渠)를 뚫었다. 당시 유행하던 민요인 '백거요(白渠謠)'의 내용은 이러하다. "밭이 어디에 있는가. 지양(池陽) 골짜기 입구에 있다네. 정(鄭)나라가 먼저 생겼고 백거는 나중에 생겨났네. 삽을 들면 구름이 되고 거(渠)가 터지면 비가 되네. 경수의 돌 하나, 그 진흙이 몇 말이네. 물을 대면서 똥거름을 주니 나에게 벼와 기장이 생기네. 도읍 사람들을 모두 먹여 살리네, 그 억만 명을." 반고(班固)의 「서도부(西都賦)」에는 또 이런 구절이 있다. "정백(鄭白)이 기름지니 이것이 바로 의식(衣食)의 근원이다." 오늘날에 와서도 정국거는 여전히 자기 몫을 하고 있는데, 그 일대는 섬서성의 중요한 곡식 및 목화 생산지이다.

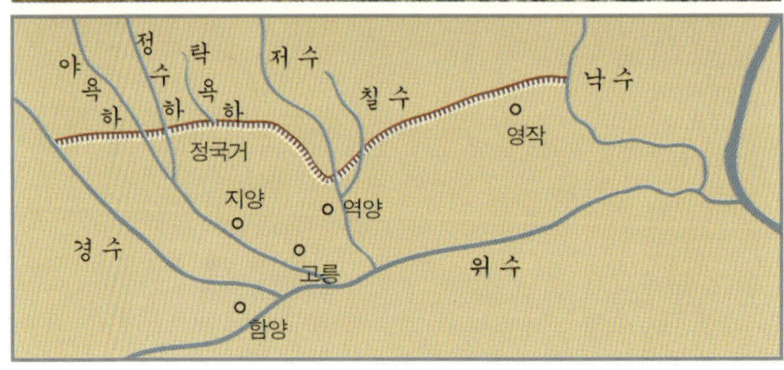

## 영거의 지리적 위치

영거는 총 길이 30킬로미터이고, 수량 조절의 역할을 담당했던 제방은 지금의 광서(廣西) 장족 자치구 흥안현(興安縣) 분수촌(分水村)에 있다. 이 운하는 화저(鏵咀)에서 대천평(大天平)과 소천평(小天平)의 두 날개로 갈라졌다. 마치 보검한 자루가 상강을 두 개의 수로로 갈라 세 갈래의 물이 이강으로 유입되는 것 같다. 천평은 현대의 배수댐과 같은 역할을 하였다. 물이 불어나는 시기에 큰 물이 제방을 넘어도 상강의 옛길로 흘러 들어가 제방의 수위는 적절하게 유지되었다.

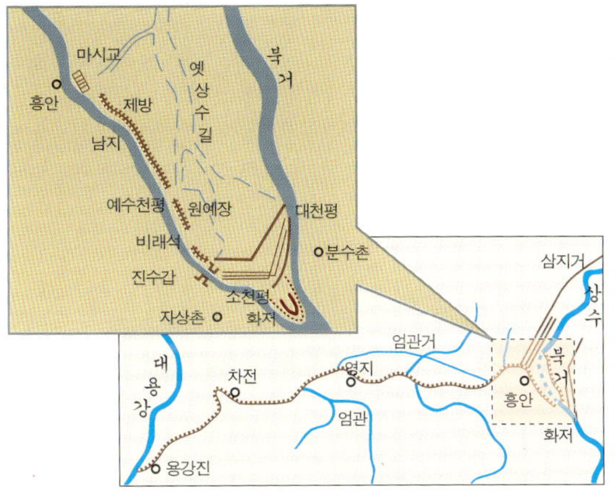


나라는 연속하여 6년간 재해를 당했지만 이 정국거 덕에 군량을 공급할 수 있었다.

## 영거—남쪽으로 가는 수로

진나라 군내는 6국과의 전쟁을 끝낸 후 서남쪽 백월(百越)* 지역으로 진출하기 시작했다. 주강(珠江) 삼각주와 양자강 중류의 평원 사이에는 남령(南嶺) 산맥이 가로놓여 중원과의 교통을 막고 있었기 때문에 육로로 왕래하기가 어려웠다. 함양에서 서남쪽까지는 1만 리나 떨어져 있어 군의 이동은 쉽지 않았다. 기원전 219년 진시황은 사록(史祿)을 파견하여 영거를 뚫게 하여 상강(湘江)과 이강(灕江)을 관통하게 한다. 험한 산악 지대에서 비좁은 구릉 지대만

**오늘날의 영거**
중국의 역대 정부는 2천 년간 영거를 이용하였다. 그러다 20세기 초에 이르러 철도가 개통됨에 따라 영거는 그 역사적 사명을 완수하게 된다.

## 영거의 두문

두문(陡門)은 요즘의 개념으로 생각하면 선갑(船閘:배가 드나드는 도크의 수문-옮긴이 주)에 해당된다. 이는 배가 흐르는 물을 거슬러 운항할 수 있게 한 시설로, 당시로선 획기적인 것이었다.

**두문 조작 설명도**
흐르는 물을 거슬러 운항하기에 편리하도록 영거에는 계단식 수문이 많이 세워져 있었는데, 이를 두문이라 했다. 운항하는 배가 물을 거슬러 두문으로 들어간 뒤에 수문을 내려 물을 막고 선체를 높여서 배가 한 단계 더 높은 수위로 안전하게 진입하도록 한 것이다.

이 비교적 평탄하였고 상강과 이강은 이곳에서 거리가 가장 가까웠다. 그리고 상강의 수위가 이강보다 약간 높았다. 영거는 이 세 가지의 지역적 조건을 잘 활용하여 만들어졌다. 당시의 측량 기술이 이 정도로 정확했다는 것이 놀랍다. 기원전 214년 영거가 개통되면서부터 배는 한수(漢水)에서 출발하여 장강, 상강, 이강을 지나 주강 입구까지 바로 이르게 되었다. 그해 진시황은 50만 대군과 함께 대장 도수(屠睢)를 백월로 보냈고 바로 남쪽 해안까지 이르렀다.

> *백월 : '백월(百粤)'이라고도 하는데, 진 통일 이전 지금의 동남쪽 연해에 살고 있던 소수민족을 가리키는 총칭이다. 그중 절강(浙江) 이남에 거주하던 사람들을 '동월(東越)', 복건(福建)에 거주하던 사람들을 '민월(閩越)'이라 했으며, 광동(廣東)과 광서에 거주하던 사람들은 '남월(南越)'이라 불렀다.

# 만리장성

진시황 때에 쌓은 장성은 중국 역사 상 가장 방대한 국방 공사였으며 중국의 고대 문명을 상징하는 것이기도 하다. 진의 장성은 감숙 임조(臨洮)에서 시작되어 황하 북쪽 줄기를 따라 동쪽으로 향해 간다. 음산(陰山)을 넘고 연산(燕山)을 넘어 높아졌다 낮아졌다 하면서 구불구불 요동(遼東)의 압록강까지 이른다. 총 길이가 5천 킬로미터. 때문에 후세 사람들이 '만리장성'이라 불렀다. 이처럼 방대한 공사는 진시황의 제왕다운 기백과 원대한 지략, 그리고 통일된 국가와 드넓은 국토가 없었다면 실현 불가능했을 것이다.

**몽염 장군 장성을 쌓다**_ 전국 시대 중반 이후 북방의 흉노(匈奴)*는 중원이 어지러워지면 언제나 남하하여 습격하고 약탈해 갔다. 이웃의 진, 조, 연 세 나라는 그 화가 점점 심해지자 서로 연이어 장성을 쌓아 흉노를 막았다. 진 왕조 초기에 흉노는 말을 타고 재차 남하하여 하투(河套) 지구*를 점거했다. 이에 방사(方士) 노생(盧生)은 "진을 멸망시키는 것은 호(胡)입니다."라는 상서를 올리기도 했다. 진시황은 즉시 장군 몽염을 30만 병사와 함께 파견하여 반격을 가하였다. 그리하여 흉노를 북으로 300여 킬로미터나 퇴각시키고 일거에 하투 지구를 되찾았다. 몽염이 10여

년간 변경을 지키는 동안 흉노는 감히 남쪽으로 침범하지 못하였다.

몽염은 변방 수비 기간에 군사를 거느리고 장성을 쌓았다. 지형에 따라 험관요새(險關要塞)를 장악하고 진, 조, 연 세 나라의 옛 성을 연결하여 제국의 안녕과 통일을 지키는 군사 방어선을 형성한 것이다.

**장성의 배수 기와**
이 진흙으로 만든 기와는 반원통 모양으로, 배수를 위한 건축 재료이다.

황제의 나라

**전국 시대 진의 장성**

전국 시대 진의 장성은 소왕(昭王) 시기(기원전 306년~기원전 251년)에 쌓은
것이었다. 진시황이 천하를 통일한 후 이 장성을 조, 연의 장성과 연결하였다. 사
진 속의 장성은 현재 감숙성에 있는데, 성벽을 황토로 다져서 쌓았으며 너비는
4.5~5미터이고 가장 높은 곳은 3.5미터에 달한다.

**축성 노역_** 진 왕조는 장성을 쌓는 것에 대한 엄격
한 관리 제도를 가지고 있었다. 『진율』에는 다음과 같
은 규정이 있었다. "현위는 항상 관할 구역 내 장성 공
사의 수준을 검사해야 한다. 만약 합격하지 못하면 엄
벌에 처한다. 축성에 종사하는 사람은 그가 아무리 죄

를 지어 징집되어 왔다 해도 어떤 관원도 그에게 다른
일을 시킬 권리가 없다."

**성을 지키는 주둔군과 특수한 삼군_** 진의 장성
은 성벽〔城牆〕, 관문(關門), 봉수대〔燧台〕로 구성되었

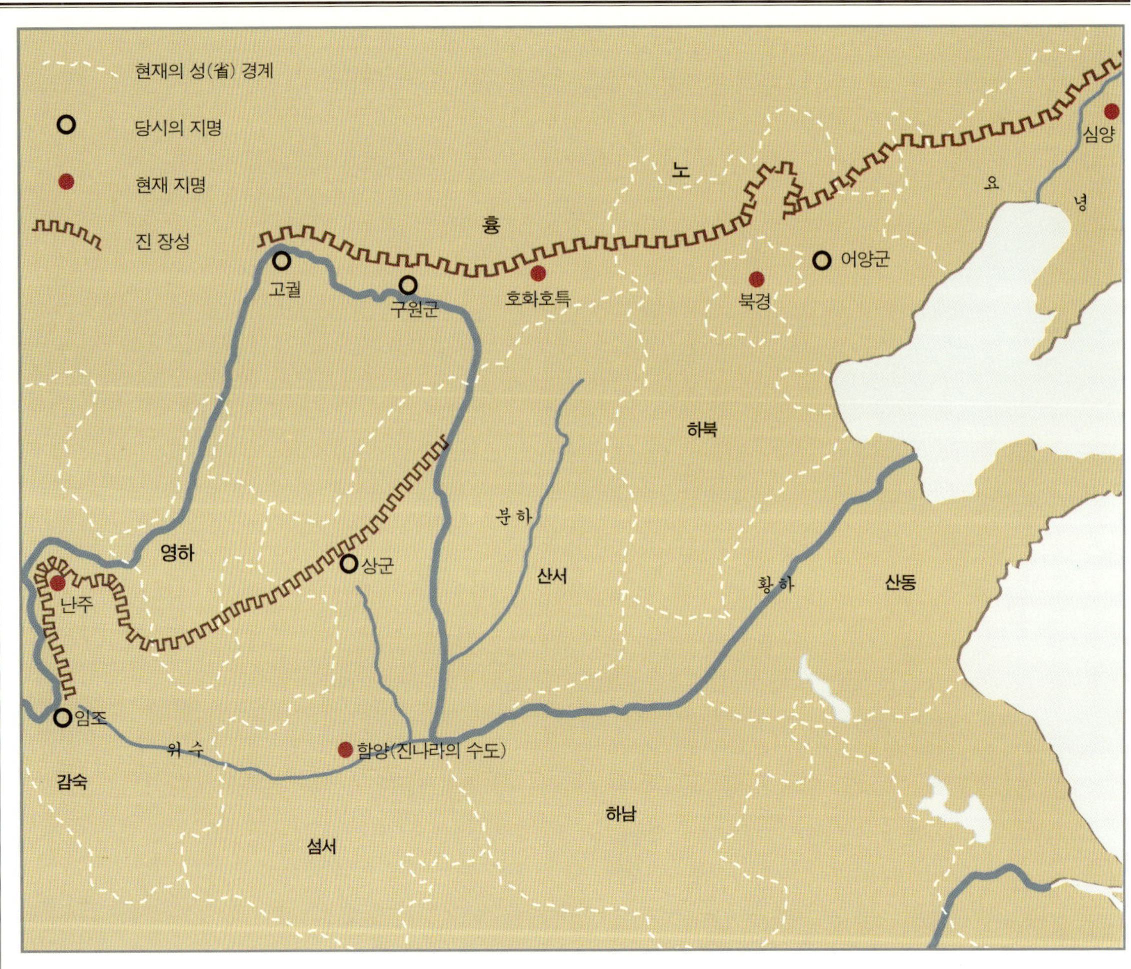



진 장성의 분포

고 주둔군이 늘 지키고 있었다. 관문은 일반적으로 교통의 요충지에 설치되어 있었는데, 평화로운 시기에는 시장을 개방하여 변방의 민족과 서로 무역을 했고, 전쟁 시기에는 군대를 출동시키고 철수하는 통로로 이용하였다.

봉수대는 15킬로미터 혹은 25킬로미터마다 설치하였고 사병이 밤낮으로 순찰하고 보초를 섰다. 일단 적군이 발견되면 즉각 연기를 피우고 북을 쳐서 소식을 빠르게 수도로 전하기 위한 것이었다.

5천 킬로미터 장성의 인접 지역에 사는 사람들은 정규군이 아니라도 남녀노소 모두 성 지키기에 참가해야 한다고 『진율』은 규정하고 있다. 이러한 민병 조직을 삼군(三軍)이라고 한다.

전쟁 시기에는 장성을 따라 50보(약 70미터)마다 한 대

내몽골 일대의 석축 장성은 높지는 않지만 충분히 흉노 기병을 막을 수 있었다.

(隊)가 설치되었는데, 모두 50명으로 이루어졌다. 그중 남자 10명은 손에 궁노를 들었고 여자와 노약자 각 20명은 손에 긴 창을 들었다. 그들은 정규군을 도와 주야로 순찰을 하며 적의 침입에 방비했다. 이것은 진 왕조의 전민개병(全民皆兵) 제도가 완비되었음을 말해 주는 것이다.

*흉노 : 중국 고대 북방 민족의 하나로 '호'라고 했으며, 진나라 때 '흉노'라 불렀다. 흉노는 고비 사막 남북에 흩어져 살았는데, 유목 생활을 했기 때문에 말타기와 활쏘기가 뛰어났다. 진한 시대에는 항상 중원의 왕조와 충돌을 일으켰다.

*하투 지구 : 음산, 하란산(賀蘭山), 악이다사(鄂爾多斯) 고원 사이의 황하 하곡 지구를 가리키는 것이다. 이곳에서부터 황하가 큰 구비를 이루게 되었기 때문에 부르게 된 명칭이다.

## 중국 최초의 군사 지도

진 왕조는 엄격하고 꼼꼼한 관리를 중시하였다. 특히 행정과 군사용으로 제작된 지도가 뛰어나다. 감숙성 천수(天水)의 방마탄(放馬灘)에서 출토된 진 군관묘에서는 기원전 239년에 제작한 일곱 장의 군사 지도가 출토되었다. 이는 중국에서 발견된 것 중 가장 오래된 지도이다. 지도에 그려진 것은 규현(邽縣)의 전경(현재 감숙성 천수)이고, 범위는 11,880제곱킬로미터에 달한다. 현과 향이 있는 곳을 표시한 행정도, 지리 환경과 도로의 관문을 명시한 지리도(위의 그

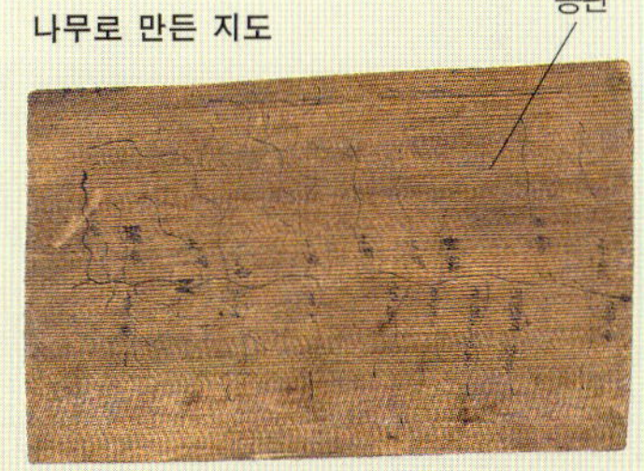

나무로 만든 지도



림은 지리도에 속함), 삼림의 분포와 수목의 품종을 명시한 자원도(資源圖)를 모두 포괄하고 있다. 진(晉) 왕조의 지도학자 배수(裵秀)는 제도 경험을 총괄하여 제도육체설(製圖六體說) 즉 축척, 방위, 거리, 지세, 경사 각도, 하류(河流) 도로의 여섯 가지를 제기한 바 있다. 진나라 나무 지도는 축척만 빼고 이 모든 요소를 다 갖추고 있다. 놀라운 것은 지도 상에 통일된 표지를 가지고 도례(圖例)를 만든 것인데 이것은 오늘날까지도 계속 사용되고 있다는 점이다.

# 법이 엄격한 사회

진 왕조 | | | | | | | | | | | | | | | | | | | | | | | | | | | | |
기원전 221년~기원전 206년

# 진율을 따라 사는 백성들

『진율』은 전제적인 색채를 띤다. 기원전 356년의 상앙변법(商鞅變法)부터 진나라는 점차 법제 사회의 단계를 밟기 시작했다. 당시의 신법(新法)은 "공평하게 사사로움이 없게 하여, 벌을 줄 때는 세력의 강대함을 꺼리지 않고 상을 줄 때는 근친이라고 사사롭게 하지 않는다."고 규정하고 있다. 진시황은 법률을 수정한 후 법률 위에 황권을 두었다. 황제가 입법, 군정, 사법권을 한 몸에 다 모았으니 그의 명령이 곧 법률이었다.

**『진율』의 내용_** 『진율』은 형법, 민법, 경제법, 행정법, 소송법, 군사법 등 각 분야를 모두 포괄하고 있다. 내용은 농업, 수공업, 상업, 부역, 세금, 포상, 관리 임면, 십오(什伍:10명 또는 5명의 군사 조직—옮긴이 주) 조직 등 사회 생활의 각 영역을 모두 다룬다. 크게는 국가 관원의 임면과 작게는 동네 싸움에 이르기까지, 심지어는 각급 관리와 일반 백성의 의복과 신발, 모자에 이르기까지 모두 명확하게 규정하고 있다. 법률은 이미 진나라 사람들의 생활 준칙이 되었다고 할 수 있다.

**『진율』의 형식_** 『진율』에는 율(律), 영(令), 법(法), 법률 문답, 예(例)의 다섯 가지 형식 하에 총 400여 조항이 있었다. 그리고 각급 관원의 관리 직책과 백성들이 반드시 준수해야 할 규정을 명시하고 있다. 별도로 형법 60여 조항도 있다.

'율'은 『진율』의 중심으로서 체계적인 법률 조문에 속한다. 율에는 전율(田律:

**금 손잡이가 달린 철제 칼**
이러한 철제 칼은 귀족들이 죽간에 글씨를 새길 때 사용하던 도구이다.

**조령을 기재한 목판**
사천성 청천현(靑川縣)에서 출토된 이 목판에는 진 무왕(武王) 2년(기원전 309년)에 밭 사이에 난 작은 길을 건설하라고 명한 조령이 적혀 있다.

목판에 쓰여 있는 글자는 지금까지 발견된 것 중 가장 오래된 고예서체(古隸書體)이다.

경작), 랑원율(廊苑律:말 기르기), 창율(倉律:국고 관리), 관시율(關市律:관영, 사영 수공업), 공인정율(工人程律:공사) 등의 18종이 있다. 예컨대 전율에는 수재(水災), 한재(旱災), 충재(蟲災) 등이 발생하면 지방관은 즉시 보고해야 한다는 규정이 있으며, 또 음력 2월에는 산림 목재를 벌채해서는 안 되고 수로를 막아서도 안 되며 물고기와 짐승을 잡아서도 안 된다고 하였다. 행서율에는 정부가 반포, 시행하는 공문서를 모두 즉시 처리해야 하며 만약 급히 처리하지 못했더라도 반드시 당일 안에는 마무리해야 한다고 규정하고 있다.

'영'은 황제가 반포하는 조령(詔令)으로서 율을 보충하는 의미를 지닌다. 예컨대 진시황이 하달한 분서령(焚書令) 같은 것이 그것이다.

'법'은 율 이외의 단독 법조문이다. 예컨대 임인법(任人法)에는 임용 심사에 불합격한 폐관(廢官)은 반드시 벌을 받아야 한다고 규정하고 있다. 또 기회법(棄

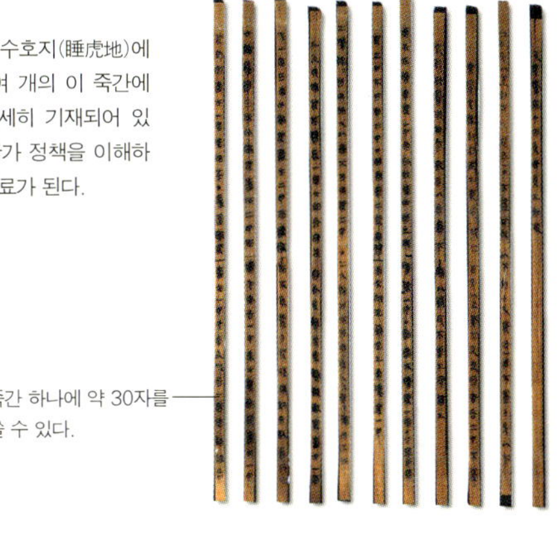

당겨 다치게 했다면 남편을 처벌해야 하는가? 처벌해야 한다.”와 같은 것들이다.

‘예’는 법을 집행하는 중에 참고할 만한 각종 사건 및 판결 양식, 문건의 격식이다. 예에서는 범인을 심문할 때에는 반드시 먼저 범인의 진술을 다 듣고난 후 기록을 해야 하며 중간에 추궁을 해서는 안 된다고 규정하고 있다.

灰法)에는 길에 쓰레기를 쏟아 버리는 사람은 반드시 벌을 받아야 한다고 규정한다.

‘법률 문답’은 관리의 법률 집행 과정 중의 법률 조문에 관한 해석이다. 통속적인 문답 형식으로 쓰여져 있으며 마찬가지로 법률적 효력을 갖는다. 그 내용에는 생활 속에서 일어나는 사소한 내용들까지 총 망라되어 있는데, 예를 들면 “무엇을 사린이라고 하는가? 사린이란 1오* 이내의 이웃이다.” “사람을 살상한 자가 있는데 주위 사람들이 피해자를 도와 주지 않았다면 벌을 받아야 하는가? 1백 보 이내의 사람은 모두 벌을 받아야 한다.” “아내가 흉폭하여 남편이 아내의 귀를 잡아

『진율』의 반포_ 『진율』은 조정에서 각급 지방 정부에 반포한다. 각급 정부는 또 죽간(竹簡)에 이를 상세히 기록하고 엄격하게 집행한다.

진의 필기구 세트
전국 시대의 이 필기구 세트에는 붓과 벼루와 먹, 그리고 글을 쓰는 재료인 목판이 포함된다. 진나라 사람들은 이러한 필기구를 이용하여 주로 법률에 관한 내용을 썼다.







## 몽염이 붓을 발명했는가

이미 신석기 시대에 붓은 발명되었다. 예컨대 채도기(彩陶器)에 그려진 도안들은 붓을 이용하여 그린 것이다. 춘추 전국 시대에는 글을 적는 죽간이 보급되었다. 그에 따라 붓, 벼루, 먹 등의 필기구도 점점 정교하고 실용적으로 발전하였다. 진 왕조에 이르러 붓은 더욱 획기적으로 개선되었다. 진 왕조의 명장 몽염은 출정하여 싸우는 기간에 붓을 개조하였다. 나무 대롱으로 붓대를 삼고 사슴 털과 양 털로 붓털을 만들었는



데, 당시에는 이것을 ‘창호(蒼豪)’라고 불렀다. 이 이전에는 붓털을 붓대 둘레에 동여맸으나, 몽염은 붓털을 묶어 붓대 속에 집어넣었다. 오늘날 사용하는 붓의 출현이다.

# 충실히 법을 집행하던 말단 관리

호북성 운몽현에서 발견된 진나라의 한 무덤의 주인의 이름이 '희(喜)'이다. 그는 진시황 통치 시기의 현급 관리였다. 그는 생전에 오로지 사법 감찰을 하며 공문서 관리를 맡아 했는데, 죽은 뒤에도 법률과 정령

**새와 물고기 무늬의 칠 쟁반〔漆盤〕**

**옻칠을 한 짐승 무늬 술병〔壺〕**
이것은 술을 담던 용기이다. 칠기는 진나라 때 최상층에서 상당히 보편적으로 사용되었다. 진나라의 칠기는 동방 6국의 것과는 달리 실용적인 그릇을 위주로 하며 진열품은 거의 없었다. 진나라 사람들의 실용적이며 무를 중시하는 정신이 또 다시 표현된다.

**옻칠을 한 봉황과 구름 무늬의 경대〔奩〕**
이것은 화장품을 담던 것이다. 위에 그린 봉황 무늬와 흘러가는 구름 무늬는 풍격이 상쾌하고 명랑하다. 이는 전국 시대부터 진 왕조 때까지 유행하던 도안이다. 또한 이 묘는 원래 초나라의 제어 범위에 속해 있었으므로 이곳에서 출토된 진의 칠기에는 초나라의 유풍이 강하게 남아 있다.

**구름 무늬 칠 합(盒)**

(政令)은 그의 곁을 떠나지 않았다. 묘실 안에는 꼭 있어
야 할 일용품 이외에 1,100여 개의 죽간이 사방을 둘러싸
고 있다. 그중 『진율』에 관한 것이 600여 개나 된다. 여기
에는 진 왕조가 어떻게 법률을 이용해 나라를 다스렸는지
가 자세하고 생동적으로 기재되어 있다. 한 말단 관리가
이토록 법률을 중시했던 사실을 보면 당시에 『진율』이 얼
마만큼의 영향력을 가졌는지를 짐작할 수 있다.

### 출토된 죽간에 기록된 사항

- 살인 사건의 경우 범행 당시 남에게 발각이 되지 않고 살인범이 죽고 난 뒤
  고발당했다면 정부는 그것을 처리하지 않는다.
- 110전(錢)을 도둑맞았다고 고소했는데 심문 결과 도둑이 100전만 훔친
  것으로 밝혀지면 고소 내용이 정확치 못했으므로 법에 따라 처벌을 받아야
  한다. 그러나 전례가 있다면 결국 전례에 따라 처리한다.
- 아버지가 아들의 불효를 고소하여 아들을 죽여 줄 것을 청구하면 정부는
  그대로 처리해 준다.
- 주인이 하녀의 흉악함을 고소하여 혹형에 처할 것을 정부에 청구한다.

### 출토된 죽간의 분류와 내용

| 분류 | 내용 |
| --- | --- |
| 편년기(編年記) | 기원전 306년~기원전 217년에 진이 전국을 통일하는 과정 및 희의 평생의 사적을 기술 |
| 어서(語書) | 기원전 227년 남군(南郡) 장관이 법령을 정리한 후 본군(本郡)의 각 현에 발급한 공문서 |
| 진율 18종 | 『진율』의 내용을 상세히 기록 |
| 효율(效律) | 관청의 물자와 재산을 대조, 검사하는 법률 조문 |
| 진율잡초(秦律雜抄) | 필요에 따라 내용을 간추려 적은 『진율』 조문 |
| 법률 문답 | 문답 형식으로 『진율』의 조문과 술어를 해석한 것 |
| 봉진식(封診式) | 관원의 안건 심리에 대한 요구 및 사례 기록 |
| 위이지도(爲吏之道) | 관원들에게 제공되는 글자 교과서 |
| 일서(日書) | 길일을 점치는 서적 |

희 무덤의 복원도

# 통일 후의 혼란

진 왕조 통일 후 진시황은 전 중국에 대한 중앙의 통치를 강화하기 위하여 지방의 할거 세력을 약화시켰다. 또 당시 사회는 "찻길은 궤(軌)가 다르고 율령에는 법이 다르며 의관에는 법식이 다르고 언어에는 소리가 다르며 문자는 서로 모양이 다른" 혼란스러운 상황이었다. 이에 진시황은 "같은 윤리에 입각해서 행동한다."는 기본 원리를 제창하고 전국 일체화(一體化)를 전면적으로 추진하였다. 이러한 개혁은 전에 없이 넓은 영토의 대제국을 통치하는 데 결정적인 작용을 하였다. 정치, 경제, 문화 등의 각 방면에서 통일을 공고히 하고 정부의 기초를 다졌던 것이다. 이 과정 중에 진시황이 취한 몇몇 조치는 심한 잔혹성을 띠기도 했다. 예컨대 전국의 사상, 문화를 통제하기 위해 분서갱유(焚書坑儒)를 단행한 것은 이후 사상과 문화의 발전에 막대한 손실을 입혔다.

**전국적으로 도량형 통일을 추진하다**_ 전국 시대 말년에 각 제후국의 도량형은 이렇다 할 제도가 정해져 있지 않았다. 양(量)을 예로 들면 진나라는 십진법의 되, 말, 곡(斛)을 단위로 했고 제나라는 되, 말, 구(區), 부(釜), 종(鍾)을 단위로 하여 4진법과 10진법이 동시에 쓰이고 있었다. 기원전 221년 진시황은 도량형을 통일한다는 조령을 반포하여 진나라에서 100여 년간 실행해 온 제도를 전국적으로 확대시켰다. 이는 지방에 대한 세무 관리를 강화하는 것이기도 했다.

**강철 같은 조령**_ 진시황은 도량형을 통일하고 이를 보급하겠다는 굳은 결심을 표현하고자 관(官)에서 정한 표준 계량 기구에 조령 명문을 새겼다. 진 2세는 즉위 후 또 다시 조서(詔書)를 반포하여 도량형의 통일은 진시황의 공적임을 강조하고 이 법령

『진율』에 규정된 도량형의 오차와 징벌 세칙

| 단위 | 오차 | 처벌 |
| --- | --- | --- |
| 1석(약 30.75킬로그램) | 16량 이상(약 256그램 이상) | 갑옷 하나 |
| 1석 | 8~16량(약128~256그램) | 방패 하나 |
| 1말(약 2리터) | 1/2승 이상(101밀리리터 이상) | 갑옷 하나 |
| 1말 | 1/2승 이하(101밀리리터 이하) | 방패 하나 |
| 1량(16그램) | 1/2수(銖)(약 0.3그램) | 방패 하나 |

* 진나라는 전국의 군대화를 추진하였다. 그래서 갑옷과 방패 등의 군용 물자로 징벌을 하였다.

을 계속 추진해 나갔다. 현재 전국에서 발견된 100여 개의 진 왕조 계량 기구 중에는 진시황과 진 2세의 조령 명문이 주조되어 있는 것이 적지 않다.

**함양궁 터에서 출토된 조판**
이 청동 조판(詔版)은 원래 궁정의 중요한 기구(器具) 위에 놓여 있어야 하는 것이다. 조령의 의미는 이러하다. "진시황 26년에 천하를 합병하니 백성들이 평안하게 살고 즐겁게 일하여 황제의 칭호를 세운다. 이에 승상 귀상(鬼狀)은 왕관(王綰)에게 조령을 내려 도량형을 통일하는 법령을 제정, 혼란스런 상황을 통일하도록 하는 바이다."

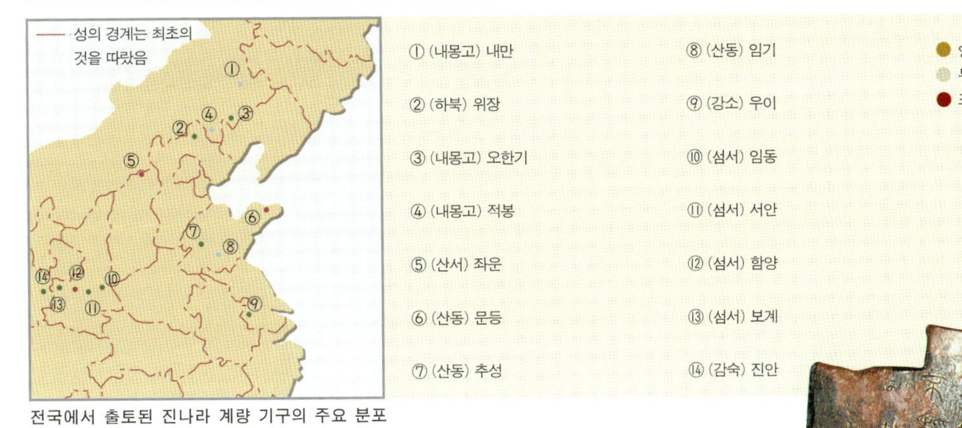



전국에서 출토된 진나라 계량 기구의 주요 분포

**도량형의 감찰 제도**_ 진시황은 매년 2월에 전국의 표준 계량 기구를 검정함으로써 도량형의 통일과 정확성을 감사하였다. 법률에는 또 계량 기구 사용 중 허용된 오차 범위와 징벌에 관한 조례도 상세히 규정되어 있었다. 만약 과도한 편차가 생기면 도량형을 책임지는 관원 색부(嗇夫)는 벌을 받아야 했다.

**능에서 출토된 조판**
이 조판은 섬서성 임동의 능에서 출토되었다. 진 2세 원년(기원전 209년)의 조령이 새겨져 있는데, 진시황이 도량형을 통일한 공적을 이야기하고 있다.

## 활자를 조판하여 인쇄한 조령

**도제 계량 기구**
그릇에 새겨진 조령은 기타 정부가 정한 표준 계량기의 명문과 같다.

진 왕조 당시의 도량형 기구에는 한결같이 40자의 조령이 새겨져 있다. 당시의 계량 기구는 동기와 도기 두 종류가 유행했는데, 그중 많이 유통되던 것은 도기였다. 그러나 도기에는 글자를 새길 수가 없었다. 그래서 글자가 새겨진 나무 도장 10개로 조령 한 편(篇)을 조판하여 도량(陶量)에 도장을 찍은 다음 다시 불에 구워서 만들었다. 이것을 활자 조판 인쇄의 시초라 볼 수 있다.

**도제 계량 기구의 명문**

명문은 20줄로 나뉘어지고 모두 40자이다. 네 글자가 한 조를 이루고 있다.

# 도량형의 통일

전국 시대 도량형 제도는 상당히 혼란스러웠다. 각 제후국, 심지어 지방 도시들마다 다 자체적으로 도량형 기구를 제조하여 사용하였다. 계량 기구도 가지각색이었고 계산 단위도 전혀 통일되지 않아 3진법, 4진법, 10진법 등이 혼재되어 있었다. 이것은 각 지역 간의 경제적 교류를 방해하는 요인이었다. 조세 확보를 위하여 진 왕조는 중앙과 지방의 각급 정부에서 도량형 기구를 통일하여 제작하고 전국 도량형의 통일을 추진하였다. 또 감시 관리 기구를 설립하여 매년 정기적으로 각지의 도량형을 엄격히 검정하였다. 도량형이 통일된 후 경제 발전과 교류는 활기를 띠게 되었다.

**부피를 재던 계량 기구**_ 진 왕조 때 사용된 계량 기구는 구리 재질과 도기 재질의 두 가지가 있었고, 모양과 용량도 각각 달랐다. 진 왕조는 노역에 복무하는 사람들에게 매일 일정량의 양식을 공급하였으며 군대의 각급 장병들에게도 역시 서로 다른 정량을 분배한다고 법률로 규정하고 있었다.

**무게를 재던 저울**_ 진 왕조 때는 일종의 천칭이 널리 쓰였는데 오늘날 사용하는 저울과는 약간 다르다. 손잡이가 한가운데에 있어 한쪽 끝에는 저울추를 걸고 다른 쪽에는 물건을 걸어 저울대가 수평 상태를 나타낼 때를 '표준'으로 하였다. 현재 발견된 진나라의 저울추는 철제, 청동제, 도제 등이 있고 모양은 후대의 저울추

와 비슷하다. 꼭대기에 고리가 있어 끈을 매는 데 이용했다.

**길이를 재던 자**_ 진시황이 반포 시행한 자〔尺〕는 아직 발견되지 않았다. 그러나 "한나라는 진나라의 제도를 계승했다."는 말에서 추측해 볼 때 한나라의 것과 상당

### 진 계량 기구의 모양과 용량

|  | 모양 | 용량 |
|---|---|---|
| 청동제 계량 기구 | 방형('방승'이라 함)<br>타원형('타량(橢量)'이라 함) | $2\frac{1}{2}$되, 1되, $\frac{1}{2}$되,<br>$\frac{1}{3}$말, $\frac{1}{4}$말 등 |
| 도제 계량 기구 | 원형 위주 | $\frac{1}{2}$말, 1말, 1곡 등 |

### 노역 복무자의 양식 정량 분배

|  | 남자 | 여자 | 장병의 양식은 매일 정해진 양대로 5등분한다 |
|---|---|---|---|
| 오전 | $\frac{1}{2}$말 | $\frac{1}{3}$말 | $\frac{1}{2}$말, $\frac{1}{3}$말, $\frac{1}{4}$말, |
| 오후 | $\frac{1}{3}$말 | $\frac{1}{3}$말 | $\frac{1}{5}$말, $\frac{1}{6}$말 |

### 진 왕조 도량형의 환산

| 양제(量制) | 형제(衡制) |
|---|---|
| 1곡=10말 | 1석=4균 |
| 1말=10되 | 1균=30근 |
| 1되=10홉(合) | 1근=16량 |
| 1홉=2약(龠) | 1량=4치(錙) |
|  | 1치=6수 |
| *1말는 약 2리터 | *1석은 약 30.75킬로그램 |
| *1되는 약 200밀리리터 | *1근은 약 0.256킬로그램 |

**고노의 돌 저울추**

고노(高奴)는 현재의 연안 동북 지방이며, 돌 저울추는 무게를 다는 기구의 일종이다. 무게는 진나라 도량형 120근으로, 이는 30.8킬로그램에 해당되는 무게이다. 당시에 이러한 대형 저울추는 주로 식량의 무게를 다는 데 사용하였다. 소형 저울추 반량권(半兩權)은 돈을 다는 데 사용했다.



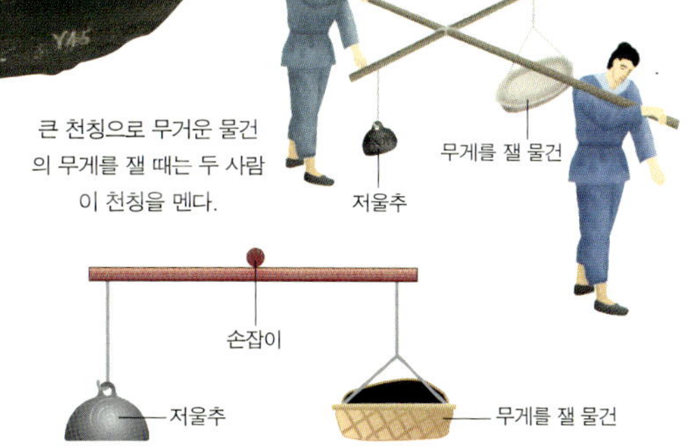


**천칭의 사용법**

작은 천칭으로 가벼운 물건을 잴 때는 손잡이를 잡고서 무게를 달 물건을 올려놓는다. 저울대가 수평 상태가 되면 물건이 저울추와 무게가 같다는 것을 알 수 있다.

히 비슷했을 것으로 보인다. 한의 1척(尺)은 대략 23~23.2센티미터이다. 진나라 상앙방승(商鞅方升)의 용적과 명문에 근거하여 계산해 보면 진나라의 1척은 23.1센티미터가 될 것이다.

# 백년 불변의 표준—상앙변법(商鞅變法)

진 효공 18년(기원전 344년)에 주조한 상앙방승은 개혁가 상앙이 제정한 계량 기구로서, 그 용적이 1승(202밀리리터)이다. 과학적으로 검측해 보면 진시황이 통일 후에 제정한 동제 계량 기구는 매 승의 용량이 200밀리리터이다. 상앙이 감독하여 만든 방승으로 계산해 보면 비록 100년이 지났건만 두 계량 기구 간의 오차가 1퍼센트도 안 된다. 진시황은 상앙이 제정한 표준에 의거하여 도량형 제도를 추진하였는데, 진 왕조의 표준 계량 기구 제조가 이미 상당히 정확한 수준에 달해 있었음을 알 수 있다.

**상앙방승**

진 왕조 계량 기구의 명문에는 대개 감독자, 제작자, 제조 시기, 용량 및 중량 등이 기재되어 있다.

'중천(重泉)' 이라는 두 글자가 주조되어 있어 방승이 도성 부근의 중천현(지금의 섬서 포성)에 배포되었음을 알 수 있다.

**진시황의 청동제 계량 기구**

이렇게 정형화된 계량 기구는 상앙방승보다 훨씬 정확하고 신속하게 양식을 담을 수 있었다. 식량이나 기타 생활 필수품을 방출하는 데 사용했을 것으로 추정된다.

진시황이 도량형을 통일한다는 40자의 조령이 새겨져 있다.

# 통일 화폐와 규범 문자

진은 화폐 통일화 조치를 실시하였다. 국가가 화폐 주조를 전담함으로써 화폐의 모양, 크기, 가치를 통일하였다. 동시에 정부는 또 관문을 개방하여 전국의 상인들이 화물을 구입, 운반하는 데 지장이 없도록 하였고 상품 교환을 촉진시켰다. 한대에 상업이 흥성하게 된 것은 진시황의 화폐 통일과 관련이 있다. 진시황은 6국을 평정한 후 예전에 사용하던 문자를 폐지하고 전국적으로 문자 통일을 실시하도록 명령했다. 되도록 빨리 국가 법령을 추진하기 위해서는 장애를 제거해야 했던 것이다.

**통일 화폐_** 전국 시대에 제후는 각자 본국에서 스스로 화폐를 주조하였고 심지어 제후국 내 각 지방까지도 화폐를 주조할 권리가 있었다. 이리하여 화폐는 모양, 크기, 가치가 각기 달랐을 뿐만 아니라 계산 단위마저 통일되지 않아 환산이 곤란하고 상품 유통에 지장을 주었다. 이는 진 왕조 수립 직후 처음으로 직면한 최대 경제적 난제였다.

진시황은 통일한 해(기원전 221년)에 6국의 예전 화폐를 폐지하고 새로운 통일 화폐를 만들었다. 새로운 화폐는 진의 화폐를 기초로 하여 두 등급으로 나눈 것이었다. 그것은 바로 금전(金錢)과 동전(銅錢)이었다. 금전은 일(鎰)을 단위로 하였는데, 1일의 무게가 20량이었다. 동전은 그 중량으로 인해 반량(半兩)이라 불렸다. 일상적인 상품 교환에 금전을 사용하는 경우는 극히

드물었고 주로 반량이 유통되었다. 반량의 가치는 단일하여 환산하기에 편리했고, 또 구멍이 있어 끈으로 꿰어 가지고 다닐 수 있었다. 6국에 유통된 도폐(刀幣), 포폐(布幣), 영애(郢爰) 등의 모양과 비교하면 크게 진보했음을 확실히 알 수 있다. 청(淸)에 이르기까지 이 네모난 구멍이 있는 원형 동전은 2천여 년간 유통되었다.

**반량전을 주조하던 틀(뒷면)**
이 틀에는 여섯 개의 동전 모형이 있어서 한 번에 여섯 개의 반량전을 주조할 수 있다.

**반량전을 주조하던 틀(앞면)**
동전 모형에 '반량'이라는 글자가 새겨져 있다.

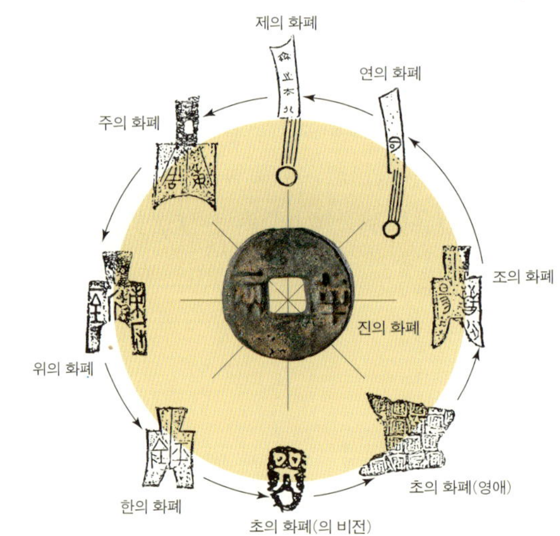


**각국의 화폐 통일**
전국 시대 중원의 각 나라는 대체로 포폐와 도폐를 사용하고, 남방의 초나라는 의비전(蟻鼻錢)과 영애를 사용하였다. 진 통일 후 가지각색의 화폐가 모두 진의 반량전으로 통일되었다.



황제의 나라

반량전의 화폐 가치는, 정상 가격일 때에는 쌀 1석의 값이 100전(반량전 기준), 말 1필의 값이 1만 전이었다. 진말(秦末) 한초(漢初)에 이르러서는 물가가 폭등하여 쌀 1석의 값이 1만 전, 말 1필의 값이 100만 전이었으니 100배로 폭등한 것이다.

**규범 문자**_ 상, 주 두 왕조에서 왕실 전용으로 사용되던 상형문자가 800년의 발전을 거쳐 점차 중국 문화의 기초가 되었다. 춘추 전국 시대 여러 나라의 문자는 마치 정치 체제와도 같아 각자의 의지에 따라 진화하였다. 어떤 것은 간단함을 추구했고 또 어떤 것은 아름다움을 추구하여 왕실의 중요한 기물의 장식이 되기도 했다. 문자들은 모양도 통일되지 않았고 같은 글자라도 발음이나 쓰는 법이 서로 달라 정책 추진과 문화 교류에 있어 심각한 장애가 되었다. 예컨대 진황의 조령이 광서 지방의 계림(桂林)에 전달되면 그곳 사람들은 그 내용을 이해할 수가 없었던 것이다.

진시황은 6국을 평정한 후 되도록 빨리 국가 법령을 추진하기 위하여 바로 6국의 문자를 폐지하고 전국적으로 문자 통일화를 실행하였다. 이사는 이전의 진 문자를 기초로 하여 한자의 쓰기[書寫], 구조(結構), 자형(字形)을 한층 규범화하였다. 그리하여 원형 테두리에 직사각형인 글자체를 만들었는데, 깔끔하기는 하나 판에 박은 듯이 보였다. 이는 후세인들에게 '소전'이라 불렸고 그 이전 진나라의 문자는 '대전(大篆)'이라 불렸다. 당시 민간에는 필기체가 유행하였다. 전하는 바에 의하면 법을 어긴 관리 정막(程邈)이 민간에 통용되던 글씨로 진시황에게 상서를 올렸다가 인정을 받은 이후 그 글자체가 하급 관리의 문서에 폭넓게 사용되었다고 한다. 이는 예서(隷書)라 불렸다. 글자체의 발전은 이후 한 왕조에 이르러 또다시 전국적으로 추진되었다.

**수레바퀴 사이의 폭을 통일하다**_ 진시황은 전국의 수레바퀴 간격을 통일하는 조령을 내렸다. 따라서 전차와 민용차(民用車)의 바퀴 폭이 모두 엄격한 제한을 받았다. 진 왕조는 6을 길한 숫자로 여겼기 때문에 명령을 전달하는 부(符)의 길이가 6촌(寸)이었고 관원이 쓰던 갓의 높이도 마찬가지로 6촌이었다. 수레바퀴 사이의 너비도 이를 따랐다. 즉 수레의 두 바퀴 사이의 거리는 6척(약 1.4미터)이었다. 전국의 치도, 직도의 폭도 똑같이 통일되었다.

**죽간에 쓰인 예서**

희의 무덤에서 출토된 죽간은 하급 관리가 쓴 문자 기록으로, 당시 민간에 통용되던 예서를 사용하였다.

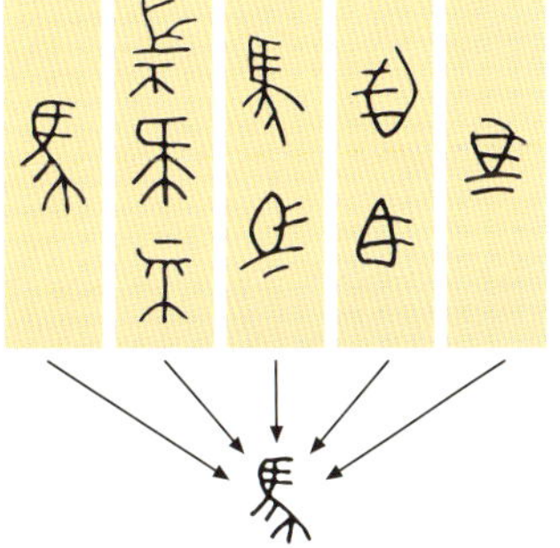

**벽돌에 쓰인 소전**

이것은 진 왕조 도성의 궁전에서 쓰인 벽돌이다. '소전'으로 "해내개신, 세등성숙, 도무기인(海內皆臣, 歲登成熟, 道無饑人)."이라는 열두 글자를 새겨서 주조하였다. 그 뜻은 "진 왕조가 천하를 통일하니 온 천하의 사람들이 다 진 왕조의 신민이다. 이때부터 국가가 강성해지고 국고가 충실하니 백성은 굶주림을 근심하지 아니한다."라고 해석된다. 진시황이 개창한 강대 제국의 위세를 나타내는 것이다.



**각국의 문자를 소전으로 통일**

'마(馬)'자를 예로 들어 보면 이처럼 각 나라마다 쓰는 방법이 서로 달랐는데 진 통일 후 '소전'이 통일된 법정 문자가 되었다.

# 단단해지는 통일 대제국

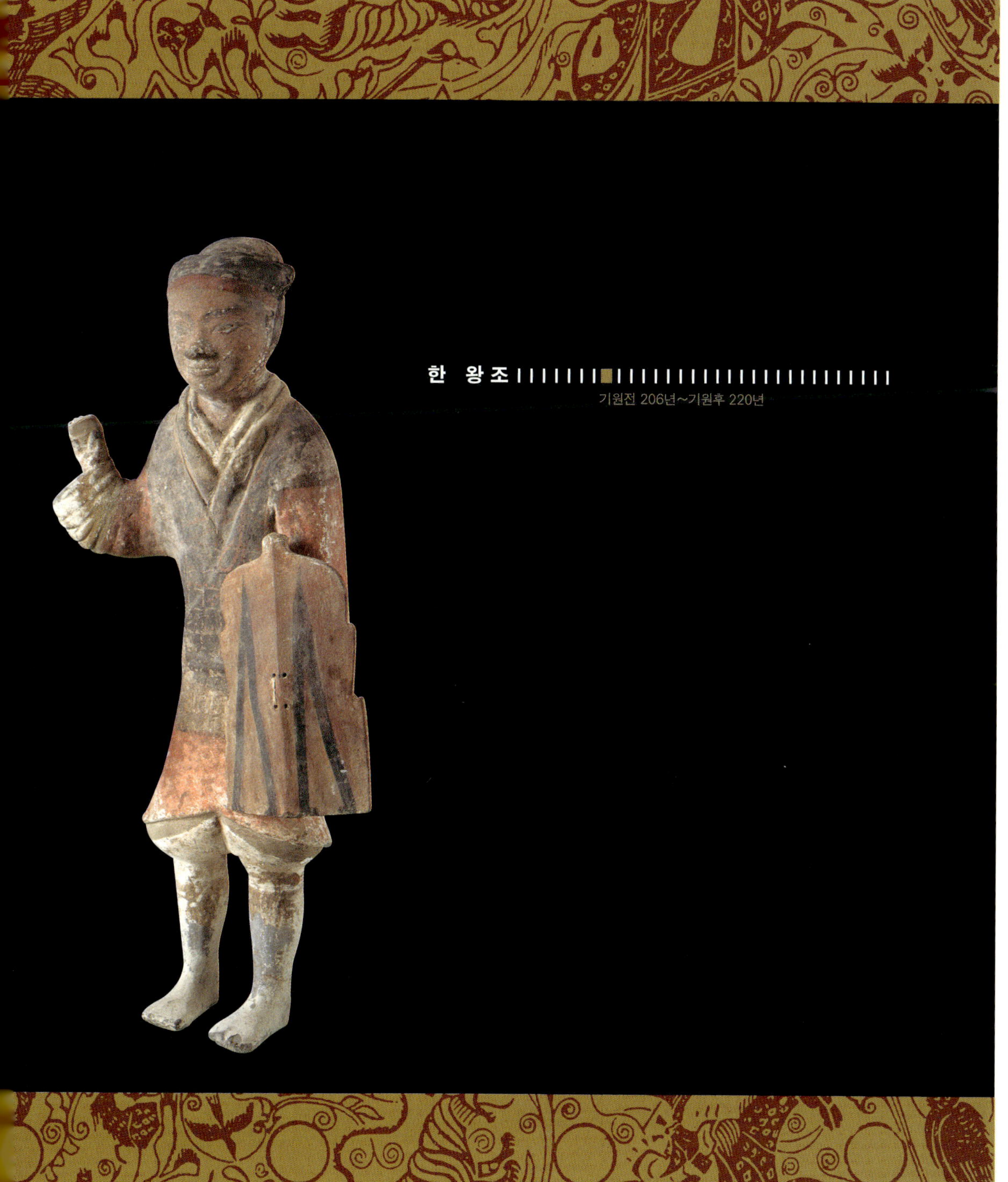
한 왕조
기원전 206년~기원후 220년

# 웅대한 수도

한 왕조 수도 기획의 개념은 진 왕조와 마찬가지로 웅장함을 강조하여 세인들에게 대국의 강성함과 제왕의 위엄을 드러내 보이는 것이었다. 그러나 진의 수도 함양은 지나치게 웅대함을 추구하여 관리와 수비에 막중한 부담을 지게 되었다. 그러나 한 왕조 도성은 중심부를 돌출시키는 데 힘써 궁실 건축들이 대체로 중앙으로 집중되어 있고 드넓은 땅의 원래 모습과 잘 어우러져 장관을 이뤘다. 도성 기획이 한층 합리적이고 완벽하게 발전하고 있음을 알 수 있는데, 이는 통일 제국의 기반이 끊임없이 다져지고 있었음을 반영하는 것이기도 하다.

**옥으로 만든 무사의 두상**
장안성에서 출토되었다. 평평하게 상투를 튼 무사의 두상이다.

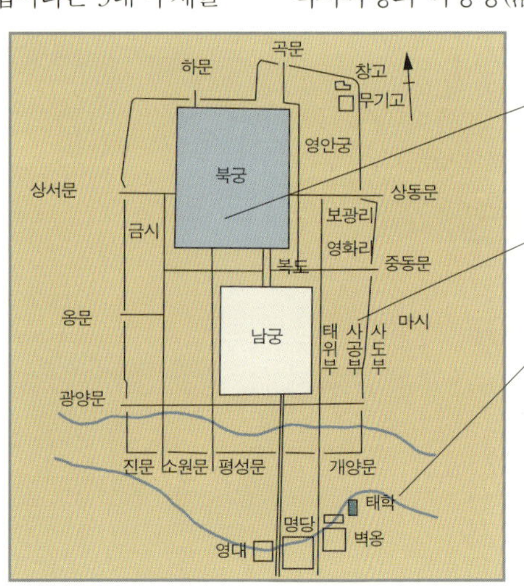

**서한의 도성**_ 장안성(長安城)은 36제곱킬로미터의 크기인데 그중 3분의 2가 궁성이다. 그 유명한 삼내(三內)—장락궁(長樂宮), 미앙궁(未央宮), 건장궁(建章宮)이 바로 장안성의 궁성들이다. 궁성은 도성의 중심으로 넓은 땅에 걸쳐 분포되었다. 궁전은 진 왕조의 높게 지은 고대식 건축 양식을 따르면서 천하를 통합한 한의 기세를 과시하려 했다. 또 성 안의 무기고와 성의 남쪽 교외에 있는 거대한 예법 건축도 도성 기획에서 매우 중요한 부분이었다. 곧 황권, 군사, 예법이라는 3대 주제를 표현해낸 것이다.

한 무제 시기에 장안성은 크게 발전하였다. 당시 도시 인구는 50여만에 달하였다. 대규모 토목 공사를 통하여 궁실을 증축하였으며 성 주위에 이궁과 별관 340곳을 세우기도 했다.

장안(長安) 부근의 황릉구(皇陵區)에는 또 여러 개의 능읍을 설치하여 현의 소재지로 삼았다. 전국 각지의 부호들이 이곳으로 옮겨 왔는데, 그중 가장 번화한 곳은 무릉읍(茂陵邑)으로 주민이 28만 명 가까이 되었다. 능읍은 지금으로 치면 대도시 주변의 위성도시이다.

**동한의 도성**_ 동한(東漢) 초에 광무제(光武帝)는 낙양으로 천도했다. 당시 국력은 서한 때의 강성함에 미치지 못하였고 도성의 면적은 장안성의 3분의 1이었다. 직사각형의 낙양성(洛陽城)은 당시의 도량형을 기준으



도성 내에서는 서한 때와 마찬가지로 궁성이 중심적 위치를 차지하였다.

관청과 주택 지구, 상업 지구 등은 궁성 주위에 분포되어 있었다.

동한의 통치자는 문치교화(文治敎化)를 중시하고 유학을 숭상하였다. 천문대와 태학(太學)을 설립하여 당시 전국의 우수한 학자들이 모두 모여들었다.

**동한 낙양성 평면도**
낙양은 규모나 기세 면에서는 장안에 비교할 수 없었으나 배치는 더욱 정돈되고 집약되어 있었다. 전국 시대에서 서한까지 줄곧 성행하던 고대식 궁실이 동한에 이르러 갑자기 보이지 않게 되었다.

로 남북이 9리, 동서가 6리여서 구육성(九六城)이라 불렸다. 한 왕조는 음양오행설에 따라 9를 양(陽), 6을 음(陰)이라 하며 도성 설계의 척도로 삼았다. 낙양성 건축의 방위와 척도, 이름 등에는 동한 사람들이 억지로 음양설을 갖다붙인 흔적을 엿볼 수 있다.

**도금 원앙**
장안 황궁의 후궁에 있던 진열품.

주택 지구는 모두 160개 마을로 나뉘어지고 마을마다 이장(里長)이 관리했다. 거주민은 대부분 수공업자나 상인이었다.

장안성에는 모두 12개의 성문이 있었다. 성문마다 3개의 문이 있고 각각의 너비가 6미터여서 마차 4량이 동시에 지나다닐 수 있었다. 매 성문은 모두 성 안의 큰길과 통했다.

위하와 연결되는 수로를 파서 궁정의 용수(用水)와 화물 운반 문제를 해결한다.

성안의 큰길은 동서와 남북이 서로 통하고 노면은 너비가 50미터이다. 한가운데는 황제 전용의 어도(御道)로 너비가 20미터이다.

태후(太后)가 사는 곳으로 4채의 궁전으로 이루어졌다. 진나라 아방궁의 보물이 이곳으로 많이 옮겨졌다.

### 서한 장안성 평면도

이곳은 전국 최대의 상업 중심지였다. 동시(東市)에는 3개의 시장이 있고 서시(西市)에는 6개의 시장이 있어 각지의 상인이 이곳에 모여 교역을 하였다.

성벽은 둘레의 길이가 22.5킬로미터, 높이 12미터, 폭 14미터이고 성 밖에는 폭 8미터의 성호(城壕)가 있다.

천문만호(千門萬戶)라 불리던 궁실에는 성과 미앙궁을 연결하는 통로가 있었다. 궁전과 동물원이 결합된 신형 궁실이다.

황제가 국정을 처리하던 곳으로, 대략 성 전체 면적의 7분의 1을 차지한다. 또한 성 안에서 가장 높은 곳이다.

사직단(社稷壇)으로, 황제가 여기에서 토지신과 오곡신에게 제사를 지냈다.

조상에게 제사 지내는 종묘. 모두 12개의 묘당(廟堂)이 있는데 각 묘당에서 제사를 하나씩 모셨다. 각 묘당의 형태는 모두 같았다.



**선평문(宣平門)의 유적지**

크고 높은 중심 건축은 한가운데에 위치하고 있어 어느 각도에서든 장엄하고 웅대한 기상을 느낄 수 있다.

빗물이 흘러 나가도록 정문과 연결해 둔 통로는 빗물에 의한 지반의 파괴를 막기 위한 것이다.



네모난 담은 주위 길이가 235미터이고 각 면마다 문이 있다.

### 명당벽옹 복원도

명당벽옹(明堂辟雍)은 천신에게 제사를 지내던 곳이다. 한 왕조는 천신 숭배를 제창함으로써 황제를 신격화하고 대대적으로 종교 법전을 건립하였다. 이곳이 도성의 종교 예법 건축 가운데 가장 화려한 것이다. 몇 개의 네모와 원형으로 이루어져 있는데, 이는 하늘이 둥글고 땅이 네모나다는 것을 상징한다.

# 저 멀리 아득히 보이는 황제의 능

서한의 황제는 장안에 황제의 궁전과 정원을 마음껏 건설하는 동시에 또 엄청난 재정을 들여 능묘를 만들었다. 연이어 재위한 11명의 황제는 모두 즉위 1년 후에 즉시 능묘를 건설하였고, 이때 소비된 예산이 전국 세수(稅收)의 3분의 1에 달했다. 능묘는 위하 북쪽 기슭의 함양원에 분포되어 있다. 순서는 신분의 고하에 따라 차례대로 이루어져 있고 지면과 지하의 건축이 웅장하게 장관을 이루었다. 또한 수장품도 지극히 호화롭고 사치스러웠다. 능묘의 공간 배치는 장안성의 통일적 기획에 포함되어 있어 위하 북쪽의 장중한 무덤들은 남쪽 기슭의 호화 궁전들과 조화를 이루며 서로 마주보고 있는 듯이 보였다.

**황제의 능묘_** 서한의 황제 능묘는 장안성 북쪽의 위하 기슭에 분포되어 있고, 그곳은 높이 솟아 있는 황토 대지이다. 서한의 11황제는 엄격하게 서주의 예법에 규정된 소목 제도에 따라 차례대로 이곳에 묻혔다. 각 황릉 옆에는 모두 황후릉이 있었다. 황제와 황후를 같은 묘지에 묻었는데 각각 능묘와 능총, 묘혈을 따로 가지고 있었다. 황제와 황후의 능묘는 건축 구조가 같고 다만 황후릉의 규모가 약간 작다. 또한 각 능묘마다 주위에 종친과 공신들의 배장묘(陪葬墓)가 등급에 따라 차례대로 배열되었다. 오늘날까지 함양원에 남아 있는 황제의 능과 배장묘는 수천 기에 이르고 사방 200여 리에 봉토들이 빽빽이 들어서 있다.

**황후의 옥새**
이것은 서한 시대 고조(高祖)의 장릉(長陵)에서 출토된 여(呂) 황후의 옥새이다. 한의 예법에는 황제, 황후 및 제후가 사용하는 도장을 모두 '새'라고 한다고 규정되어 있다. 이것은 장릉에서 출토되어 무덤 주인의 신분을 증명해 주었다.

져 있고 황제가 생전에 거주하던 황궁을 축소해서 재현하였다. 정전은 황제가 생전에 집무하던 곳을 상징한다. 중앙에는 높고 큰 봉토가 있고 사방에 전당(殿堂)이 있다. 편전은 황제를 모시는 곳으로 매년 재위 황제는 이곳에 와서 세 차례 대제(大祭)를 올렸다. 또한 평상시에는 매월 몇 차례씩 소제(小祭)를 올렸으며 매일 전임 관원이 황제의 의관을 들고 능묘 주위를 순시하여 황제가 생전에 사방을 순시하던 것을 상징하였다.

**황제의 궁전을 상징_** 서한의 황제와 황후는 제각기 능묘를 갖고 있었는데 그 구조가 똑같았다. 모두 정전과 편전 두 부분으로 이루어

**옥으로 만든 벽사**
함양원 제릉구(帝陵區)에서 출토되었다. 벽사(辟邪)는 사악한 귀신이나 재앙을 쫓아낸다고 하는 상상의 동물이다.

**후장 풍조_** 서한 초에는 국력이 강하지 못하여 한 고조 때부터 한 문제 때까지는 모두 장례의 간소화를 제창하였다. 그러나 한 무제 때부터 후장 풍조가 일기 시작했다. 무제는 54년간 재위



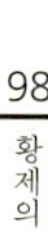

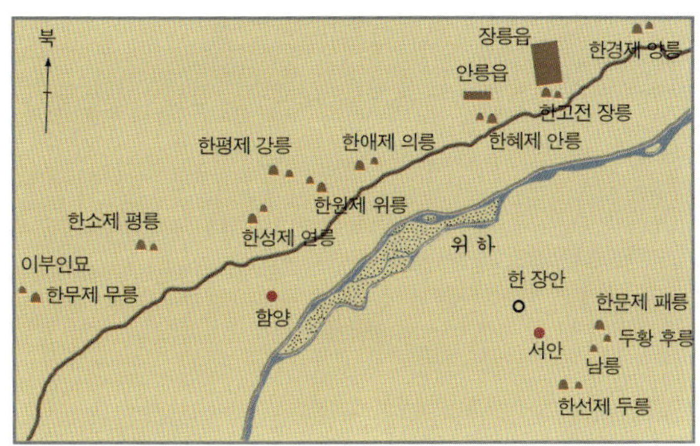

서한 황제 능묘의 분포

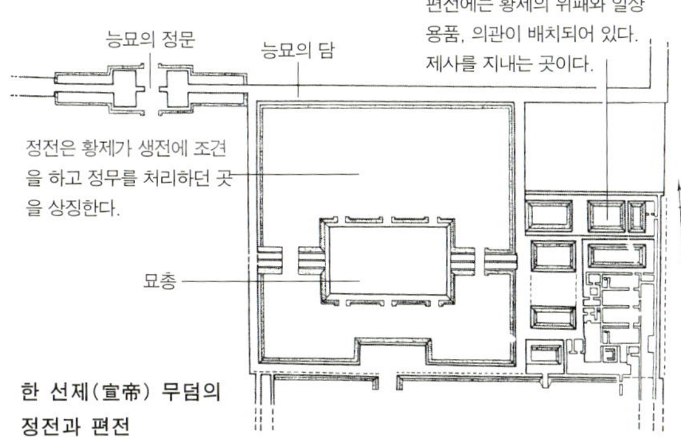

한 선제(宣帝) 무덤의
정전과 편전

## 위성도시, 능읍_

서한의 통치자는 지방 세력가들을 약화시키기 위하여 황제의 능묘 부근에 능읍을 설치하고 각 지방에서 권세 있는 자들로 하여금 옮겨 와 거주하게 하였다. 그들을 장안 부근에 묶어 둠으로써 중앙 권력, 재력, 인력이 한 곳에 치중되긴 하였지만 수도를 번영시키는 데 기여한 면도 있다. 그중에서도 무릉 인구는 28만에 가까웠다. 많은 고관대작들로 인해 이 일대가 장안의 번화가가 되자 각지의 상인들이 몰려들어 장사를 하였다. 게다가 문인들도 능읍에 운집하자 조정은 이곳에서 집중적으로 관리를 선발하기도 하였다. 서한 말년에 이르러 국력이 쇠약해져 더 이상 능읍을 설치할 힘이 없게 되자 200년 동안 이어 온 능읍 제도는 역사의 유물로 남게 되었다.

하면서 53년간 능묘를 지었다. 한은 황제 능묘의 묘총 높이를 12장(丈:1척의 10배 - 옮긴이 주)으로 규정하고 있었지만 무제의 묘총은 높이가 20장에 달하였고 생전에 궁중에 있던 진귀한 보물을 모두 무덤에 수장하였다. 그 이후 다음 황제들도 모두 국고를 쏟아부어 능묘를 건설하였다. 이러한 후장 풍조는 왕실에 그치지 않아 서한 말년에는 부호들이 제왕처럼 장례를 치르기도 했다.

용 머리 무늬에 철심이 있는 옥제 혁대고리
장릉에서 출토된 혁대고리로 장식이 섬세하고 아름답다.

짐승 얼굴 무늬가 새겨진 옥제 문고리
이것은 한 무제 무릉에서 출토된 것으로 궁전 대문의 장식물이다. 가운데의 짐승 얼굴 무늬는 입을 벌리고 코는 말려 있으며 이빨을 밖으로 드러내 놓고 있는 사나운 모습이다. 아마도 악귀를 몰아내려는 의도로 만들어진 듯하다. 옆에 장식되어 있는 청룡, 백호, 주작, 현무의 사방신(四方神)은 사방이 평안하기를 바란다는 의미이다. 당시 능묘 건축에서 장식 하나에도 얼마나 많은 신경을 썼는지를 알 수 있다.

도금하고 유리를 상감한 새 모양 준(鐏)
문제의 패릉읍(霸陵邑) 일대에서 출토된 병기의 부품으로 전체가 금으로 되어 있고 화려하게 장식되어 있는 것으로 보아 의식에 사용되던 것임을 짐작할 수 있다.

# 경제 양릉

**능묘의 공간 배치**

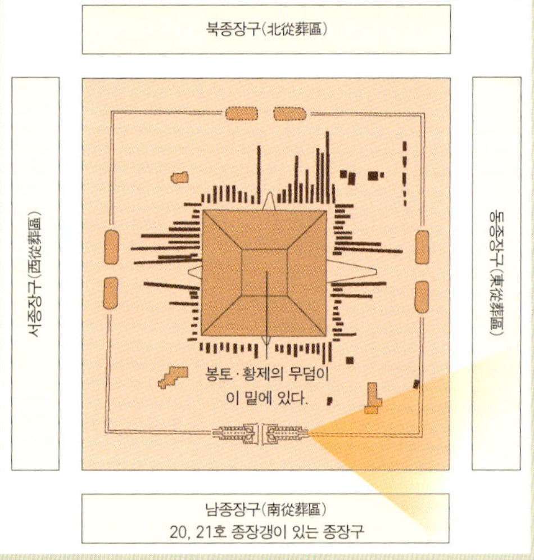



**남쪽 문으로 난 배수구 일부**

서한 제4대 황제 경제(景帝) 유계(劉啓)는 맑고 깨끗한 정치와 상당히 많은 업적을 남긴 황제로 알려져 있다. 그가 집정한 17년은 부진했던 건국 초의 국가 경제를 소생시켜 전면적인 발전의 길로 나아가게 한 중요한 시기였다. 경제는 고조의 유지(遺志)를 이어받아 대내적으로는 무위이치(無爲而治:인위적으로 하지 않아도 천하가 잘 다스려짐-옮긴이 주)로 백성에게 평안을 주는 통치 방침을 추진했고, 대외적으로는 흉노와 친하게 지냄으로써 국가의 안정과 국력의 점진적 증강을 보장하였다. 이때부터 중국은 처음으로 상승기에 접어들었다. 양릉은 바로 이 시기에 건조한 것이다. 능묘는 3.5제곱킬로미터의 면적을 차지하는데 황제의 능묘와 황후의 능묘, 종장갱 및 5천여 기의 배장묘를 포함한다. 공간 배치는 물론이고 수장품까지도 모두 태평성대의 강한 국력과 경제 발전의 기상을 나타내고 있다.

**20호 종장갱 평면도**

서한 능묘의 종장갱 제도는 그 기원이 진시황릉의 병마용이다. 양릉 주위에는 80여 기의 종장갱이 분포되어 있고 동, 서, 남, 북 네 구간에 배열되어 있다. 20호 종장갱은 그 가운데 하나이다. 이들 종장갱 안에는 의장대 역할을 하는 인형(儀仗俑群), 병기, 거마 용기, 생산 공구, 생활 용구, 식품 및 가금과 가축 등이 수장되었다. 도용과 물품은 성격에 따라 엄격히 분류되어 배치했다. 심혈을 기울여 세심하게 배치한 이 종장갱은 황제 생전의 조정과 후궁(後宮) 생활의 모든 것을 다 포괄하고 있다.

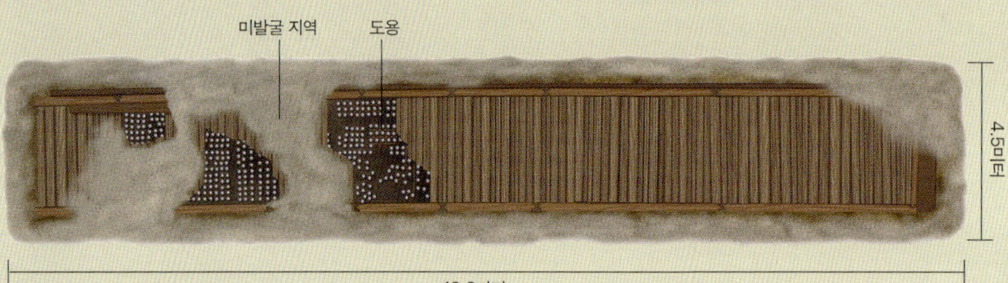

**의장용 인형들**

의장용 인형은 키가 62센티미터이고 머리에는 무인의 관을 쓰고 있다. 전포를 입고 갑옷을 걸쳤다. 인형들은 진열이 정비되어 거대하고 웅장한 기세를 드러낸다. 무사 인형의 형태와 표정이 각기 달라 매우 동적인 느낌을 준다.

**20호 종장갱의 발굴 현장**

이는 궁정의 의장군대를 상징하는 종장갱이다. 도용과 옹두(俑頭) 300여 개를 각기 수장하였는데 모두 군인의 형상이다.

**나체 인형들**

종장갱 안에서 나체 인형이 출토되었다. 원래는 몸에 면 전포를 입고 겉에는 나무로 만든 갑옷을 걸치고 있었으며 각각 다른 자세로 나무 팔이 붙어 있었다. 그러나 도제 몸통 외에 나머지는 모두 썩어 팔이 없는 나체의 모습으로 세상에 나왔다.

**도제 닭**

21호 종장갱의 가금과 가축은 모두 분류를 하여 배열해 놓았는데, 그중 개와 닭의 숫자가 가장 많다.

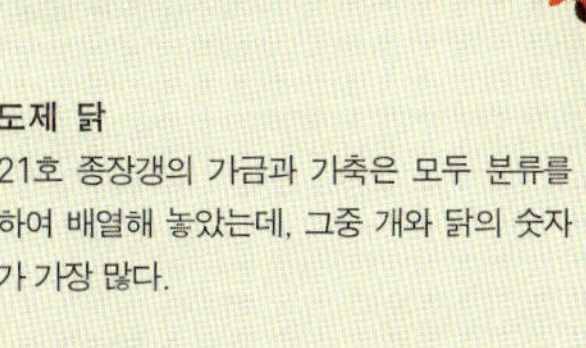

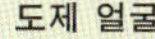


**도제 얼굴**

무사 인형 머리 부분의 두건과 머리 묶는 비단 사사(纚紗)는 한 왕조 군사의 차림새이다.

**21호 종장갱**

이 종장갱에는 생활 용구와 가금, 가축, 후궁의 음식 등이 많이 수장되어 있었다. 갱 안에는 목판으로 칸을 막아 구간을 많이 만들어 놓고 종류별로 다른 기구들을 놓았다.

# 제후의 흥망성쇠

진 말기 초한(楚漢) 전쟁에서 유방(劉邦)이 항우에게 반격하기 위하여 봉한 제후들은 후에 한 왕조의 불씨로 남게 된다. 서한 초 이성(異姓)의 제후들은 스스로를 개국 공신이라 여겼다. 그리고 강대한 병력을 보유한 채 웅거하며 한 왕조의 전복을 꾀하였다. 이에 유방은 이성 제후왕을 대대적으로 제거하는 동시에 황실의 종친을 제후로 봉하여 그들을 견제하려 했다. 하지만 동성(同姓)의 봉국(封國)들도 그 역량이 점차 강해지자 다시 새로운 분열 세력이 나오게 되었다. 한 무제는 엄격하게 그들의 세력을 약화시키고 봉국 지역을 분화, 축소시키면서 제후의 국정 참여를 제한하였다. 그러면서 80여 년간 중앙을 위협하던 제후의 할거는 비로소 거의 끝이 났다.

**제후국의 봉지_** 서한 초기의 지방 통치 방식은 명목상으로는 진의 군현제를 따랐지만 실제로는 군국병행제(郡國並行制)를 추진하고 있었다. 유방은 장다(臧荼), 한신(韓信), 한왕신(韓王信), 팽월(彭越), 영포(英布), 장오(張敖), 노관(盧綰) 등의 이성 제후들을 차례로 실각시키고 아홉 명의 동성 제후들로 하여금 연(燕), 대(代), 조(趙), 제(齊), 양(梁), 초(楚), 회남(淮南), 회양(淮陽), 오국(吳國)을 관리하게 하였다. 그리고 이후에 중산국(中山國) 등을 추가하였다. 유일하게 남은 이성 제후왕은 장사왕(長沙王) 오예(吳芮)였다. 이들 봉국은 전국 말기 연, 조, 제, 위, 초 다섯 나라의 영토를 모두 점거하여 모두 39군을 차지했다. 그러나 중앙에서 직접 관할한 것은 겨우

**금은으로 조전문을 박아 넣은 청동 호(壺)**
이것은 중산의 정왕(靖王) 유승(劉勝)이 사용한 청동 주기이다. 표면에 가느다란 금실과 은실로 조전문(鳥篆文)의 길상어(吉祥語)를 상감하여 4언으로 된 운문 한 편을 써 넣었다. "섬세하고 아름다운 술단지와 맛좋은 술은 사람을 기쁘게 하여 병을 없애고 수명을 늘릴 수 있다."라는 뜻이다. 조전문이란 전서(篆書)로, 서한의 귀족 계층 사이에서 유행한 글씨체이다.

**용봉(龍鳳) 무늬를 넣은 은제 문고리**
중산 정왕 유승의 관곽에 있는 장식품

서한 초 동성 제후의 분봉 상황

15군뿐이었고 전쟁중에 있던 진과 한 두 나라와 초국에 일부가 속해 있었다. 제후국과 군이 똑같이 중앙에 직속되어 있는 것이기는 하지만 제후국의 정치적 지위는 군보다 훨씬 높았다.

**풍요로운 왕국_** 제후국은 영토가 넓고 인구가 많으며 경제적으로 발전한 지역에 위치하고 있어 매우 풍요로웠다. 제후의 지위는 황제 다음이었고 봉국 내에서는 대권을 독점하였다. 제후왕의 정치 기구는 중앙과 같아서 태부(太傅)와 승상은 황제가 임명하였지만 기타 관원은 모두 제후가 임명하였다. 제후국은 강대한 군대를 보유하며 독자적으로 파견할 수 있었다. 이 외에도 스스로 세금을 거두고 화폐를 주조할 수도 있어 실제로 독립 왕국이라 할 수 있었다. 제후는 점점 오만해져 갔다. "군주를 두렵게 하는 위엄〔震主之威〕"을 가지게 된 제후국은 마침내 중앙에 의해 제거될 운명을 피하기 어렵게 되었다.

**장신궁등**
장신궁등(長信宮燈)은 원래 황궁 안 장신궁에 있던 조명 기구인데, 후에 두태후(竇太后)가 정왕의 부인에게 주었다. 이 등불은 정교하게 설계되어 각 부위를 분해 조립할 수가 있고 또 마음대로 밝기와 방향을 조절할 수가 있는, 예술성과 실용성이 하나로 집약된 진품이다.

**도금된 창 자루집과 창**
제나라 제후왕의 의장 기구

**짐승 모양의 손잡이와 곰 모양의 발이 달린 정(鼎)**
정왕 유승이 전용으로 사용하던 청동 예기

## 천지처럼 보이려는 금루옥의

옥의(玉衣)는 한 황실과 제후 특유의 복장으로, 지하에 매장하는 시체가 썩지 않고 영원히 보존되게 하려는 것이 그 목적이다. 한의 예법에는 옥의를 금루(金縷), 은루(銀縷), 동루(銅縷) 세 등급으로 나눈다고 규정되어 있다. 황제만이 금루옥의를 입을 수 있고, 제후와 열후(列侯)는 은루옥의를, 대귀인(大貴人)과 장공주(長公主)는 동루옥의를 사용할 수 있다. 모든 옥의는 총괄적으로 소부에서 제조하고 황제가 사자(死者)의 지위에 따라 각기 차별적으로 봉하였다. 따라서 아무나 마음대로 사용

**금루옥의**

할 수는 없었다. 하지만 서한의 제후들은 대부분 금루옥의를 사용하였는데, 이는 그들이 조정을 무시하고 천자처럼 보이려 했다는 것을 말해 준다. 이 중산 회왕(懷王) 유휴(劉休:기원전 55년 사망)의 옥의는 2,567그램의 금사를 사용하여 1,200여 조각의 옥 조각을 꿰어서 만들었다. 추정해 보면 이 옥의를 만드는 데는 숙련공 한 명이 10년이라는 시간을 소비해야 하는 것이다.

# 북방 초원에서 온 흉노

양한(兩漢) 시대 제국 주변부의 민족은 서로 다른 방향에서 중원으로 발전해 왔다. 한 왕조는 제국의 통일을 확고히 하고자 각종의 적극적 조치를 취하여 이민족 거주 지역에 대한 장악력을 강화하였다. 이렇게 중심부와 주변부가 서로 확장해 가는 과정은 각 민족의 관계를 점점 밀접하게 만들어 갔다. 하지만 동시에 각 민족 이익의 충돌로 인하여 전쟁 또한 끊임없이 발생하였다. 각 민족들 간의 이러한 충돌과 융화는 중국 문명에 있어 가장 뚜렷한 특징인 다민족적이고 다양한 통일 국면을 형성하였다. 여러 민족들 중에 흉노가 한 왕조에게 가장 격렬하게 대항하였고, 이는 변방에 수백 년 동안 전쟁의 불길이 꺼지지 않게 하는 요인이 되었다. 흉노는 한의 다민족 통일에 최대의 위협이 되었다.

**흉노의 군사 정권**_ 흉노는 강대한 북방의 유목 민족이다. 그들은 군대와 정치를 결합, 군사 정권을 세웠다. 흉노는 민족 전체가 엄밀하게 조직된 하나의 군대였다. 선우(單于)는 흉노의 최고 군사 통수로서 그 밑에 좌·우 현왕(賢王)을 두었다. 그리하여 선우 본부와 좌·우 현왕부가 흉노의 권력을 장악하였다. 그 밑에 크고 작은 부족의 수령이자 군의 장군 역할을 맡았던 좌·우 곡여왕(谷蠡王)과 좌·우 대장 등을 설치하였고 부족의 수령 밑에는 각기 천장(千長), 백장(百長), 십장(什長) 등의 군관이 각 규모의 기병을 통솔하였다. 흉노가 가장 강성했을 때는 24개 부족으로 군대를 이루었고 각 부족의 병력이 많은 것은 1만 기, 적은 것은 1천 기로 총 30만의 기병을 보유하였다. 이러한 군사 편제는 병사와 백성을 하나로 합쳐 수시로 거국적인 출병을 가능하게 했다.

**초원 제국으로부터의 위협**_ 흉노는 언제나 주변부와 중원을 향해 약탈 전쟁을 일으켜 부족의 주요한 경제적 원천으로 삼았다. 각 부족의 기병은 타고난 그들의 성질인 이른바 "폭풍처럼 왔다 번개처럼 가는" 유목 습성을 발휘하여 미친 듯이 사람과 재물을 강탈하였다. 흉노 기병은 중원의 농경 민족과의 전쟁에서 늘 우위에 있었다. 흉노는 전쟁 공훈을 중요시하는 분위기가 형성돼 있었다. 그래서 건장한 사람을 귀하게 여기고 노약자는 천시했다. 전쟁중에 적의 목을 하나 베어 오

104<br>황제의 나라

**흉노의 마차**
흉노의 수레는 중원 한족의 수레와 다르다. 이 청동제 패(飾牌)에는 흉노 귀족이 마차를 타고 출행하는 장면이 투각되어 있다. 주의해서 보아야 할 것은 흉노의 마차 차체가 중원의 마차에 비해 높다는 것이다. 이런 설계는 노면의 높이가 평평하지 않은 초원과 산비탈에 적합하다. 마차 앞에는 손에 채찍을 들고 말을 모는 마부가 하나 있고, 또 헝클어진 머리를 묶고 짧은 옷을 입은 노예가 앞에서 끌고 있다. 화면 전체는 초원의 분위기를 짙게 풍길 뿐 아니라 흉노 사회의 귀족과 평민, 노예의 차별을 반영해 주기도 한다.

### 흉노 여성들의 장신구

이것은 흉노 여성들이 패용하던 장신구 세트이다. 머리 부위에 있는 것은 금, 진주, 조개를 상감하여 만든 금관이고 양옆에는 금 고리와 옥을 조각하여 만든 귀걸이가 있다. 목에 있는 것은 수정과 마노 목걸이와 수정, 유리, 호박 비드 목걸이이다. 이러한 장식은 흉노 민족의 전통적 특징을 농후하게 가지고 있으면서도 중원 한 문화의 풍격을 흡수한 것이기도 하다. 예컨대 용과 호랑이의 형상을 새긴 옥 귀걸이는 전통적인 한족의 풍격이 보이고, 사슴 무늬로 장식한 금패는 흉노의 전통 도안이다.

조는 흉노의 경제 발전에 기술적 기초가 되어 주었다. 기원전 3세기 흉노는 이미 철제 농구를 폭넓게 사용하였고 야철업이 독립적인 생산 부문을 형성하였다. 대장장이는 주로 중원에서 온 한인들이었다. 따라서 야철 기술과 생산 방식이 중원과 완전히 같았다.

### 양 무늬의 허리띠 금 장식

허리띠 장식에 신경을 쓰는 것은 북방 초원 민족의 공통된 특징이다. 흉노 귀족의 허리띠 장식은 매우 다양하다. 동 재질이 위주이며 대개 초원에서 흔히 볼 수 있는 동물을 주제로 디자인하여 유목 민족의 풍격을 농후하게 드러낸다. 이 금패 장신구는 양을 주제로 하였는데 양 두 마리가 마주보고 선 것이 생동감 있고 귀엽게 보인다.

면 술 한 단지를 주었고 사람과 재물을 약탈해 오면 그것은 곧 그의 소유로 넘겨 주었다. 그렇기 때문에 통치자든 일반 사병이든 모두 노예를 소유하였다. 통계에 의하면 한 왕조 때 흉노가 약탈한 한인(漢人)의 수는 10만 명, 이웃 부족의 수는 수십만 명에 달했다고 한다.

**철기 시대로의 매진_** 흉노는 대량의 노예를 탈취한 후로 생산 방식이 바뀌어 목축업 경제 위에 농업과 수공업도 발전하게 되었다. 특히 철제 공구의 제



### 납작한 청동제 단지

정면은 중원의 것과 똑같으나 뒷면은 평평하고 끈을 꿰어 어깨에 메기 위한 고리가 있는 것이 특징이다. 전체적으로 휴대하기 편리하게 디자인되어 있는데, 물을 마시거나 술을 마실 때 사용하던 용기이다. 중원의 한 문화가 흉노로 건너가 물과 풀을 따라다니며 사는 유목 민족에 적합하게 개조된 것이다.

### 흉노 제국의 세력

진한(秦漢) 교체기에 주변 민족을 합병해 나간 흉노는 동으로는 요하(遼河), 서로는 총령(蔥嶺)을 넘어 북으로는 바이칼 호에 이르고 남으로는 장성까지 닿는 거대한 초원 제국을 건설하였다.

### 권력의 상징

흉노의 통치자가 사용한 권장(權杖)은 권력과 위엄의 상징이자 법률을 대표하는 것이기도 했다. 선우와 제후들은 모두 권장을 사용하여 권력을 행사할 수 있었다. 이것은 권장에 끼우는 청동제 손잡이이다. 이러한 권장은 후세의 변화를 거쳐 '골타(骨朶)'라고 하는 북방 유목 민족의 독특한 무기가 되었다.

### 청동제 권장

짧은 나무 막대를 끼우는 데 사용하던 동그란 구멍

# 전쟁과 평화

서한 초, 흉노는 한 왕조의 정권이 불안정한 틈을 타서 중원으로 대거 진출하였다. 모돈(冒頓) 선우는 야심에 가득차 스스로를 "사방을 통치하는 하늘의 아들"이라 칭하며 한 서부, 북부에 반달형의 포위권을 형성하고 수도인 장안으로 바짝 다가가 한을 위협했다. 이리하여 한 제국과 흉노 제국은 수백 년간 결사적인 투쟁을 하게 되었지만, 또 한편으로는 화친 정책을 펼치기도 했다. 무제 시기에 한은 장기간의 전쟁 준비를 거친 후 전에 없던 큰 규모로 영토 확장 전쟁을 일으켰다. 정벌과 화친을 반복한 끝에 흉노는 마침내 해체되어 대부분 한으로 귀속되었고 다민족 공동체의 일원이 되었다.

**화친이 가져온 짧은 평화_** 서한 초 전쟁으로 인한 파괴와 경제 부진 때문에 한은 국내외의 위기에 직면했다. 한 고조 유방은 한의 전투력이 흉노 기병에 미치지 못하고 처리해야 할 국사가 산더미처럼 밀려 있는데다 국력으로 보아도 흉노에 맞서 원정 전쟁을 지속해 나갈 수 없다는 것을 인식하였다. 한은 처음으로 화친 정책을 펴 공주를 선우에게 시집 보내기도 하고 매년 대량의 견직물과 식량, 술 등의 물자를 선사하기도 하였다. 그후 80년간 화친 정책은 유지되었지만 잠깐씩의 평화일 뿐, 흉노의 침입은 멈추지 않았다. 이 기

**흉노인이 무릎 꿇고 있는 청동제 조명 기구**
이는 중산 왕 유승이 생전에 사용하던 조명 기구로 한 흉노인이 반쯤 무릎을 꿇고서 받치고 있다. 등받침에는 "어당호정일, 제연어(御當戶錠一─第然於)"라는 명문이 새겨져 있는데, 여기에서 '당호(當戶)'는 흉노 장군의 한 직책을 말한다. 흉노 관리가 무릎을 꿇은 채 등을 들고 있는 모양의 조명 기구를 사용한 한의 제후는 흉노를 쳐부순 공로를 과시하고자 하는 마음이 있었을 것이다.

간 동안 40여 차례의 대규모 침입이 있었고 작은 규모의 침입은 그 수를 헤아릴 수 없을 정도다. 기원전 166년에는 선우가 14만 기병을 이끌고 수도로 돌진해 들어왔는데, 그 선봉이 옹(雍:현재 섬서 봉상)과 감천(甘泉: 현재 섬서 순화)에 도달해 한 왕조를 크게 놀라게 하였다. 8년 후 다시 두 방향에서 장안을 공략해 와 도성은 재차 공포에 빠졌다. 문제 때부터 한은 적극적으로 병력을 비축하고 기병을 훈련시켜서 흉노에 반격할 준비를 하기 시작했다.

**한 무제의 총공격_** 무제가 즉위한 후 한은 이미 안정기로 접어들어 있었다. 중앙 권력이 공고해지고 경제적으로도 전에 없이 풍족해져 흉노에 반격할 조건이 모두 갖추어졌다. 기원전 133년부터 기원전 119년에 이르는 동안 10여 차례의 대 흉노 전쟁이 일어났는데, 결정적인 큰 교전이 3차례 있었다. 한의 군대는 2천여 리를 달려가 흉노의 주력을 섬멸하였다. 그 이후로는 흉노가 대규모로 한을 침략하는 일은 거의 사라졌고 이전의 화친 관계를 회복하게 되었다.

## 흉노로 시집 간 왕소군_ 한과의 전쟁으로 막대한 손실을 입은 흉노는 후에 다섯으로 분열되었다. 그중 하나인 호한야선우(呼韓邪單于)는 한에 투항하고 장성 일대로 남하하여 화친을 요구했다. 기원전 33년 한 원제(元帝)는 궁인 왕소군(王昭君)을 그에게 시집 보내고 연호를 경녕(竟寧)으로 바꾸었는데, 이는 '변경의 편안함'이라는 뜻이다. 동한 시기에 흉노는 남과 북 둘로 분열되었다. 남흉노(南匈奴)는 한에 복종하여 신하가 되었고 한이 사절을 파견하여 감호해 줄 것을 요구하였다. 후에 남흉노는 서하군미직(西河郡美稷:지금의 내몽고 중걸지방 서북쪽)으로 옮겨 와 한의 변경 수비에 협조하였다. 한은 매년 그들에게 대량의 돈과 물자를 공급하였다. 그 이후로 남흉노와 동한은 평화롭게 지냈다. 그리고 남흉노도 점차 정착하여 농경 생활을 하게 되었고, 인구도 분열 당시 수만 명이던 것이 23만 명으로 늘어났다.

### 왕소군묘

왕소군은 한 원제의 궁인이다. 기원전 33년 자원하여 남흉노의 호한야선우에게 시집 가 영호연씨(寧胡閼氏)라는 호를 하사받았다. 그녀는 중원의 선진적 생산 기술과 문화를 흉노로 가져가 현지 사회 경제의 발전을 촉진하였다. 기록에 의하면 왕소군이 흉노 남편과의 사이에서 낳은 자녀와 중원에 있던 가족들은 3대에 걸쳐 한과 흉노 사이의 우애를 위해 많은 일을 했다고 한다. 왕소군은 죽은 뒤 지금의 내몽고 자치구 후허하오터시(呼和浩特市)에 묻혔고, 묘 앞에는 대대로 향불이 끊이지 않았다.

### 온우제에게 하사한 도장

동한 시기에 남흉노는 한에 귀순하였고 서하군(西河郡) 미직현(美稷縣)에 집정 기구 선우정(單于庭)을 설치하였다. 오늘날의 알투스 초원은 이리하여 남흉노의 활동 중심지가 되었다. 이 도장은 바로 이 일대에서 발견된 것이다. '속차(粟借)'는 남흉노 귀족의 성씨 중 하나이고 '온우제(溫禺鞮)'는 남흉노의 이성 왕이다. 이는 한이 남흉노 왕 온우제에게 하사한 관인(官印)인 것이다.

### "선우화친"이 새겨진 기와

왕소군은 남흉노에 시집간 후 주로 음산 이남 지구에서 생활하였다. 그녀의 남편 호한야선우는 한을 위해 장성을 지켰다. 이 기와는 호한야선우가 살던 변경 역참(驛站)의 건축 자재로 "선우화친(單于和親)"이라는 네 글자가 새겨져 있다. 이는 소군이 머나먼 변경으로 가서 화친한 것이 당시로서는 매우 성대한 일로 받아들여졌음을 반영해 주는 것이고, 또 당시 흉노 사람들이 평화로운 생활을 기원했다는 것을 나타내 주기도 한다.

"한흉노속차온우제(漢匈奴粟借溫禺鞮)"라는 글자가 새겨져 있다.

### 오랑캐와 한의 교전을 그린 돌

화상석(畵像石)이란 묘실 벽에 새긴 그림으로, 일상 생활이나 큰 사건들을 주요 제재로 한다. 그중 일부는 역사서와 서로 상호 검증하는 자료로서의 가치를 지니기도 한다. 흉노와의 오랜 전쟁으로 한의 통치자는 전쟁에서의 공적을 영광으로 여겼고, 그 까닭에 오랑캐와의 전쟁이 화상석의 제재로도 등장하게 된 것이다. 그림 속에서는 한과 오랑캐의 군사들이 사투를 벌이고 있는 중인데, 쌍방의 단병(短兵:칼이나 창 등의 짧은 병기)이 서로 닿아 있는 것이 매우 치열한 상황임을 보여 준다.

# 동남쪽 연해에 살던 백월

지리적 환경과 생산 방식의 차이 때문에 한 왕조의 남방과 북방의 소수민족들은 그 문화적 수준에도 많은 차이가 있었다. 북방 민족들에 비교하면 남방의 농경 생산 방식은 선진적인 편이고 경제 발전도 빨랐으며 중원 한족과의 관계도 상대적으로 안정되어 있었다. 한족은 남방의 소수민족을 통칭하여 '만이(蠻夷)'라 불렀다. 사실 남방 소수민족은 주로 동남쪽의 백월과 서남쪽의 이(夷)로 양분된다. 한 왕조는 현재의 절강 남부와 광동, 광서 지구에 분포되어 있었던 백월과 밀접한 관련을 맺었다. 독립의 움직임이 몇 번 있었으나 전반적인 추세는 통일을 향해 가고 있었다.

**계보가 복잡한 백월**_ 한 왕조 당시 호(胡)는 북방의 주요한 소수민족이었고, 월(越)은 남방에 가장 넓게 분포되어 있는 민족이었다. 월인(越人)은 지계(支系)가 많아 각 부족이 함께 살면서도 각기 자기 종족의 성씨를 갖고 있어 통칭 이들을 백월이라고 하였고, 총 인구는 100만 명 이상이었다. 당시에는 "북쪽에는 호가 가고 남쪽에는 월이 간다."라는 표현이 있었다.

백월이 사는 동남 연안은 중국에서 소수민족이 차지하고 있는 땅 중에서는 가장 뛰어난 지역으로, 진한 모두 중요하게 생각하던 곳이었다. 진시황은 일찍이 50만 명의 사람을 보내 오령(五嶺)을 지키며 월인과 함께 섞여 살라고 명령한 바 있다. 중원에 있던 한인이 대량 남하

**보트 경주 그림의 북**
동고(銅鼓)는 한나라 당시 백월족에게 권력의 상징으로 여겨졌고 제사 의식에서 중요한 예의 용기로 쓰이기도 했다. 백월 동고에 새겨진 무늬는 대체로 보트 경주를 주제로 하고 바탕은 백로(白鷺) 무늬이다. 그들은 이러한 무늬를 새김으로써 풍어(豊漁)를 기원했다.

하자 선진적 과학 기술과 생활 습관도 함께 전해져 백월의 경제, 문화 발전을 크게 가속화하였다.

**백월 민족의 응집력**_ 백월족은 그 계통이 번잡할 정도로 많지만 공통된 민족 특징이 그들을 응집시켰다. 백월인은 그들만의 언어인 월어(越語)를 가지고 있었는데, 이는 중원 지역은 물론이고 이웃해 있던 초의 언어와도 완전히 다른 것이었다. 백월은 벼농사를 위주로 하였다. 남자는 땅을 갈고 여자는 옷감을 짜는 전통적 생산 방식과 그에 따라 생겨난 생활 관습 및 종교가 민족의 독특한 풍격을 형성하였다. 바다를 끼고 있는 지리적 환경으로 인해 백월은 어업과 조선업이 다른 지역보다 훨씬 뛰어났다.

"포(布), 8근 4량"이라는 명문이 전서로 새겨져 있다.

**청동제 포종(布鐘)**
이는 동고와 어울려 의식에 사용되던 청동제 용기이다. 새겨져 있는 명문으로 현재의 광서 자치구 귀항시(貴港市) 포산(布山)에서 주조된 것임을 알 수 있다. 백월은 동광(銅鑛)이 풍부하여 춘추 전국 시대 이래 생산량뿐만 아니라 공예 기술 또한 상당했다. 우수한 병기 중에는 백월인이 만든 것이 적지 않다.

**백월의 언어와 문자**_ 한 왕조 당시 백월족



황제의 나라

은 월어를 썼지만 소전도 많이 보급되어 있었다. 당시의 일부 청동기에는 전서가 새겨져 있기도 한데, 이는 진시황의 문자 통일의 결과이다. 진 왕조가 처음 세워졌을 때는 조정의 칙령이 백월에 도달해도 지방 관원들은 그 내용을 이해하지 못했다. 하지만 한 왕조에 이르면 이미 이 지역에 전서가 널리 보급된다.

**청동제 간란식(干欄式) 곡물 창고**
이것은 청동으로 주조한 곡물 창고 모형이다. 창고 앞에는 문짝 두 개가 열려 있고 지붕은 박공형이며 문 앞에는 회랑과 난간이 있는 것이 전형적인 백월족의 가옥 형식이다. 이러한 간란식 건축은 습기를 방지함과 동시에 단열의 효과도 있다. 지금까지도 중국 남방의 농촌에 전해지고 있는 방식이다.

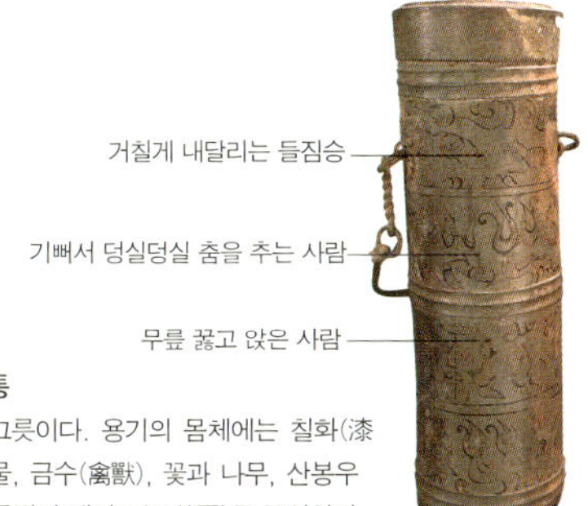


**칠화가 그려진 청동제 들통**
이것은 백월인이 술을 담던 그릇이다. 용기의 몸체에는 칠화(漆畵)가 네 폭 그려져 있다. 인물, 금수(禽獸), 꽃과 나무, 산봉우리, 엷게 흐르는 구름 등이 생동적인 백희도(百戲圖)를 구성한다.

**말을 부리는 인형**
남방의 지리적 환경으로 인해 남방은 기병의 출현이 늦다. 백월은 한 왕조의 판도에 포함되어 있기는 하였지만 그래도 여러 차례 무장 충돌을 일으켰다. 한의 기병이 증가하자 백월에도 기병이 나타났는데 이것이 그들의 모습이다.

**한대의 연해 지역 백월의 인구 증가**

|  | 서한 원시(元始) 2년(서기 2년)<br>제곱킬로미터 당 인구 수 | 동한 영화(永和) 5년(서기 140년) 제곱킬로미터 당 인구 수 |
| --- | --- | --- |
| 남해군(南海郡) | 1.0 | 2.6 |
| 창오군(蒼梧郡) | 2.5 | 8.1 |
| 울림군(鬱林郡) | 0.6 | 2.4 |
| 합포군(合浦郡) | 1.4 | 1.5 |
| 교지군(交趾郡) | 9.6 | 17 |
| 구진군(九眞郡) | 3.0 | 11 |
| 일남군(日南郡) | 0.7 | 3 |

# 백월 지역의 상품 경제

백월 지역의 정치, 경제, 문화는 한대에 이르러 중대한 변화를 맞는다. 진한 정부의 남방 경영을 거쳐 서한 초에는 마침내 중국과 서방을 잇는 해로(海路)가 이곳에 개통되었다. 해로의 항구는 남월국(南越國)의 수도 번우(番禺)에 설치되었다. 이때부터 한 정부는 이 지역을 더욱 중시하여 백월과 중원의 연계는 더욱 긴밀해졌고 그들의 문화도 빠르게 융합되었다. 동한 말년에는 월 문화의 특징이 점점 약화되어 중원 문화가 주류의 위치를 차지하기에 이르렀다. 남월국은 남방 해외 무역의 문호로서 가장 먼저 개발되어 남방의 유일한 경제 중심지가 되었고 일정한 규모를 갖춘 상업 도시가 잇따라 출현하였다.

**해외 무역의 문호**_ 남월의 수도 번우(지금의 광주)는 만(灣)에 위치한 천혜의 조건을 갖춘 항구이다. 따라서 번우는 남방 해외 무역의 문호가 되었다. 서한 시기에는 상품 경제가 발달하여 상인들이 모두 이곳에 모여 수출입 무역을 하였다. 당시 왕실 귀족들 사이에

날개 달린 우인(羽人)은 도교의 '우화선인(羽化仙人)'의 형상이다

**청동제 우인 등**
이것은 백월 귀족의 조명 기구이며 현지에서 만들어진 것이다. 중원의 선진 기술이 백월에 전해지면서 종교도 함께 들어와 상류 사회에 전파되어 있었음을 증명해 준다.

유행한 무소 뿔, 상아, 진주, 향료 등의 고급 수입품들은 모두 번우를 통해 들어왔다. 수출입 무역을 통해 번영하기 시작한 번우는 곧 남방(동남, 서남 지구를 포괄)의 대도시가 되었다. 또한 교통이 발달한 지역을 중심으로 상당한 규모를 갖춘 상업 도시가 잇따라 출현하

나무 받침대는 선체를 지탱하는 역할을 하였으며 동시에 배 밑에서 구멍을 뚫거나 못을 박는 등의 작업을 할 수 있게 하였다.

활판을 구성하는 활도(滑道)는 배가 다 조립된 뒤 물에 띄울 때 사용된다. 활도의 너비는 선체에 따라 조절을 할 수 있다.

침목은 압력받는 면적을 넓혀 조선대가 부분적으로 가라앉는 것을 막는다.

**광주에 남아 있는 한대 조선소 유적**
이것은 서한의 관영 조선소에 설치된 조선대(造船台)의 유적이다. 당시의 생산 설비는 매우 선진적이었다. 유적에는 세 개의 평행 조선대가 있는데 모두 침목(枕木), 활판(滑板), 나무 받침대로 이루어져 있다. 각 조선대는 각기 크고 작은 규격의 배를 만들 수 있었다. 당시 이 조선장에서는 길이 20미터, 폭 8미터, 적재량 30톤에 달하는 대형 선박을 만들 수 있었던 것으로 보인다.

여 백월의 경제는 날로 발전해 갔고 인구도 크게 증가하였다.

**백월의 조선업_** 해외 무역의 발전은 백월 지역에 커다란 활력을 불어넣었다. 선박 운수가 경제 발전의 원동력이었던 까닭에 조선업도 발전하기 시작하여 백월 지역의 주요 산업이 되었다. 남해군(南海郡)의 번우는 대형 상업 도시일 뿐만 아니라 중국의 가장 중요한 조선 기지이기도 했다. 당시 선박 제조는 이미 규격화를 실현하여 대량 생산이 가능했고 선체의 구조 또한 대대적으로 개선하였다. 백월의 조선 기술은 이미 상당한 수준에 올라 있었다.

**백월 귀족의 풍모_** 양한 시대에 중원의 한 문화가 점점 월의 고유 문화를 대치해 갔다. 음양오행설과 도교 문화 역시 백월의 귀족들로부터 환영받았고 당시 중원의 왕실 귀족 사이에 유행하던 세련된 물품들은 백월 귀족들에게 선망의 대상이 되었다.

청개구리

오수전 무늬로 한 바퀴를 둘렀다.

**오수전 무늬가 있는 동고**
동고는 원래 백월족의 권력과 지위를 상징하는 예기로 민족의 위엄을 나타내기도 하였다. 그런데 이 북은 서한의 선제(宣帝)에서 화제(和帝) 시기까지 유통된 오수전(五銖錢)을 무늬로 하고 있다. 백월 지구는 상품 경제가 발달함에 따라 전통적 종교나 의례에 대한 관심은 줄어들었던 것으로 보인다.

**푸른 유리잔**
로마에서 제조된 이 값비싼 유리 그릇은 해로를 통해 중국으로 와서 번우 항구로 들어온, 한 왕실에서 유행하던 고급스런 물건이다.

**구름 무늬가 있는 짐승 뿔 모양의 옥 잔**
청옥으로 만든 짐승 뿔 모양의 이 술잔은 수준 높은 부조(浮彫) 수법으로 새털구름 무늬[捲雲紋]를 새겼다. 조형과 장식 모두 보기 드문 것으로, 중앙아시아 지역에서 생산된 수입품일 것으로 추정된다.

## 조선 기술의 혁명—키의 발명

한대 이전에는 주로 전문적인 사공이 인력으로 노를 저어서 배의 방향을 조종하였다. 하지만 바다에서는 근본적으로 이런 방법으로 방향을 조절할 수 없었다. 한대에 오면 번우 지역에서 제일 먼저 배의 키를 발명하게 되는데, 선체의 방향을 조종하는 유연성을 대폭 증가시키고 아울러 항속(航速)과 적재량을 높이기 위한 기본 조건을 만들어냈다. 광주(廣州)에 있는 한대의 무덤에서 출토된 이 도제 부장품은 한대 선박의 구조를 따라 만들어진 하천용 배 모형이다. 선미(船尾)에 현존하는 최초의 키가 안치되어 있다. 선장은 조타실 안에서 배의 키를 잡는 일을 전적으로 책임졌다. 키의 몸판이 넓고 커서 강력하게 물을 차단해 방향을 유연하게 제어할 수 있었다. 뱃머리에는 닻이 설치되어 있어 정박할 때 바닥에 내려 선체를 고정시켰다.

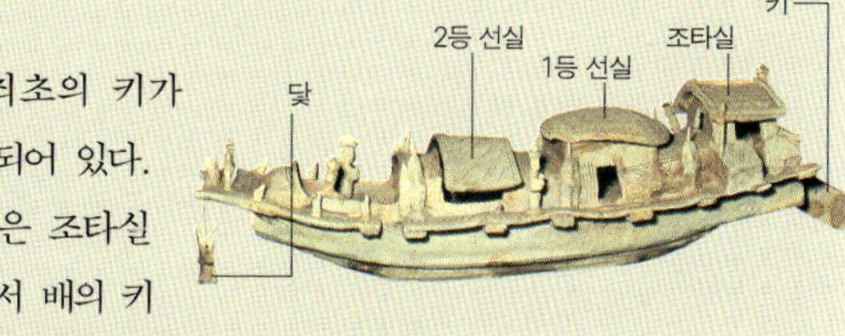

# 남쪽에서 군림하던 남월 왕국

지하궁 발굴 현장

도금한 용 모양의 받침대

**사루옥의**
이것은 남월왕이 입고 있던 장복(葬服)으로 길이는
1.73미터이고 2,291개의 옥 조각을 붉은 실로 꿰어
만들었다. 한의 예법에 의하면 옥의는 황제와 제후, 황
실 종친의 전용 장복으로 그 지위에 따라 금루, 은루,
동루의 3등급으로 나뉜다고 규정되어 있다. 현재 전
중국에서는 모두 40여 점의 옥의가 발견되었는데 사루
옥의(絲縷玉衣)는 이것 하나뿐이다.

서한 초, 본래 진의 장군이던 조타(趙佗)가 영남(중국 오령 이남의 땅을 가
리킴. 구체적으로는 광동, 광서 지역을 지칭) 일대에 남월국을 건립하였다. 남
월국은 5대 93년 동안 이어졌다. 남월국의 할거는 진 왕조의 영남 개발
이 바탕이 되었다. 진시황은 50만 군대를 파견하여 영남 및 백월 지역을
정복하게 하였다. 기원전 214년 영남에 군을 설치한 후 통제를 강화하기
위해 대군(大軍)을 머물게 해 지켰고 또한 수만 명의 사람을 이민시켜 월
인과 함께 경제를 개발하도록 했다. 진한 교체기에 진의 장군 조타가 중
원 대란을 틈타 영남 전역을 점거하고 기원전 203년 남월국을 건립, 번
우를 수도로 정했다. 그리고 공개적으로 한과 맞섰다. 기원전 111년 한
무제는 군대를 파견하여 남월을 정벌하였는데, 마침 남월국 내부에 분열
이 생긴 틈을 타서 40여만 명의 토착 월인들을 한으로 귀순시키고 오래
지나지 않아 남월을 전멸시켰다. 곧 이곳에 군을 세우고 한의 통치 아래
두었다. 1983년 한 고고학자가 광주의 상강(象崗)에서 남월국 2세인 문
제(文帝) 조매(趙眜)의 무덤을 발굴하여 잠깐 나타났다가 사라져 버린
이 왕국의 진상을 처음으로 세상에 드러내 보였다. 조매의 방대하고 호화
로운 능묘의 지하궁과 1천여 점의 수장품은 남월국이 경제적으로 부강했

다는 것, 그리고 조씨 정권이 황제의 예법을 마음대로 사용하며 한과 대치했다는 사실을 증명해 준다.

## 남월왕묘의 단면도

남월왕묘(南越王墓)에는 모두 7개의 묘실이 있는데 묘 주인 생전의 궁전 구조를 그대로 본떴으며 서한 제후의 묘실 배치와 대체로 비슷하다.

① 전실 : 앞뒤로 문이 있는 대청으로, 출행용 수레가 수장되어 있다.
② 동이실(東耳室) : 예악과 연회를 하던 곳으로 편종, 편탁(編鐸), 주기, 식기, 놀이 기구 등이 수장되어 있다.
③ 서이실(西耳室) : 곳간으로 수장품이 가장 많다. 생활 용구, 수레 용구, 금은옥석, 유리, 상아, 비단, 인장(印章), 봉니(封泥:죽간을 사용하던 때 편지를 새끼로 묶고 그 매듭을 진흙으로 봉하여 남이 함부로 개봉하지 못하게 한 것-옮긴이 주), 약품 등이 수장되어 있다.
④ 주관실(主棺室) : 남월왕의 침궁(寢宮). 관곽을 놓아 두었으며 수장품으로는 사루옥의, 도장, 옥 장식품, 보석 장신구 등이 있다.
⑤ 동측실(東側室) : 첩의 침실로 네 부인이 이곳에 순장되어 있다. 수장품으로는 옥 장식품, 청동 거울, 도장, 청동제 그릇 등이 있다.
⑥ 서측실(西側室) : 옛날 황제나 제후의 식사를 준비하던 주방으로 조리사 7명이 이곳에 순장되어 있다. 제물(祭物)과 칠기, 도기가 많이 놓여 있다.
⑦ 후장실(後藏室) : 음식물을 저장하는 창고로 대형 취사 도구와 일용품 100여 점이 겹겹이 쌓여 있다.
⑧ 외장곽(外藏槨) : 순장된 사람의 유골이 있다.
⑨ 묘도(墓道) : 소랑의 순장품이 있다.

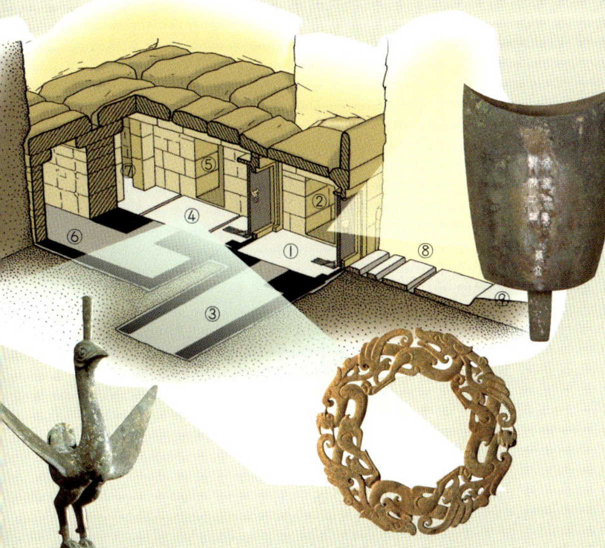

## 문제 9년의 구도

구도(句鑃)는 백월족 사이에서 유행한 예법 악기로, 춘추 시대 이래로 양자강 이남에서 사용되었다. 남월왕묘에서 출토된 8개의 구도에는 "문제 9년에 악부에서 만들다〔文帝九年樂府工造〕."라는 문구가 새겨져 있다. 악부는 궁정에서 음악을 주관하는 관서로서, 황제의 순행과 제사대전(祭祀大典) 등 예악에 관한 사무를 책임졌다. 구도의 출토는 남월국이 진한의 황제 제도를 모방하여 악부를 설립했음을 증명해 준다.

## 도금한 짐승 얼굴 모양의 장식품

## 투각한 용 무늬의 옥 장식품

남월왕의 묘에서는 11세트의 옥제 장신구가 출토되었는데, 각기 묘 주인과 4명의 부인의 장식품이다. 신분의 높고 낮음에 따라 옥제 노리개의 등급에도 차이가 있다. 남월왕과 우부인의 것이 가장 귀하다. 세심하게 가공된 이 노리개는 모두 현지 장인이 만든 것이다.

## 도금한 주작 모양의 장신구

## 옻칠한 나무 병풍 복원도

옻칠한 나무 병풍이 관곽의 뒤에 놓여져 있었다. 묘 주인이 생전에 침궁에서 쓰던 것으로 높이 1.8미터, 길이 3미터이다. 채색화가 그려져 있고 꼭대기와 바닥에 도금된 부속품으로 장식이 되어 있어 더욱 아름답고 화려해 보인다.

# 전인—정복자의 영광

서남이(西南夷)는 한대 서남 지역 소수 민족의 통칭이다. 지리적 이유로 서남이는 한 문화를 흡수하는 과정이 비교적 늦었고 어떤 부족은 아직 원시 사회 단계이기도 했다. 한 조정은 서남이에 군현을 설치하고 행정 장관을 위임, 파견하는 동시에 현지의 토착민 지도자를 왕으로 봉하여 이중 관리 체제를 실행하였다. 그리고 또 한편으로는 한 문화를 전수하며 그곳의 풍속을 변화시키려는 노력을 하였다. 이렇게 서남이와 중앙의 관계는 매우 평온했다. 전족(滇族)은 서남이 중 비교적 세력이 큰 민족이었다. 그들은 주변 민족들을 약탈하기는 했지만 중앙을 위협하지는 않았다. 한 무제 시기에 그들의 지도자를 전왕(滇王)에 봉하면서부터 전족은 신하로서 한 왕조를 섬기고 다민족 공동체의 일원이 되었다.

**서남을 제패하다**_ 진한 무렵 전지(滇池) 일대의 부락은 연맹을 조성하고 있었는데 이들을 통틀어 '전(滇)'이라고 불렀다. 인구는 수만 명에 달하였고 정치

**전왕의 금 도장**
이것은 한 무제가 전왕에게 하사한 금 도장으로서 '전왕지인(滇王之印)'이라는 네 글자가 새겨져 있다. 전왕이 사망한 뒤 함께 수장되었다.

**서한 시대 한, 흉노, 백월, 전족의 인구 비교**

| 한 | 흉노 | 백월 | 전족 |
| --- | --- | --- | --- |
| 5,959만 | 100만 | 100만 | 8만 |



**한대 서남이의 분포**

조직을 가지고 있었다. 이곳은 토질이 비옥하고 산물이 풍부하여 농목어업(農牧漁業)뿐 아니라 채광업(採鑛業)도 발전했다. 주변 민족이 아직 원시 사회 단계에 처해 있을 때 전인은 이미 청동 문명 시대로 진입해 있었다.

**청동제 베개**
이것은 전인 귀족의 수장품이다.

114
황제의 나라

**청동제 도금 장식**

이것은 전인 귀족의 옷에 있는 장식으로, 전족 무사가 출정하여 승리하고 돌아오는 장면을 조소하였다. 2명의 무사는 소 한 마리와 양 두 마리, 등에 아이를 업은 채 밧줄에 묶인 여자를 포획하여 끌고 오고 있다. 앞에 걸어오는 무사의 손에는 변발한 사람의 머리도 들려 있다.

**청동제 장식**

이것은 세 명의 전 무사가 출정하여 싸우고, 소 한 마리를 잡아 개선하는 장면이다.

전인은 비록 독립된 국가를 형성하지는 않았지만 이미 '전왕'이라고 하는 통일된 지도자를 가지고 있었다. 서한 초기, 전인은 끊임없이 주변 민족에 대해 합병 전쟁을 일으켜 토지를 점령하고 노예를 사로잡고 가축을 약탈하였다. 그들은 이를 통해 부를 쌓고 세력을 확장하였다. 정복을 당한 부락은 모두 전왕의 신하가 되어 그를 섬기고 공물을 바쳐야 했다. 전왕의 땅은 노강(怒江), 난창강(瀾滄江) 유역으로 쭉 뻗어 갔다. 전인은 야만스럽고 잔혹한 정복 전쟁을 민족의 영광으로 여겼다. 그들은 자기 민족 특유의 뛰어난 청동 주조 기술을 이용하여 청동 제품을 만들어 냈는데 사실적 표현이 주를 이루었다. 전쟁, 제사, 조공 등의 장면을 보여 주는가 하면 각 계층의 인물을 그려 냈으며 등급이 엄격하던 당시의 사회 상황을 표현하기도 했다.

**한 무제와 전왕**＿ 무제 시대에 이 지역은 정식으로 한의 판도에 들어가게 되어 다민족 통일 국가의 한 성원이 되었다. 당시 전인의 세력은 상당히 강대하여 그 세력의 범위 내에 있는 각 부족의 수령은 모두 전왕에게 정기적으로 참배와 조공을 바쳐야 했다. 부락 연맹의 최고 통치자였던 전왕은 스스로 그 권위를 한 왕조와 견줄 수 있다고 여겼다. 한의 사절에게 "한 무제와 나를 비교하면 누구의 세력이 큰가?"라고 물었던 것으로 보아 그의 기세가 얼마나 대단했는지 알 수 있다. 기원전 109년 전왕은 마침내 중앙 정부의 압력 하에 한 왕조로 귀순했고 한 무제는 익주군(益州郡)을 설립하여 전왕에게 '전왕의 도장'을 하사해 주었다. 이후로도 전



황제의 나라

**청동제 화폐 저장 용기**
이것은 전왕의 무덤에 수장되어 있는 화폐 저장용 그릇이다. 용기 위에는 부락의 추장이 전왕에게 조공을 바치는 조각이 새겨 있다. 모두 7개의 화면을 구성하고 있는데, 각 화면마다 부락 추장이 앞에서 이끌고 뒤에 마소를 끌거나 물건을 들거나 광주리를 지고 있는 사람이 따른다. 모두 전왕에게 바치는 공물이다. 부락 추장의 복식이 각각 달라 제각기 다른 민족임을 보여 준다. 주변의 많은 부족에 미쳤던 전왕의 위엄을 느낄 수 있다.

왕은 여전히 그곳의 최고 통치자로 남은 채 한 왕조와
긴밀한 관계를 유지하였다.

**전인의 민족 정신을 상징하는 소_** 전
인은 가축 사육으로 이름난 민족이다. 전인
은 소를 숭배하여 토템으로 삼아 왔다. 그
들에게 소는 민족 정신의 상징이기도 했
다. 그래서 소의 모습은 전쟁, 제사, 조공 등
을 주제로 하는 예술품에 항상 등장한다.
청동 조소에서의 소의 형상은 건장하고 용감하여
영웅의 기상을 표현하고 있다. 사서의 기록에 의
하면 전인은 본래 "호쾌하고 시원스럽다."고 한
다. 전족의 장인들은 격정적으로 소의 형상을
빚어 내며 민족의 정신과 풍격을 추구하였다.
이 작품들은 지금까지도 중국 청동 조소 예
술의 본보기가 되고 있다.

**소떼가 있는 화폐 저장 용기**
뚜껑 위의 소떼를 보면 가운데 뿔 달린 소는 머리를 쳐들고 크게 우는 모
습이고, 각기 다른 모양의 소 여섯 마리가 빙 둘러 서 있다.

**공물을 바치는 각 부족의 인물**

# 모권제 왕국

전족의 부락 연맹은 대외적으로 끊임없이 정벌 전쟁을 하여 세력을 확장하는 동시에 대내적으로는 엄격한 계급 제도를 형성하여 노예주 계층의 이익을 수호하였다. 전족은 원시 사회 모권제를 보존하고 있어 남녀의 분담이 명확했고 여성이 주도해 나간 사회였다. 여성 노예주는 생산을 감독하고 제사를 주관하였으며 조상을 받드는 중대사를 책임졌다. 또한 남성 노예주는 수렵과 군대의 관리를 맡았다. 노예 계층의 분담도 이와 같아서 여성 노예는 농업 생산과 수공업 제작, 상품 교역 활동에 종사했고 남성 노예는 수렵과 대외 정벌 전쟁을 담당했다.

**노예주 계층_** 전왕 : 전족 부락 연맹의 최고 통치자이며 최고 군사 수령이자 귀족 계층의 대표이기도 하다. 중요한 것은 그가 전족이 소유한 토지와 노예, 부(富)의 최대 보유자였다는 점이다. 전쟁과 제사 등 중대 활동은 모두 전왕이 결정하였다.

부락의 수령 : 전왕이 통솔하는 부락 연맹은 수십 개의

**소 잡는 의식을 표현한 청동제 잠금 장식**

부락이 연합하여 이루어진 것이다. 부락의 수령은 전왕에게 예속되는 부락 통치자이자 부락의 최대 노예주였다. 그들은 정기적으로 전왕에게 참배해야 했고 조공을 납부해야 하는 의무를 가졌다. 부락의 수령은 병사를 데리고 전쟁에 나가는 군사 지도자이기도 했는데, 반드시 잘 싸워야만 했다. 노예주 계층 중에는 여성이 상당한 비중을 차지하고 있었다.

**화폐 저장 용기의 일부**

중요한 정치 활동과 농업, 수공업 생산은 모두 여성 노예주가 주관했다. 그들은 지위가 높은 통치자였다. 그들은 또한 사무의 신분을 가지고 있어 제사 활동을 주관하였다. 화폐 저장 그릇의 뚜껑에는 여성 사무가 주관하는 살인제사(殺人祭祀) 장면이 주조되어 있다. 간란식 건물의 주위에 여러 종류의 인물과 가금, 가축 및 제사에 쓰이는 동고와 기계들이 잔뜩 널려 있다. 뚜껑 위의 인물들은 각각 연회를 열고 물건을 바치고 가축을 도살하고 밥을 짓고 음악을 연주하고 춤을 추고 형을 집행하는 등의 동작을 취하고 있다.



황제의 나라

무사(武士) : 전족 가운데서도 용감하고 싸움을 잘하는 사람을 선발하여 무사로 삼았다. 주요 임무는 전쟁 중 다른 부족의 토지와 노예, 가축을 약탈하는 것이다. 그들의 지위는 일반 평민보다 높으며 귀족 계층에 속했다.

사무(師巫) : 부락에서 점복(占卜)과 제사를 책임지던 높은 관리로, 지위는 부락 수령 다음이었다. 그는 천의(天意)를 전달, 표현하고 신령(神靈)을 보여 주는 신비함을 갖춘 특권 인물이었던 것 같다. 부락 수령이나 심지어 전왕까지도 모두 사무의 뜻에 따라서만 중요한 활동을 확정지을 수 있었다. 사무는 수하에 제법 규모를 갖추고 전문적으로 무술(巫術)에 종사하는 인원들을 관리하기도 했다.

**평민과 노예**_ 평민과 노예는 사회의 부를 창조해 내는 그룹이지만 그들의 사회적 지위는 가장 낮았다.

평민 : 전족의 대다수를 차지하고 있는 평민은 대개 노동자이거나 사병, 농민, 수공업자이다. 지위는 노예보다 조금 높았다.

노예 : 주변 민족을 침략했을 때 잡아 온 전쟁 포로로 가장 지위가 낮았다. 그들은 부락에서 가장 힘든 노동을 맡아 했다. 신체의 자유가 없어 주인에 의해 사고 팔릴 수 있었고, 또 제사와 순장의 희생이 되기도 했다.

**청동제 화폐 저장 용기**
말을 타고 검을 찬 도금된 기사가 높이 앉아 있다. 말을 달리며 고개를 든 채 오만하게 앞을 보고 있다. 주위에 있는 범과 소에서도 매우 위풍당당하고 용감한 기개가 느껴진다. 부족을 이끌고 싸움에 나서는 부락 수령의 모습을 형상화한 듯하다.

**남성 노예주**
손에 제사용 지팡이를 들고 있는 남성 노예주의 형상. 남성 노예주는 일반적으로 머리에 소라 모양의 상투를 틀었으며 몸에는 장삼(長衫)을 입고 허리띠를 묶었다. 그리고 가슴에는 둥근 청동 단추로 장식을 하고 팔찌나 귀고리도 차고 있다. 그들은 군대 관리와 수렵을 책임졌다. 청동기에는 모두 남성이 방목과 전쟁을 하고 여성이 농업과 수공업에 종사하는 것으로 표현되어 있다.

**여성 노예주**
손에 제사용 지팡이를 든 여성 노예주의 형상. 노예주는 평민과 노예와는 완전히 다른 복장을 하고 있으며, 여성 노예주는 더욱 특색이 있다. 그들은 머리에 은화(銀貨) 모양의 상투를 틀고 넓고 큰 대금(對襟:두 섶이 겹치지 않고 가운데에서 단추로 채우게 되어 있는 웃옷-옮긴이 주)을 입고 팔에는 납작한 팔찌를 차고 귀에는 크고 둥그런 귀고리를 하였다. 전인의 청동기에는 여성 노예주의 형상이 많이 표현되고 있어 모권 중심의 사회 면모를 반영한다.

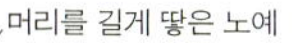


**직조하는 모습의 청동제 화폐 저장 용기**
방직 작업을 하는 장면이 주조되어 있는 화폐 저장 용기이다. 정중앙에 체격이 크고 온몸이 도금되어 있는 여자는 노예주이다. 이 외에도 각각 평민과 노예 신분인 여자 열일곱 명이 다섯 대의 방직기 주위를 둘러싸고 있는데, 어떤 이는 무릎을 꿇고 엎드려서 절을 하고 어떤 이는 물건을 바치고 또 어떤 사람은 방직기를 돌리고 있다. 전족의 평민과 노예들이 노예주의 감독 하에 방직 작업을 하고 있는 모습을 사실적으로 반영한다.

**묶인 포로 장식의 청동 창**
이 병기에는 머리를 풀어헤치고 고개를 늘어뜨린 채 나체로 매달려 있는 남성 둘이 장식되어 있는데, 그들은 전인에게 포로로 붙잡힌 전쟁 포로들이다. 전인이 청동기에 표현해 낸 전쟁 포로나 노예는 대부분 곤명인(昆明人)이었다. 전인은 항상 곤명인과 전쟁을 하였고, 역사서에 의하면 당시 곤명인의 신체적 특징은 바로 머리카락을 길게 땋은 것이었다 한다. 이들 전쟁 포로 중 일부는 제사의 희생물이 되어 이무기나 뱀, 또는 범과 표범의 먹이가 되었고, 또 어떤 이는 노예주를 위해 순장되었다.

# 군사 전략의 전환

진은 동쪽에 버티고 있던 제후의 섬멸을 목표로 전통적인 전차병과 신흥 기병을 다같이 중시했다. 한은 주변 민족들과의 전쟁이 빈번했고 주요 전장은 만리장성 이북이었다. 한은 다민족 통일의 국면을 공고히 하기 위해 국방 전략을 전에 없이 중요한 위치로 끌어올렸다. 특히 흉노와의 전쟁이 국방 전략의 중심을 차지하여 군대의 기능, 병종의 구성, 작전 방식 등을 모두 흉노와의 전쟁에 적합하도록 변화시켰다. 진나라가 전차병과 기병을 모두 중시한 데 비해 한은 기병을 주력으로 하였다. 본격적인 기병 시대가 시작된 것이다.

**기병을 키우다_** 한의 가장 주요한 공격 대상은 서북 지방에서 온 흉노의 기병 군대였다. 흉노는 초원 지형에 대해 꿰뚫고 있었으며 민첩하고 전술이 다양했다. 더욱이 그들은 기습이 성공하면 연속적으로 공격하였고 지면 신속하게 물러났다. 이러한 고도의 기동성과 폭발력 때문에 중원에서의 작전에 익숙해 있는 한의 군대로서는 대적하기가 쉽지 않았다.

서한 정부는 흉노에 맞서기 위해 문제 때부터 기병 부대를 만들기 시작했다. 한 무제 시기에 기병은 이미 군대의 주력이 되어 전쟁의 승패에 결정적 변수가 되었다. 지난날의 위풍당당하던 전차(戰車)는 운송 수단으로 물러나게 되었다. 흉노와의 전쟁이 점점 규모가 커짐에 따라 소형 전투에도 수만 명, 대형 전투에는 수십만 명의 군대를 출병시키게 되었다. 군단화(軍團化) 전쟁의 시대가 도래한 것이다.

**채색된 도제 기병**
이것은 한 고조 장릉의 배장묘에서 출토된 기병 인형으로 황실 기병의 모습을 하고 있다.

**죽음의 지대를 돌파_** 기병 시대의 도래는 한 무제의 대 흉노 전쟁에서 비롯되었다. 강대한 기병 군단을 가진 한흉(漢匈) 쌍방은 필사적으로 싸우며 기병의 전술을 최대한 발휘하였다. 특히 위청(衛青), 곽거병(霍去

**곽거병의 묘**
곽거병(기원전 140~기원전 117년)은 관직이 표기장군(驃騎將軍)에까지 올랐던 인물이다. 18세에 위청을 따라 흉노를 정벌하러 나간 이래 여섯 차례나 연이어 출격하였던 그는 하서(河西)의 회랑 지역과 서역 사이의 교통에 통달하게 되었다. 그는 사후에 한 무제의 무릉에 배장되었다. 봉토는 그가 정벌에 나섰던 기련산(祁連山)의 모습을 본떠서 지었고, 묘 앞에는 대형 입체 석각들이 진열되어 있다.

**채색된 목제 안장과 말**



황제의 나라

**석조(石彫) 기병**

이것은 한대 기병의 모습이다. 그들은 대부분 서북 한랭 지구에서 전쟁을 하여 술로 추위를 피해야 했기 때문에 술에 관련된 용구들을 갖추고 있었다.

**말이 흉노를 밟고 있는 모습**

말이 흉노를 밟고 있는 이 석조는 곽거병의 묘 앞에 있던 것이다. 한 무제가 곽거병이 흉노를 정벌한 공을 표창하기 위하여 세운 기념비이다.

病)이라는 걸출한 두 장군이 만든 전술은 기병전의 새로운 시대를 열었다. 한흉 전쟁은 주로 황야와 사막, 그리고 고산 밀림 지대에서 이루어졌지만 위청과 곽거병은 지형을 숙지하고 있는 변경 지대 주민과 한에 투항한 흉노인으로 하여금 길을 인도하게 하고 무제가 제공한 충분한 군량과 사료와 말을 공급하며 싸움에 임했다. 이로써 수십만 기병이 사막을 뛰어넘어 전쟁을 하는 꿈이 현실로 이루어졌다.

### 한군 기병의 전술 및 흉노와의 3대 전역(戰役)

| 전술 | 전역 | 전황 |
|---|---|---|
| ① 원정 기습 | 막남전역 | 위청이 기병을 이끌고 비밀리에 멀리 변경으로 가 700리를 잠행, 밤을 틈타 흉노 좌현왕(左賢王)의 주둔지를 포위하고 신속하게 공격함. 좌현왕은 겨우 목숨만 건진 채 황급히 도망가고 한군은 대승함. |
| ② 우회, 측면 공격 | 하서전역 | 곽거병이 군사를 이끌고 하란산을 넘고, 바단쟈린(巴丹吉林) 사막을 가로지르고, 거연해(居延海)를 지나고, 소월지(小月氏:고대 서역의 나라 이름－옮긴이 주)를 가로지르는 등 수천 리나 되는 길을 이리저리 돌고 종잡을 수 없는 행동을 하여 흉노로 하여금 그의 공격 목표를 판단할 수 없게 하였다. 그리고 마지막으로 갑자기 흉노의 북방에서 나타나 하서 지역의 흉노 부족들을 평정하였다. |
| ③ 쾌속, 연속 공격 | 막북회전 | 흉노가 우북평(右北平:금의 내몽골 자치구 영성 서남쪽), 정양(定襄:지금의 내몽골 허린걸)을 침입하자 한 무제는 위청, 곽거병을 파견하여 반격하였다. 곽거병은 흉노의 좌현왕과 갑자기 마주쳤는데 즉시 결단을 내려 공격했다. 좌현왕은 갑작스런 공격에 대응할 수 없었다. 곽거병은 7천 리를 거침없이 쳐들어가서 흉노의 안쪽 낭거서산(狼居胥山)까지 이르렀다. 좌현왕의 군대는 연속되는 타격에 의해 전군이 섬멸되었다. |

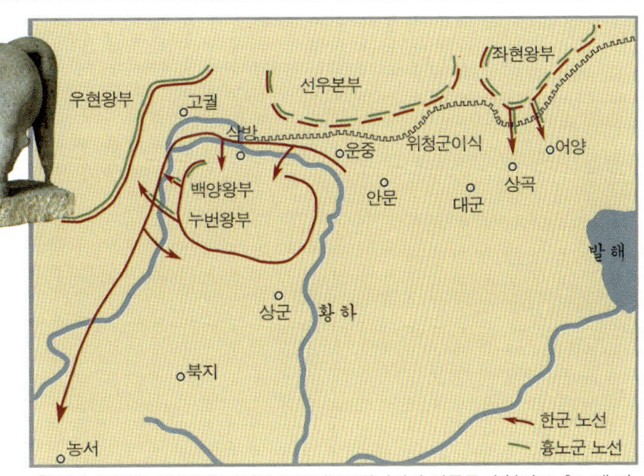


① 한흉 전쟁의 제1단계(기원전 127년)로 한나라가 하투를 수복하고 흉노에 반격할 병참기지를 건립했다.

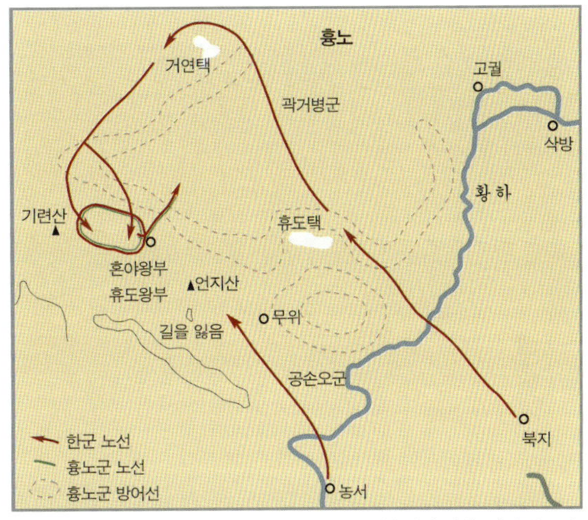


② 한흉 전쟁의 제2단계(기원전 121년)로 흉노를 서하 회랑 지대로 축출하고 서역으로 향하는 길을 열었다.

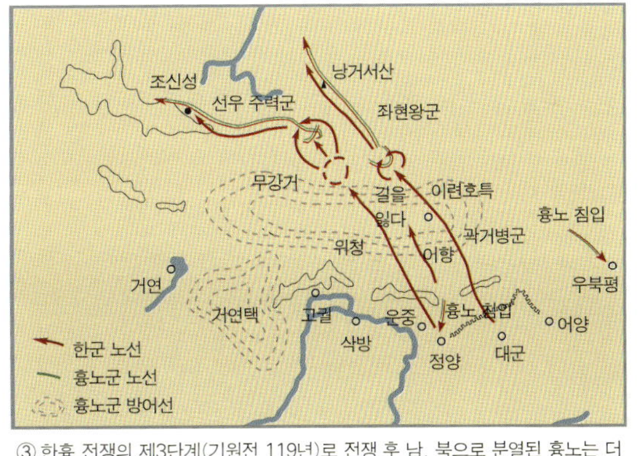


③ 한흉 전쟁의 제3단계(기원전 119년)로 전쟁 후 남, 북으로 분열된 흉노는 더 이상 한을 침입할 힘이 없었다.

# 모병제와 말 사육 정책

서한 초기, 각 제후국은 조정에 대해 어느 정도 독립성을 가지고 있었기 때문에 징병 제도는 제대로 이루어지지 못했다. 한 무제는 국방을 강화하고 흉노를 정벌하기 위하여 모병제(募兵制)를 추진, 토지를 잃은 농민과 용맹한 소수 민족 병사를 군대로 끌어들였다. 동한 시대에 이르러 모병제가 징병제를 완전히 대체하게 되며 지방 관리들도 병사를 모집하여 병권을 장악할 수 있게 되었다. 이는 궁극적으로 동한의 멸망을 초래했다. 한대에는 기병이 중시되어 말을 사육하는 데에 힘을 기울이고 말 번식을 위한 각종 정책을 제정하였다.

**모병제의 추세_** 서한 초에 실행한 군현 징병제는 호적 관리의 기반 위에서 탄생한 것이었다. 당시 20~26세의 남자는 모두 징병의 범위 안에 있었으며 복무 기간은 2년이었다. 그러나 한 왕조의 규정에 의하면 왕실 종친과 고관대작은 모두 병역 면제의 특권을 누렸고, 귀족 또한 돈으로 작위를 사서 병역을 면할 수 있었다. 따라서 병역제는 사실상 평민을 대상으로 한 것이었다.

한 무제 때 한흉 전쟁이 격렬해지자 징병제로는 더 이상 그 수요를 감당할 수가 없었다. 그래서 한 정부가 추진한 것이 바로 모병제였다. 토지 합병이 날로 심각해지자 많은 농민이 파산하고 고향을 떠나 모병(募兵) 자원이 되었다. 한 무제는 응모자에게 푸짐하게 상을 내려 주었다. 예컨대 기원전 119년 위청, 곽거병이 흉노를 대파하자 무제는 전군 장병에게 황금 50만을 상으로 주기도 하였다. 입대자는 계속 증가하였고 한은 출정할 군대를 전부 모병으로 충당할 수 있게 되었다. 그들에게는 상금이라는 자극제가 있었기 때문에 징집되어 온 사병들보다 더 적극적으로 전투에 임했다. 또한 한나라는 모병들 중에서 특히 용감하고 똑똑한 병사들을 골라 '용감사(勇敢士)', '분명(奔命)' 등의 특수부대를 만들기도 했다. 요즘의 결사대와



**방패를 든 보병**
서한 초기 보병의 형상으로 복장 및 장비가 진대(秦代)와 큰 변함이 없다.

**청동제 천마**
한은 전마의 품종을 매우 중시하였다. 우량종 말 한 필의 가치는 20만 전 정도였다. 한 무제는 특히 진귀한 마종(馬種)에 심취했다. 그는 이광리(李廣利)에게 명하여 4년 안에 두 차례 대원(大宛)에 원정하여 '천마(天馬)'라는 이름을 가진 한혈마(汗血馬)를 탈취해 오도록 했다. 기원전 102년 이광리는 6만의 기병과 소 10만 마리, 말 3만 필, 1만 필이 넘는 낙타와 노새, 그리고 거국적으로 모집한 후속 부대를 이끌고 대원으로 쳐들어가 실로 막대한 대가를 치르고 나서 한혈마 수십 필을 얻었다. 감숙 지방에서 출토된 이 청동 말은 한 무제가 어떤 대가를 치르더라도 얻고자 했던 그 천마의 형상을 재현한 것이다.

같은 그들은 돌발적인 변란에 대처하는 것을 주요 임무로 하였다. 동한에 이르면 징병제는 허물어지고 모병제가 국가의 군대를 조직하는 유일한 방식이 된다.

**마정의 실시**_ 좋은 품종의 전마를 다량으로 보유하는 것은 강대한 기병 군단의 전제 조건이다. 한 왕조의 황제는 모두 전마의 사육과 번식을 전쟁 준비에 꼭 필요한 사항으로 여기고 국방 전략에 포함시켰다. 그것이 바로 그 유명한 마정(馬政:말 사육 관련 정책-옮긴이 주)이다. 서한의 문제, 경제는 전마의 수를 늘리기 위한 각종 조치를 취하였고 정부는 민간에서 말을 기르도록 장려하였다. 전마 한 필을 기르면 세 사람의 병역을 면할 수 있게 하였다. 정부는 또 말 방목장 36곳을 만들었는데, 서북 지구에 분포되어 있던 이 목장들에서는 모두 30만 필의 전마가 사육되었다. 관리를 하는 전문 인원을 배치하고 엄격하게 보호하는 한편 키가 5척 9촌 이상인 말에 대해서는 출국을 엄금하여 적들에게로 유출되는 것을 막았다. 한 무제가 즉위할 당시에는 마정이 이미 큰 성과를 거두었다. 충분한 전마를 보유한 뒤에야 비로소 한은 강대한 기병 군단을 조직할 수 있었고 흉노와의 전쟁에서도 승리할 수 있었다.

**비단에 수놓은 위수 인물도**
이것은 감숙성 무위(武威)에서 출토된 것으로 한대 변방 군영에서 국경 지대를 지키고 있는 장면을 표현하였다. 영지에는 영문(營門)이 있고 주위에 방패와 창이 똑바로 세워져 있다. 군영(軍營) 한가운데 두 사람이 서 있는데 하나는 한인이고 또 하나는 소수민족 군리이다. 이는 장성 수비군 중 소수민족 군사가 상당한 비중을 차지하고 있었음을 증명해 주는 것이고, 또 한편으로는 군사와 백성이 공동으로 변방을 지켰음을 보여 주는 것이기도 하다.

**도제 지휘관**
이것은 한 고조 장릉의 배장묘인 주아부(周亞夫)의 부자묘(父子墓)에서 출토된 도용으로, 서한 초기 전쟁에 나가 싸우는 지휘관의 형상이다.

**금마**
장건(張騫)은 오손(烏孫)으로 가서 품종이 우량한 이리마(伊犁馬)를 구해 한 무제에게 바쳤다. 한 무제는 칭찬하며 '서극마(西極馬)'라는 이름을 내려 주었다. 한 무제 무릉에서 출토된 이 금마(金馬)는 중원에서 흔히 볼 수 있는 하투 마종이 아닌 이리 마종에 속하는 것이다. 아마도 한 무제 전용의 우량종 말이었을 것이다.





## 한군 속의 이병들

한 무제는 소수민족 전사를 입대시키는 것을 매우 중시하였다. 그는 "양군(兩軍)이 서로 겉과 속을 이루어 각자의 장기를 드러내는" 효과를 이루기를 바랬다. 한은 소수민족 병사를 '이병(夷兵)'이라 불렀다. 그들은 주로 북방의 흉노, 선비(鮮卑), 오환(烏桓), 저(氐), 강(羌), 서역 각국 및 남방의 백월과 서남이에서 온 군사들이었다. 이병은 대부분 변방에 주둔하며 국경 지대를 지켰기 때문에 '속국병(屬國兵)'이라 부르기도 했다. 일반적으로 그들의 전투력은 한인보다 강하였고 독특한 우세를 발휘할 수 있었다.

이것은 청동으로 주조한 이병의 형상으로 신강(新疆) 이리 지역에서 출토되었다. 이 일대는 서한 시기 서역도호부(西域都護府) 관할에 속해 있었다. 이 이병의 조형은 매우 용맹스러우며 옷차림이 한족 군인과 많이 다르다.

가장자리가 넓고 끝이 뾰족한 갈고리 모양의 모자

커다란 눈에 높은 코는 소수민족의 얼굴이다.

상의를 입지 않고 맨살을 드러내 놓고 있다.

치마를 입고 있다.

**청동제 이병**

# 장성 방어 시스템의 완비

진시황 때 쌓기 시작한 장성은 한 무제에 이르러 더욱 완벽해졌다. 변성(邊城), 요새, 봉화대 등의 시설을 증설함으로써 기병 시대의 전쟁에 대비하였다. 농업 경제구와 유목 민족구의 분계선에 위치한 장성은 농경 민족이 유목 민족의 공격에 대응하기 위하여 취한 전략적 방어 조치라 할 수 있다. 한은 모든 국력을 쏟아 흉노를 격파하기는 하였지만 장기적으로 사막 원정을 지탱해 낼 수는 없었다. 장성은 출정시에는 전진 기지로 삼고 방어시에는 진지의 최전방으로 삼을 수 있어 빠르고 기동적인 흉노 기병을 효과적으로 막을 수 있는 일석이조의 효과가 있었다.

**장성 축조와 흉노 격퇴**_ 한 무제는 장성 축조를 흉노 격퇴와 동시에 진행하여 토지 수복 상황에 따라 장성을 점차적으로 확대해 갔다. 땅을 더 차지하게 되면 그만큼의 장성을 또 축조하였다.

옥문관(玉門關)
장성의 구조
이 장성은 능수버들, 갈대, 모래, 자갈을 이용해 축조되었다.

**변성과 장새**_ 서한 시대에는 장성 라인을 따라 많은 보조 건축물들이 퍼져 있어 현지 국경 수비대와 이주민들이 모여 살 수 있는 터전이 되었다. 대표적인 예로 변성과 장새(障塞)가 있다.

변성은 변방 수비군이 주둔하여 지키는 곳으로 변방 장관의 통치 구역인 동시에 전체 장성 방어 시스템의 핵심이었다. 지금까지 장성에서 발견된 변성 유지(遺址)는 120곳에 달한다. 변성은 내성(內城)과 외성(外城)으로 이루어져 있고 총 면적은 일반적인 현성(縣城)보다 작다. 성벽의 평면은 '회(回)' 자 모양, 외성의 둘레는 1천 미터, 내성의 둘레는 200∼250미터이며 관서는 내성에 설치되어 있었다. 내성과 외성의 사이에는 위수군



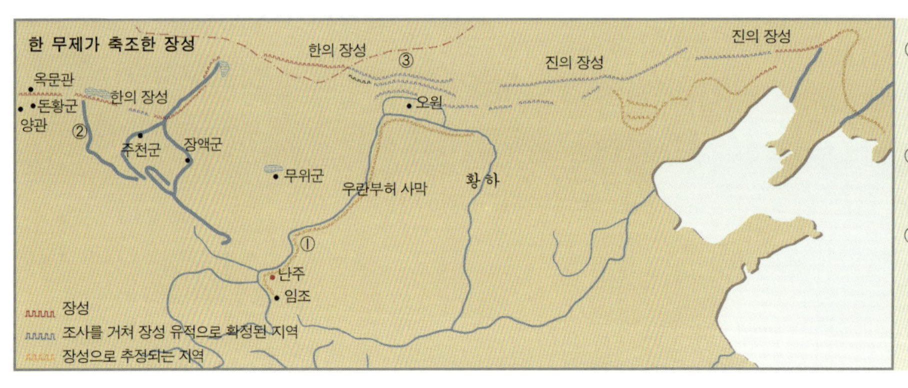

(衛戌軍)의 부대와 민가가 있었다.

장새는 변성에 주둔하여 국경을 지키는 최소 단위로 장위(障尉:장새의 장관)가 주둔하는 변방 수비 초소이다. 장성과 변성 사이에 있었고 규모는 변성보다 작다. 장새의 평면은 정사각형이고 둘레의 길이는 50~200미터로 각각 다르다. 벽의 높이는 3미터이며 옹성(甕城) 모양의 성문이 있다.

**봉화대**_ 전황을 알리는 경보 시설 봉화대는 장성 방어 시스템의 중요한 구성 요소였다. 봉화대는 일반적으로 시야가 넓게 트인 산봉우리나 초원 고지에 세워졌으며 때로는 장성 위에 직접 세우기도 하였다. 봉화대 사이의 거리는 3~5킬로미터였고 순차적으로 경보를 전달하였다.

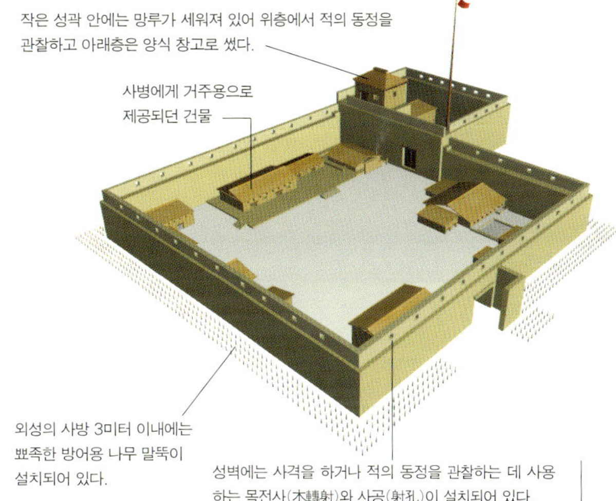


**무너진 장새의 복원도**
감숙성 액제(額濟)의 납하(納河) 부근의 장새이다. 거연(居延) 도위(都尉)가 소속된 갑거후관(甲渠候官)의 관리 구역에 있었다.

**감숙 돈황(敦煌) 봉화대 유적**
2천 년의 역사를 가지고 있는 이 한대의 봉화대는 계단, 입구의 문틀, 나무로 만든 지지대 등이 아직도 온전하게 보존되어 있다.

**목전사**

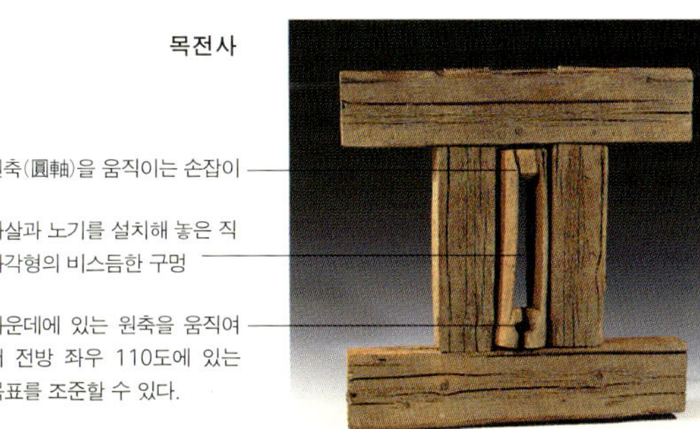




단단해지는 통일 대제국

## 변방 수비군의 시계

시계는 한대에 황실의 진귀한 물건이었다. 현재까지 발견된 것 중 두 개는 각각 한 무제와 서한 중산정왕의 수장품이고, 하나는 변방 수비군이 쓰던 것으로 내몽고 지구에서 출토되었다. 변방 수비군이 엄격한 시간 관념과 엄밀한 관리 제도를 가지고 있었다는 것을 알 수 있다.

**중양의 청동제 물시계**
중양(中陽)은 서하군에 속한 현이다. 덮개에는 네모난 구멍이 있고 나무 화살을 띄워 눈금을 가리키도록 했다.

# 변방으로의 이민과 둔전

변방의 평화를 확보하기 위하여 한은 일련의 국방력 증강 조치를 취하였다. 한 문제 때부터 내륙의 인구가 서북 변방으로 대거 이민하였다. 그중 규모가 가장 컸던 것은 무제 시대에 한군이 막 차지하게 된 지역으로 수십만 명의 사람들을 이민시킨 것이다. 그들은 일정한 군사 훈련을 받아 평상시에는 일반 백성이었지만 전시에는 모두 병사가 되었다. 변방의 주둔군이 수십만이었던 한대에는 내지에 의존하는 군수(軍需)의 공급이 큰 부담이었다. 이에 한 무제는 변방 수비군을 농업 생산에 투입하도록 명령하여 병참 공급의 어려움을 덜고자 하였다. 이를 둔전운동(屯田運動)이라고 한다. 이 두 가지의 변방 수비 전략은 변방의 안전을 보장하면서 동시에 경제 발전도 촉진시켰다.

**변방으로의 이민_** 한대에 내륙에서 변방으로 옮겨 정착한 이주민은 대체로 토지를 잃은 농민들이었다. 정부는 후하게 대우하면서 이민을 격려하고 그들의 거주 지역에 성읍과 방어 진지를 세워 변방 수비의 거점으로 삼았다. 그들을 군사 편제에 따라 관리했고, 현지의 주둔군이 군사 훈련을 시켜 "거주시에는 백성에게 활쏘

**수렵 도구**

이것은 갈대와 나무 꼬챙이로 만들어진 수렵 도구이다. 먼저 갈대로 단단히 원을 엮고 나무 꼬챙이를 원 안에 고정시켰다. 꼬챙이의 뾰족한 끝이 원의 중심을 향한다. 이 수렵 도구는 장성의 한 지역에서 출토되었는데, 이는 이민자와 둔전 군인에게 수렵 또한 주요 생산 방식이었음을 말해 주는 것이다.

**서한 시기 서북 지역의 군사 둔전**

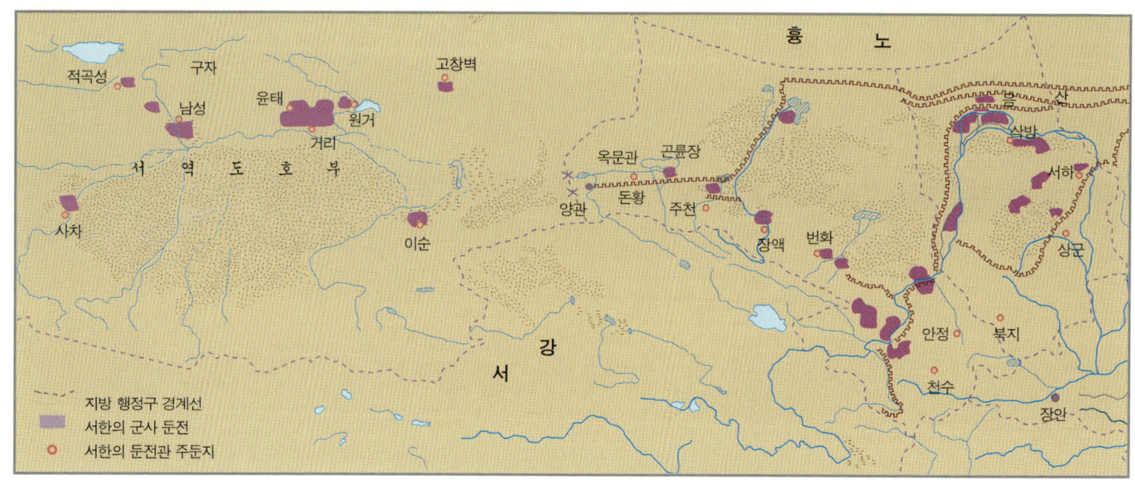

는 법을 익히게 했고 전쟁에 임해서는 적과 싸우는 법을 가르쳤다."

서북은 이민의 중점 지역이었는데, 이는 한이 흉노를 주요한 방어의 대상으로 삼았던 것과 관계가 있다. 한 무제 때에 한군이 흉노와의 전쟁에서 승리함에 따라 대규모 이민이 시작되었다. 하투를 수복한 뒤 한 무제는 백성을 모집하여 새로 설립한 삭방군(朔方郡)에 가서 살게 하였고 그후 다시 72만 명의 빈민을 농서, 북지(北地), 서지(西地) 등으로 이주시켰다. 이러한 이민 정책은 동한 말까지 계속되었다. 양한의 총 이민자 수는 120만 이상이었다. 이민은 중원의 농업 생산 기술과 생활 방식을 변방으로 가져가 그곳의 경제 발전과 민족 융합을 가속화시켰다.

**둔전**_ 둔전은 변방 수비군이 농업 생산에 종사함으로써 군비 공급의 부담을 완화하는 것이다. 서한은 변방 수비선이 매우 길었고 전쟁이 빈번했다. 그런데 군량과 사료의 공급은 주로 내륙에서 변방으로의 중계 운송에 의존하였기 때문에 도중에 소모되는 것이 상당했다. 내륙민들의 이주 후 생산된 식량이 군대에 공급되기도 하였지만 현지 주둔군의 수요를 충족하기에는 턱없이 부족했다. 따라서 한 무제는 기원전 112년 상군, 삭방, 서하, 하서의 4군에 농경지를 개척하고 60만 변방 수비

군이 이곳에서 농업 생산에 종사하도록 하였다. 한 왕조의 서역 통치가 날로 공고해짐에 따라 둔전의 범위도 남쪽 국경과 북쪽 국경으로 확대되었다. 서역도호부 설립 후 둔전의 사무는 도호(都護)의 관리로 돌아갔고 주둔군이 있는 거의 모든 지역에 둔전이 있었다.

**'류' 자가 새겨진 평기와**
요녕(遼寧) 조양시(朝陽市)에 있는 한대 유적에서는 '류(柳)' 자가 쓰여진 평기와가 대량으로 출토되었는데, 이는 서한의 변방이던 류성현(柳城縣)의 건축 유물이다. 막북대첩을 성공으로 이끈 후 한 무제는 70여만의 관동(關東) 빈민을 북서부와 북부로 이주시키고 현성을 설치하여 주민을 모여 살게 하였다. 류성현은 바로 그 이민구 가운데 한 현이다.

**감숙성 돈황의 대방반성(大方盤城)**
한대 둔전의 식량 창고이다.

# 변방의 관문과 우편 제도

한대에는 북방 장성의 주둔군과 둔전 외에 국방 전략 면에서 중요한 의미를 갖는 조치가 하나 더 있었다. 변방 수비 라인의 관리를 강화하기 위해 엄격한 관문 제도와 우편 제도를 확충한 것이 그것으로 이를 통해 한은 철통 같은 방위 시스템을 완성할 수 있었다. 한의 군사상 중대 변화는 빠른 기동력에 의한 급습을 주요 전술로 하는 기병대의 군단 작전이 주를 이루었다는 점이다. 따라서 최전방으로의 소식 전달, 그것을 위한 우편망 확보, 그리고 엄격한 공문서 관리 등이 더욱 중요해졌다.

**변방의 관문 제도**_ 한은 장성 라인에 관문을 만들고 검문 제도를 시행하였다. 관문은 여행자를 검사하여 행상(商旅)과 유민(流民)의 국경 출입을 통제하고 변방의 요지에 사람이 붐비는 것을 방지하는 역할을 하였으며, 또한 관세를 징수하기도 하였다.

행인은 관문을 왕래할 때 반드시 통행증을 제시해야 했다. 만약 통행증 없이 제멋대로 관문을 출입하다가 발각되면 호된 벌을 받았다. 이 외에도 행상은 관문을 통과할 때 반드시 관세를 납부해야 했으며 세율은 화물 가치의 10퍼센트였지만 실제로 징수를 할 때는 왕왕 규정 세율을 초과하곤 했다.

**우편 제도와 역참**_ 진은 6국을 통일하고 전국에 우편 네트워크 및 그에 관한 법규를 만들었다. 한은 진의 제도를 계승하여 변방의 네트워크를 강화하였으며 많은 역참을 세워 변방과 내륙의 연계를 더욱 긴밀히 했다. 우편 네트워크는 교통에 있어서 역참으로 연결되었다. 내륙의 역참 간 거리는 일반적으로 30리였다. 변방의 역참은 주로 군사적 목적을 위한 것이었고 군사 문서를 전달하는 중간 역이었다. 지형과 군사적 수요에 근거하여 만들다 보니 역참의 거리가 내륙보다 좀 길어

**돈황군 효곡(效谷)의 현천치**
현천치(懸泉置)는 하서회랑(河西回廊) 안서현(安西縣)과 돈황군(敦煌郡) 사이의 중요한 역참으로, 등급이 비교적 높은 역참이었다. 22,500제곱미터의 면적을 차지하고 있으며 수레를 끄는 전마와 사람이 타는 역마(驛馬) 36필이 규정대로 갖추어져 있었고, 또 전문적으로 수레를 모는 마부와 문서를 전송하는 집배원도 있었다. 현천치의 최고 책임자는 치승(置丞)이었고, 이하 각급 관원은 각각 치(置) 내의 숙식 접대, 가축 사육, 재물 조사 등의 업무를 관리하였다. 현천치의 주요 기능은 고급 관원과 외교 사절 및 오가는 상인들을 접대하고 조서와 공문을 전달하는 것이었다. 기록에 의하면 이곳에서 서역 누란(樓蘭)의 왕과 그의 수행원 200명을 접대했던 적도 있다고 한다.

30~50리 정도로 일정치 않았다.

역참은 전사(傳舍)와 치역(置驛) 두 종류로 나뉘었다. 전사는 일반 행상과 행인이 쉬고 묵어 갈 수 있는 곳, 치역은 고급 관원을 접대하는 곳이었다. 교통 수단과 숙식 접대 면에 있어 엄격한 등급의 제한이 있었다. 한



황제의 나라

의 법률에는 "네 필의 훌륭한 말이 끄는 마차를 치전(置傳)이라 하고, 그저그런 말이 끄는 마차를 치전(馳傳)이라 하며, 좋지 않은 말이 끄는 마차를 승전(乘傳)이라 하고, 한 필이나 두 필이 끄는 것은 초전(軺傳)이라 한다."고 규정하고 있다. 마차의 배치가 관원의 신분과 우편물의 등급에 따라 정해진 것이다. 이 외에 역참에는 또 전문적으로 우송 업무를 책임지는 우편 배달부가 배치되어 있어 단거리의 문서를 전달했다.

한대 옥문관의 유적

**변방의 공문서_** 장성 라인에 있는 관문과 역참, 변성, 장새에는 모두 엄격한 공문서 관리 제도가 있었다. 지금까지 이 일대에서 출토된 1만 개나 되는 한대의 간독(簡牘)은 대부분이 업무용 공문서 등이고 소수의 개인 우편물도 있다. 이는 한대의 역사 연구에 귀중한 자료가 된다.

**전방 병사를 위문하러 가던 사자의 비용 내역**
서한 시대의 이 간책(簡冊)에는 변방 수비 병사들을 위문하고자 조정에서 파견된 사신(使者)의 식사 비용이 기재되어 있다.

**장액 지역 도위의 출입증**
선진 시대의 부절(符節)은 동이나 나무로 만들었는데 한대에 들어서는 비단으로 만들었다. 붉은 비단으로 만든 이 부절은 감숙 거연 견수금관(肩水金關) 유적에서 출토되었다. 부절에는 매달 때 사용하는 매듭이 묶여 있고 정면에 전서체 글씨로 "장액도위계신(張掖都尉棨信)"이라고 쓰여 있어 이 물건이 한 왕조의 고급 관원의 전용 깃발이었음을 설명해 준다.



## 우편물의 보안 처리

고대의 간독은 끈으로 꿰어서 이었다. 남이 훔쳐보는 것을 방지하기 위하여 통상 끈을 묶은 곳에 진흙을 발라 봉하고 다시 진흙 위에 도장을 찍으니, 이를 봉니라 했다. 이는 전국 시대 이래 우편물을 봉함하던 방법으로 오늘날의 봉랍(封蠟)과 비슷하다. 이 봉니는 소나무로 오목한 모양(凹)의 통을 만들고 여섯 가닥의 삼끈으로 묶은 후 뒷면에 매듭을 지었다. 삼끈 위에는 붉은 갈색이 나는 부드러운 특제 진흙으로 봉함을 하고

봉니

그 위에 '거연우위(居延右尉)'라는 도장을 찍었다. 봉니가 출토되었을 때 본래의 죽간 서신은 이미 존재하지 않았으나 봉니를 뜯을 때 매듭을 자른 흔적은 매우 뚜렷했다. 누군가 우편물을 받고서 버린 것이다.

# 사절의 시대

한대의 사절 장건이 개척한, 유라시아를 가로지르는 실크로드는 세계 역사상 일대 기적이다. 각국의 사절들이 빈번하게 왕래하며 상인, 승려, 선교사의 교류를 촉진시켰고 마침내는 동서양을 잇는 꿈이 실현된 것이다. 중국, 인도, 로마, 그리스 등 서로 다른 특색을 가진 문명들이 실크로드를 통해서 어우러지고 전파되었다. 특히 서역에서는 이러한 교류가 더욱 많아 동서 문화의 특색을 고루 갖춘 독특한 서역 문화가 탄생되었다. 세계 문명을 하나의 길로 연결한 실크로드는 세계를 인식하는 중국인의 시아를 더욱 넓혔고 세계 역사의 발전에도 엄청난 영향을 미쳤다.

**신비한 서역**_ 서한 초기 서역(西域)*은 36국으로 나뉘어 사막의 오아시스와 분지 등에 분포되어 있었다. 가장 큰 나라는 오손으로 인구 63만 명을 보유했다고 알려져 있으며, 그 다음은 40만 명을 보유했던 대월지(大月氏)였다. 그 밖에는 모두 인구가 수만 명에서 수천 명에 이르는 작은 나라들이었고, 가장 작은 나라는 600여 명 인구의 의내국(依耐國)이었다. 서역 여러 나라는 모두 농업과 목축업에 종사했고, 물과 풀이 있는 곳을

**그리스 신상(神像)의 일부**
신강의 동한묘(東漢墓)에서 출토된 이 모직 천에는 말을 타고 있는 한 사람의 모습이 수놓여 있다. 이것은 여전히 수수께끼로 남아 있는데, 어떤 사람은 알렉산더 대왕이라 추측하기도 하고 또 어떤 사람은 그리스 신화에 나오는 사람 머리에 말의 다리를 가진 켄타우로스의 초상화라 하기도 한다. 또 어떤 사람은 기원전 11세기 바빌론의 사수자리에서 기원한 것이라 하기도 한다.

쫓아 다니며 살았다. 서한 초기 흉노가 몽골 초원에서 서역으로 침범해 와 그곳의 패주(覇主)가 되자 서역의 작은 나라들은 매년 흉노에게 공물을 바쳐야 했다.

**장건의 사명**_ 흉노가 서역을 침략하여 소란을 피우더니 서역의 강국 대월지와 오손을 잇달아 격파하였다. 이에 대월지는 서아시아로 옮겨 가게 되었다. 한 무제는 함께 흉노를 토벌할 동맹군을 찾기 위하여 서역에 두 차례나 사신을 파견했다. 사신 장건은 1차 출국시

**장건이 서역으로 가는 모습을 그린 벽화**
돈황의 벽화에는 한 무제가 장건을 서역에 사신으로 파견하는 장면과 대하국(大夏國)의 모습이 그려져 있다.

**서아시아식 디자인의 양탄자**
나뭇잎 무늬가 있는 이 모직 안장은 말의 안장에 사용한 양탄자로, 서역에서 제조된 것이다. 서아시아풍을 갖추고 있어 색채가 선명하고 아름다우며, 신강의 화전(和聞) 일대에서 유행한 스타일이다.



황제의 나라

13년이라는 시간 동안 갖은 어려움을 겪은 뒤 중앙아시아에서 대월지라는 나라를 찾아냈다. 하지만 월지의 왕은 동쪽으로 돌아가 흉노와 싸우기를 원치 않았고 장건은 소기의 성과를 거두지 못했다. 하지만 장건은 서역에 관한 지식을 가지고 돌아와서 중국인의 시야를 크게 열어 주었다. 후에 장건은 2차로 출국하여 오손 왕에게 동쪽으로 돌아올 것을 권유하였지만 역시 성공하지 못하였다. 하지만 오손은 수십 명의 사자들로 하여금 장건을 따라 장안으로 가게 하였고, 이때부터 양국의 외교가 시작되었다.

**서역 관리_** 한 무제가 흉노를 공격한 후 흉노의 세력은 점차 서역에서 물러나기 시작했다. 한 선제는 서역에 대한 제어를 강화하기 위하여 기원전 60년에 서역도호부를 설치하여 서역을 관리하는 행정 기구로 삼았다. 한의 황제는 서역 각국의 국왕을 책봉하고 관리에게 인수(印綬:인과 인끈. 벼슬아치로 임명되어 임금으로부터 받는 표장-옮긴이 주)를 하사하였으며, 군대 파견과 양식 징발의 권한을 가졌다. 한은 그곳의 둔전에서 농지를 개척하고, 아울러 장안에서 중앙아시아로 향하는 길이 잘 통하도록 보위하였다.

**실크로드에서 활약한 사절_** 장건이 서역에 파견된 후 한의 사절단이 끊임없이 여러 나라들을 방문하여 외교, 통상 관계를 수립하고자 했다. 한이 파견한 사절단은 많으면 1년에 10여 회 적으면 5~6회로 서역 각지에 모두 미쳤다. 매 사절단마다 수만 마리의 소와 양과 거액의 값어

**페르시아풍 채색 무늬가 있는 비단**
이것은 한의 관영 방직 공장에서 서아시아 지역에 수출을 하기 위해 직조한 비단이다. 이러한 금수 무늬 도안은 페르시아에서 널리 유행하던 스타일이다.

**로마제 유리병**
서기 97년 동한은 감영(甘英)을 로마 사신으로 파견하였는데 도중에 돌아왔고 서기 100년에는 로마의 안토니 왕조가 사절을 파견하여 한을 방문하였다. 그들은 낙양에 도착하여 한 화제(和帝)에게 선물을 주었다. 화제는 사절에게 최고의 영예인 자줏빛 인수와 금 도장을 상으로 내려 주었다. 이때부터 로마와 한은 정식으로 통상 관계를 맺게 되었다. 하남(河南) 낙양의 동한 귀족묘에서 출토된 이 유리병은 로마에서 만든 제품으로, 로마와 한이 국교를 맺던 시기에 낙양에 들어왔을 것으로 보인다.

치가 나가는 금화, 비단을 가지고 갔는데, 그중에서 비단은 사절을 따라 서역으로 들어가 멀리 지중해에까지 이르러 세계적인 인기 상품이 되었다. 로마 황실에서 경쟁적으로 중국 비단을 구할 정도였다. 이밖에 안식(安息:페르시아), 신독(身毒:인도), 조지(條支:이라크), 대진(大秦:로마) 등의 진기한 보물과 가무, 기예, 민속이 중국에 전해져 한 왕조에 한바탕 '호선풍(胡旋風)'을 몰고 왔다.

**페르시아풍의 은 두**
세 마리의 희생이 조각된 손잡이와 줄지어진 꽃잎 무늬가 있는 이 은제 두(豆)는 서한의 제왕 유양(劉襄)의 묘에 있던 수장품이다. 원래는 페르시아 제국 아케메네스 왕조의 귀족들 사이에서 유행한 은으로 만든 환약합(盒)이며, 기원전 2세기에 한에 흘러 들어왔다. 아마도 정부 간에 선사한 선물이었을 것이다.

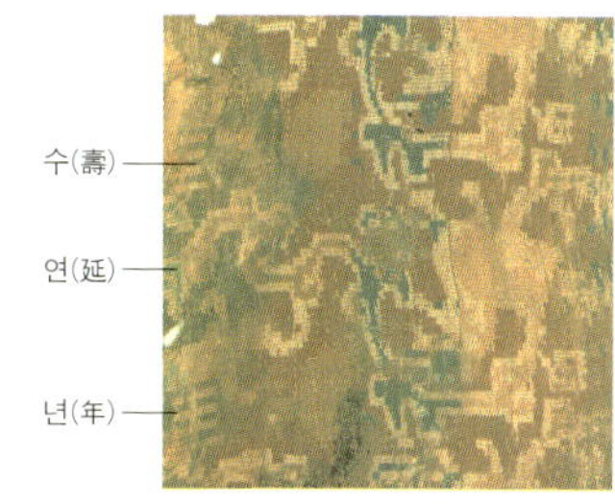


**'수연년' 비단**
서역의 풍격이 농후한 이 도안에는 '수연년(壽延年)'이라는 길상어가 장식되어 있어 중서 문화의 융합을 보여 준다.

*서역 : 옥문관, 양관(陽關) 이서(以西) 지구의 통칭. 작게는 총령 이동(以東) 지구를 말하지만 넓게는 총령 이서와 아시아대륙의 서부, 그리고 유럽대륙 동부를 포괄하여 가리키는 말이다.

# 사막 속에 사라져 간 신비의 왕국

**니아하의 옛 다리**
물이 말라 버린 니아하의 강바닥에는 기슭으로 난 나무 다리의 흔적이 남아 있다. 당시 정절국 사람은 이 다리로 세차게 흐르는 니아하를 건넜던 것이다.

**귀족의 비단 양말**
이 비단 양말의 도안은 옛 페르시아 풍이다. 거기에는 "오래도록 장수하고 자손 대대로 화목하다(延年益壽大宜子孫)."라는 뜻의 한문이 쓰여 있다. 중원에서 외국에 팔기 위해 직조한 비단 제품이다.

**구름 무늬를 수놓은 향 주머니**
여성이 쓰던 이 향(香) 주머니는 꼼꼼하게 잘 만들어졌는데, 중원에서는 극히 보기 드문 것이다.

한대에 서역에는 36개의 크고 작은 도시 국가가 사막의 오아시스에 분포되어 있었다. 서역도호부가 설립된 후 이들 사막의 도시 국가는 한의 관할 하에 들어오게 되었다. 그리고 전란과 사막의 침식으로 인하여 모두 사막 속에 묻혀 소리없이 자취를 감추었다. 19세기 말 서양의 고고학자가 타클라마칸 사막 깊은 곳 신강 니아하(尼雅河) 유역에 위치한 고성(古城)의 폐허를 발견하고 니아 유적이라고 이름 지었다. 근 50년 동안 중국의 고고학자들은 끊임없는 발굴을 통해 마침내 고성의 면모를 밝혀 내었고, 그것이 한 왕조 당시 서역 도시 국가 중 하나인 정절국(精絕國)의 도성 유지임을 확인했다. 『한서』 서역전(西域傳)의 기록에 의하면 정절국은 서역의 소국으로 주민은 480호(戶)에 민간인 3천여 명과 군인 500명이 있었다고 한다. 한은 서역도호부를 설치한 후 그곳에 도위 한 명을 두어 행정 장관으로 삼고 장군 두 명과 역장(譯長) 한 명도 두어 군사 관리 기구를 구성하였다. 정절국은 실크로드 남도(南道)의 중요 대로(大路)이자 상업 도시였다. 그런데 서기 5세기 토곡혼(吐谷渾) 사람들이 이곳을 점령한 후 전란이 여러 해 계속되어 경제가 무너지고 니아하의 수원(水源)이 끊겨 사막화가 심각해졌다. 그렇게

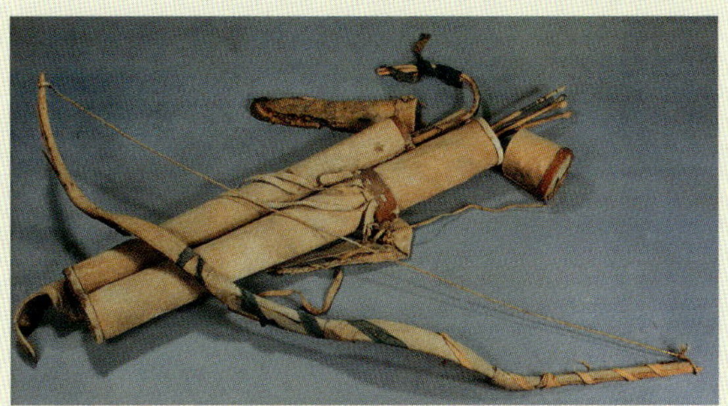

## 활과 화살

활과 화살은 정절국 사람들이 자부심을 느끼던 무기로, 정교하게 잘 만들어져 튼튼하고 오래 가며 사막에서의 전쟁과 수렵 중에 엄청난 위력을 발휘했다. 니아에서 발견된 무덤 가운데 남자는 대부분 활과 화살을 수장하고 있는 것으로 보아 그들이 유목 민족의 풍습을 가지고 있었음을 알 수 있다.

되자 정절인(精絶人)은 삶의 터전을 버리고 동쪽으로 이동했다. 서기 7세기 당현장(唐玄奘)이 불경을 가지러 서쪽으로 가며 지나갈 때 이곳은 이미 황무지였다.

## 왕실용 도자기 단지

이것은 불에 구워 만든 단지(陶罐)이다. 단지에 '왕(王)' 자가 있는 것으로 보아 정절국 왕실의 용품이었을 것이라 짐작된다. 정절국에는 전문적으로 도자기를 제조하는 작업장이 있었고, 생산된 물건은 왕실과 귀족에게 제공되었다. 일반 평민은 나무 사발(木碗)과 나무 동이(木盆)를 사용하였다. 도기는 비교적 고급에 속하는 것이었다.

## 귀족 부부의 합장묘

남녀 묘 주인은 몸에 남색과 흰색 꽃 무늬가 있는 비단 이불을 덮고, 비단옷에 비단 바지를 입고 발에는 수놓은 신발을 신고 있다. 발 옆에는 도제 합(陶盒)과 단지(陶罐) 등의 생활 용품이 수장되어 있다. 무덤을 자세히 분석해 보면 정절국은 남녀의 지위가 평등한 사회였던 것 같다. 남자는 바깥일을 주관하여 말타기와 사냥을 하고 여자는 집안일을 맡아 작물을 심고 천을 짰다. 이 외에도 묘에는 비단 제품 20여 점이 더 있었는데 모두 내륙에서 직조한 후 서역에 가져온 것들이다.

## 정절국의 유적

정절국은 니아하 주변에 세워져 있었고, 곤륜산(昆崙山)의 눈 녹은 물이 이 일대 사막의 오아시스를 윤택하게 하였다. 한대에 이곳에는 초목이 무성하고 소와 양이 무리를 이루고 있었다. 고고학의 발굴을 통해 니아하 양안에 사찰, 관청, 주택, 농원 등의 유적이 분포되어 있음이 실증되었다. 니아 유적 사방 5리에 있는 모래땅에서는 1000여 곳의 가옥 유적이 발견되었는데, 일반적으로 가옥의 면적은 30~50제곱미터이다. 가옥 옆에는 면적이 10~20제곱미터가 되는 가축 우리가 하나 딸려 있고 집 둘레에는 과수원이 있다. 주택은 모두 백양나무로 들보를 만들고 사방에 진흙과 풀을 다져 담을 만들어 모래바람을 막고 더위와 추위를 막았다. 오늘날에도 신강 사막에는 이러한 가옥이 여전히 존재하고 있다.

# 다원화된 번영 사회

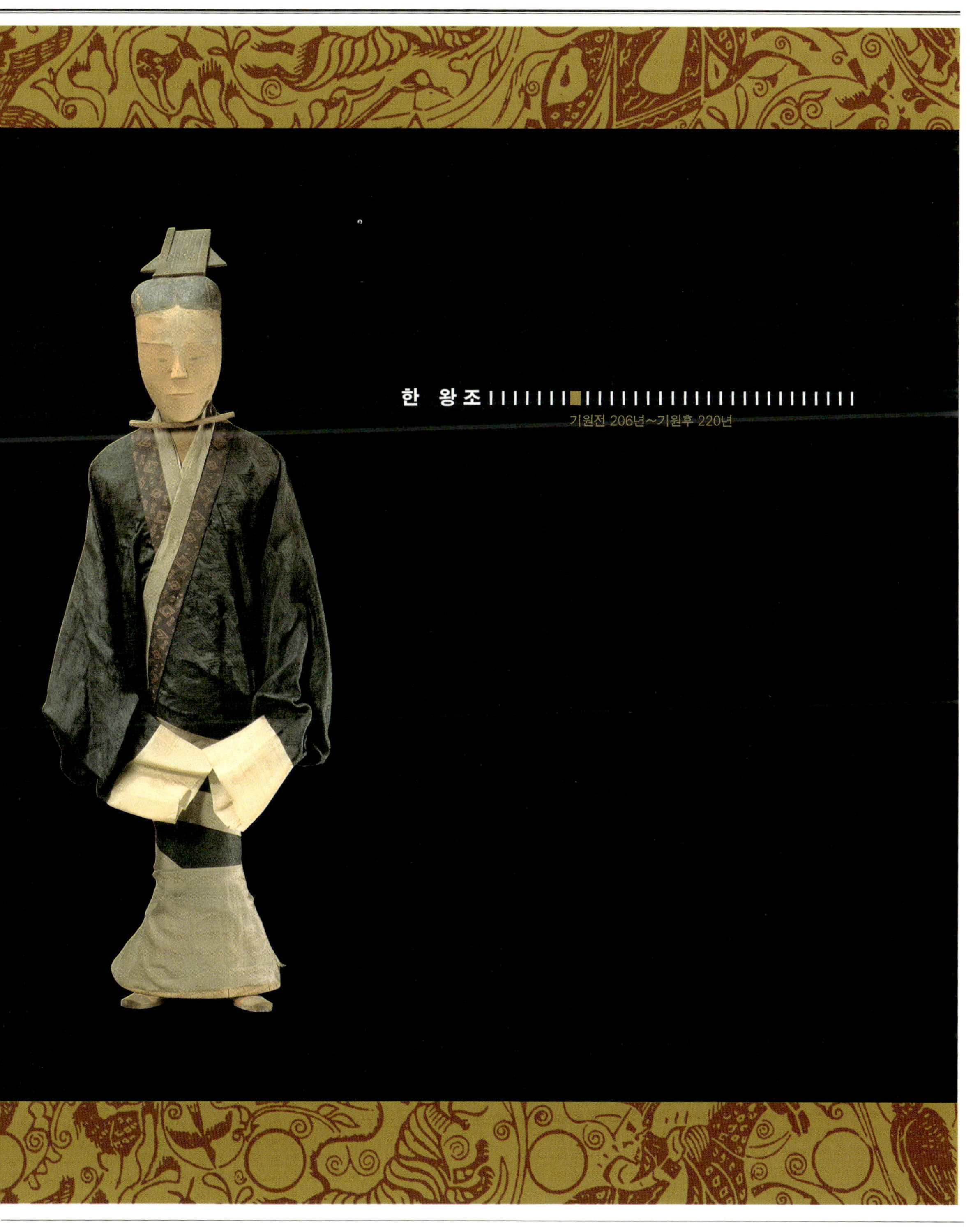

한 왕조ⅠⅠⅠⅠⅠⅠⅠ■ⅠⅠⅠⅠⅠⅠⅠⅠⅠⅠⅠⅠⅠⅠⅠⅠⅠⅠⅠⅠⅠⅠⅠ
기원전 206년~기원후 220년

# 번영하는 상업 도시

점차 공고해지는 통일적 정치 체제 하에서 한의 국토는 전보다 크게 늘어났다. 군현 체제의 강화와 지역 경제의 발전으로 전국의 관할은 분명해졌고, 행정 구역으로 범위를 나누는 정치 중심 도시를 형성하였다. 예컨대 제도(帝都)—군성(郡城)—현성 등으로 이어지는 일련의 도시 시스템은 상업 발전의 중요한 기반이 되었다. 그러나 지방 중소 도시는 특유의 폐쇄성도 유지하고 있었다. 특히 동한 시대의 실력 있는 귀족들은 자급자족적 성격의 장원(莊園) 경제를 일으켰는데, 이는 도시가 발전하는 데 제약이 되었다. 따라서 한의 전국적 도시 시스템은 동한 초기에 최고봉에 이른 후 점차 그 발전이 더디어졌다고 볼 수 있다.

**전국적 도시 시스템**_ 한대 이전 중국에서 교통 노선이 개발, 유지되었던 것은 모두 정치, 군사적 수요 때문이었다. 진시황이 대대적으로 건설한 함양을 중심으로 한 전국의 육로와 수로 교통망은 한 정부에 의해 충분히 활용되었으며, 그 기능도 군사 도로에서 상업 도로로 바뀌어 전국의 상업 발전을 촉진시켰다.

교통 라인을 따라 크게 번영한 상업 도시들이 생겨났다. 서한의 무제 시기에 군과 현 두 급의 통치 구역에는 모두 도시가 건설되었다. 동한에 이르러 군과 제후국의 통치 구역에는 500개의 도시가 있었고 현급 도시

는 1,800개에 달했다. 도시 인구도 급격히 증가하여 장안의 무릉현(茂陵縣)에는 주민이 28만 명 가까이 있었다. 한대에 중국 도시 체계의 기본이 형성되었으며 청대(淸代)에

**돈 나무**
동한 시대 서남 지구에서는 사람이 죽은 뒤 돈 나무[搖錢樹]를 수장하는 것이 유행하였다. 나무는 도자기 받침과 동으로 주조한 나무 줄기로 이루어져 있는데, 한대 사람들의 상업 의식과 돈을 벌기를 바라는 소원을 두루 잘 표현하고 있다.

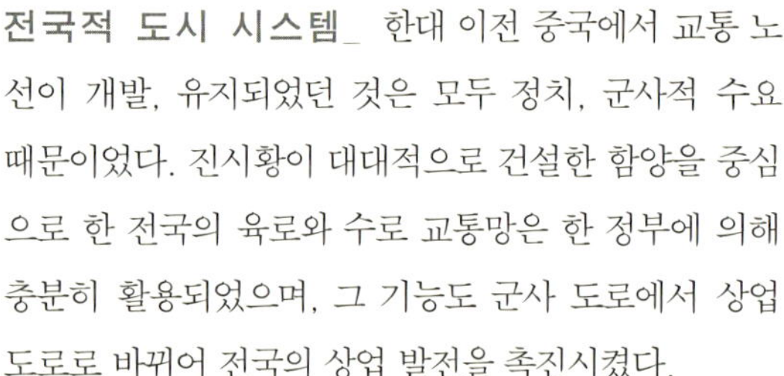

**바쁘게 일하는 상인의 모습을 새긴 돌**

무기를 들고 정자[亭]를 지키는 무사

정자의 문

**도제 누정**
누정(樓亭)은 시장의 중심에 위치해 있었다

**사천 지방 촉군(蜀郡)의 소형 시장**

도시의 시장은 정부가 관리했다. 각 대도시는 상업적 규모에 따라 몇 개의 시장이 설치되었다. 장안에는 아홉 개의 시장이 있었고 일반 중형 도시에는 두세 개의 시장이 있었으며 소형 도시에는 한 개가 설치되었다.

① 정부가 관리하기 편하도록 시장에는 반드시 담을 쌓았다.
② 시장에는 고정된 영업 시간이 있어 매일 정해진 시간에 시장 문을 열고 닫았다.
③ 누정의 북을 울려서 시간을 알렸다. 정자의 사방에 각각 길을 내서 시장을 네 개의 거래 구역으로 나누었다.
④ 가게 앞은 긴 복도식[長廊式]으로 되어 있었다. 일반적으로 상품의 종류에 따라 집중 배열했기 때문에 질서정연했다. 예컨대 장안과 낙양의 시장에는 주류 시장[酒市]이 있었으니, 즉 술집의 집중지였다.
⑤ 점포 부근에는 상인들이 거주하는 집이 있었다.
⑥ 가게에서 파는 상품은 반드시 가격을 명시하여 정부의 감찰을 편리하게 했다.
⑦ 상인은 반드시 본 시(市)의 거주권과 영업증을 취득해야만 시적(市籍)에 들어가 합법적으로 장사를 할 수 있었다. 서한의 시장 세금(市稅)은 이윤의 10퍼센트였고, 세수는 황실 또는 군현 정부에 납부했다.

이르기까지 여기에서 큰 변화는 없었다.

**세상에서 제일 부유한 상업 도시_** 각지의 경제 발전 및 자연 환경, 그리고 자원의 차이로 인하여 중국의 도시는 고르게 분포되지 못하였다. 도시는 주로 황하 중·하류에 집중되었고 그후 양자강 유역으로 발전하여 상업 활동이 왕성한 10개의 대경제 구역을 형성하였다. 각 구역에서 개발한 자원은 각각의 특색이 있었고 농업, 수공업, 목축업을 병행하는 국면이 나타났다.

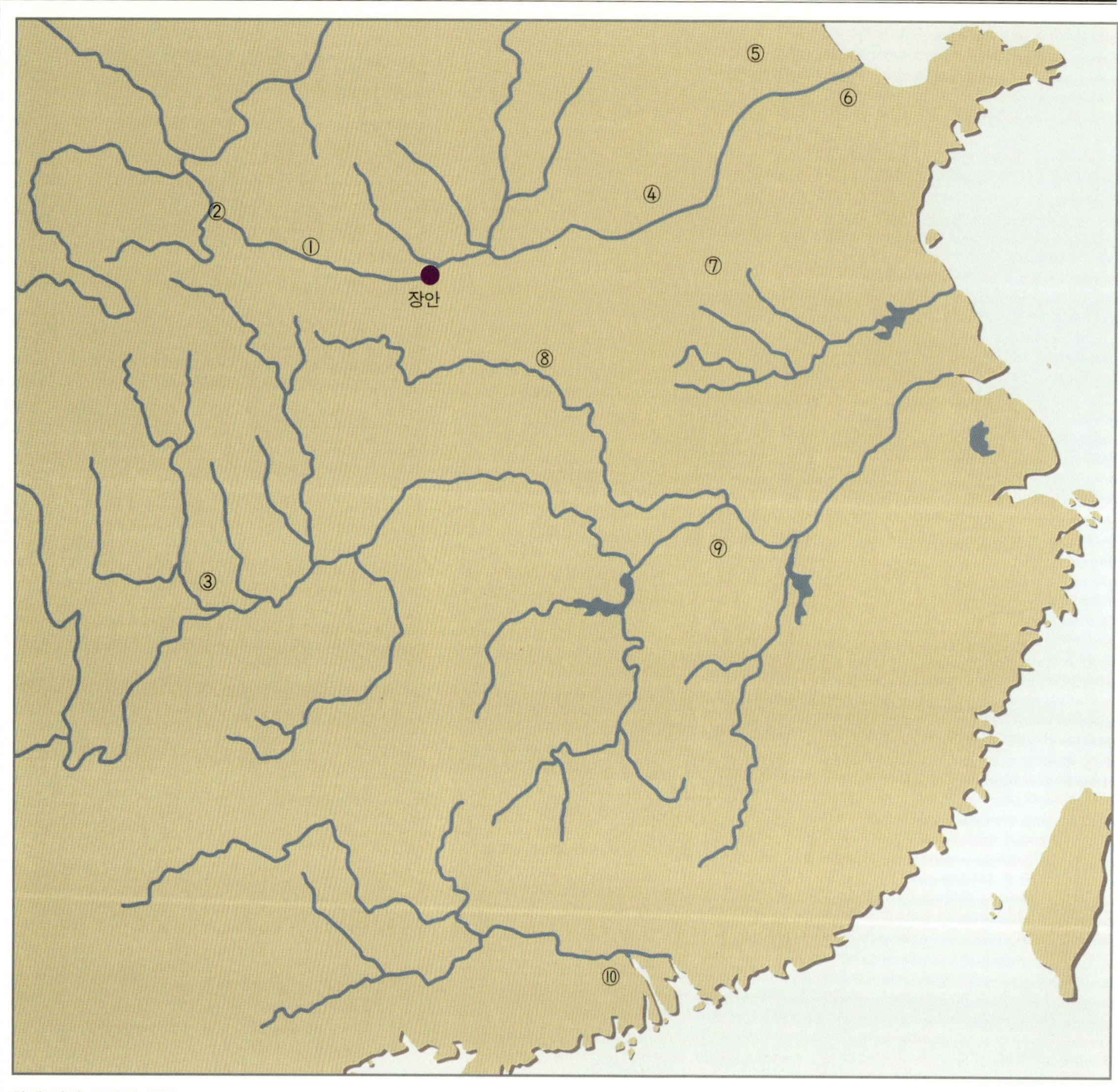


## 한대 경제 구역의 분포

| 경제 구역 | 군/지구 | 지리적 위치와 경제적 특징 |
|---|---|---|
| ① 관중 지구 | 장안 | 땅이 기름진 농업 지역으로 상업의 번성이 당시 중국 내에서 으뜸이었다. |
| ② 농우(隴右) 지구 | 천수, 농서 | 관중으로 통하는 교통의 요지로 소, 말, 양이 많이 나는 목축 지역이다. |
| ③ 파촉 지구 | 성도(成都) | 서남쪽의 풍요로운 땅으로 동, 철, 대나무 칠기[竹木漆器]가 많이 나고 견직물이 유명하다. |
| ④ 삼하(三河) 지구 | 하동, 하내, 하남 | 상, 주의 정치 중심지. 농업이 발달하여 당시 중국에서 농업 생산량이 가장 많은 지역이었다. 수공업 기술이 앞서 있었고 야철업은 중국에서 최고였다. |
| ⑤ 연조(燕趙) 지구 | 한단, 연 | 농업과 목축업을 병행하며 근해 지역은 염업과 어업이 발달하였다. |
| ⑥ 제로(齊魯) 지구 | 임치(臨淄) | 농업 생산이 풍부했다. 야철, 견직물, 염(鹽), 어업 등이 전 중국 내에서 유명했다. |
| ⑦ 양송(梁宋) 지구 | 도(陶), | 도는 상업이 발달했으며 견직물과 마직물의 유명 산지이기도 했다. |
| | 수양(雎陽) | 수양은 농산품의 집산지였다. |
| ⑧ 영천 남양(南陽) 지구 | 영천(潁川), 완(宛) | 상품의 집산지였다. |
| ⑨ 초(楚) 지구 | 강릉(江陵), 오(吳) | 장강과 회하 유역에 위치하여, 예로부터 어미지향(魚米之鄉)이라 불리던 곳이다. |
| | 수춘(壽春), 합비(合肥) | 조선업, 견직물 제조업, 야철업이 발달했고 생선, 소금, 동의 집산지였다. |
| ⑩ 남월 지구 | 번우 | 대외 무역의 중요 항구이자 집산지였다. |

**변방의 현성, 영현**
한대의 상곡군(上谷郡) 영현(寧縣)은 흉노의 남침을 막기 위하여 설립한 현성이었다. 벽화를 보면 영현은 번화한 변방의 소성(小城)이나 내륙의 현성과 같은 성벽, 성문, 거리, 시장, 관청 등의 건축물을 모두 갖추고 있지는 않았음을 알 수 있다.

**돈으로 팔자 고친 상인**_ 진대에는 농업을 중시하고 상업을 억제하는 중농억상(重農抑商) 정책으로 상인의 사회적 지위가 매우 낮아서 심지어 정규군에 참가할 자격조차 없을 정도였다. 한 왕조는 상업에 유리한 방임 정책을 취하여 상업의 발전을 촉진시켰다. 그리고 서한 중기에 이르러서는 "가난하면 부를 추구하라. 농사꾼은 장인보다 못하고 장인은 상인보다 못하다."는 풍조가 생겨나기 시작했다. 사람들은 앞다투어 장사에 뛰어들었고 속속 부상(富商)들도 생겨났다. "천하가 평화로운 것은 모두 이익이 생겼기 때문이고 천하가 어지러운 것은 모두 이익이 나가 버렸기 때문이다."라는 말이 상인들의 좌우명이었다.

반대로 농업은 농공상(農工商) 중에서 가장 보잘것없는 직업으로 간주되었다. 한편 진대부터 존재했던 군공(軍功) 귀족을 존중하던 등급 제도는 와해되고 등급을 구분짓는 새로운 제도가 생겼다. 정치적 신분은 이미 미약해졌고 가산(家産)의 많고 적음이 사회적 등급의 새 기준이 되었던 것이다. 그래서 당시에는 "천금을 가진 집은 한 도(都)의 군주에 비할 수 있고 거액을 가진 자는 왕처럼 즐겁게 지낼 수 있다."는 말이 있었다. 오랫동안 천시되어 온 상인이 한대에 이르러 사회, 정치적으로 무시할 수 없는 세력이 된 것이다.

# 과학적인 도량형 측정

이 시기의 도량형 제작 기술은 한층 과학적이고 정확했다. 특히 신(新)나라 때의 율력(律曆) 학자 유흠(劉歆)은 역대 도량형 제도를 정리하고 규범화시켰다. 그는 또 음률(音律)로 측량의 표준을 삼는 과학적 방법을 제시하기도 하였는데, 이는 당시로서는 세계적인 선진 기술이었고 자연물로 도량형을 측정하는 이전의 방법보다 훨씬 정확한 것이었다.

**음률과 길이_** 한대 사람들은 관악기에서 나는 소리의 주파수를 이용하여 길이를 측정했다. 그것은 악기에서 나오는 소리의 주파수는 악기의 길이와 반비례한다는 원리에 의한 것이었다. 그래서 한대에는 길이를 측정할 때는 모두 특별한 청동제 악관(樂管)을 표준기(標準器)로 삼았다. 이는 현재 세계적으로 널리 사용되는 광파(光波)로 길이를 재는 방식과 그 원리가 비슷하다. 일찍이 2천 년 전의 한대 사람들은 과학적으로 소리와 길이가 서로 관련이 있다는 것을 파악하고 있었던 것이다.

**진한의 도량형 가치 비교**

| 진대 | 한대 |
| --- | --- |
| 1근＝256그램 | 1근＝249그램 |
| 1승＝200밀리리터 | 1승＝189밀리리터 |
| 1척＝23.1센티미터 | 1척＝23.2센티미터 |

한대의 표준은 기본적으로 진대의 구제(舊制)를 계승하였고 양만 약간의 차이를 보인다.

대에는 대저울이 나타나 진대 이전부터 유행한 천칭 저울을 점차 대체하게 되었고, 천칭 저울에서 사용되던 추도 차츰 사라져 갔다.

**도량형의 표준_** 한대는 진대와 마찬가지로 중앙과 지방 군현에서 모두 도량형을 제조할 수 있었다. 그런데 전국의 재정을 관리하던 구경(九卿)의 하나인 대사농(大司農)이 도량형의 표준기를 제조하여 공포한 후로는 모두 그 표준기대로 만들어야 했다. 대사농은 또 전국 각지에서 제조한 도량형기에 대해 정기적으로 검사를 실시하여 표준에 부합되지 않는 것이 발견되면 지방 관원을 엄벌에 처했다. 한편 한

**안정적인 오수전_** 진대(陳代)는 화폐의 주조를 국가가 독점하였다. 한대 초 국가는 한때 화폐 정책을 느슨하게 하여 중앙 외에도 각 군현 정부와 심지어 개인까지도 화폐를 주조할 수 있었는데, 이로 인하

**청하군의 술그릇**

이것은 술의 양을 재는 기구로 중량이 5천 그램 가까이나 된다. 측량해 본 결과 9,450밀리리터의 물을 담을 수 있다. 청하군(淸河郡)은 지금의 하북(河北), 조강(棗強) 지구를 관할하였는데 군급(郡級) 정부에서 만든 이 도량형기는 정확도가 높은 편이다.

여 화폐 가치와 물가의 혼란을 초래했고 국가 정권조차 위기에 직면하였다. 한 무제는 화폐 제도를 정리하여 예전부터 있었던 화폐를 일률적으로 폐기하고 화폐의 주조도 국가가 독점하게 하였다. 그리하여 이후로 400년간 한의 화폐 유통은 안정을 유지할 수 있었다.

### 건국 원년의 사각 되

이것은 정부가 감독하여 만든 것으로 아주 반듯하게 잘 만들어진 도량형기이다. 명문 중에 '율량두(律量斗)' 라고 새겨진 부분이 있어 음률을 이용해 측정한 도구였음을 말해 준다. 측정해 본 결과 용적은 1,978센티미터였다. 건국(建國) 원년이라 되어 있는 것은 신의 연호이다. 한대의 도량형 기구는 신나라 때 만든 것이 가장 우수하며, 이것이 그중에서도 대표적이다.

전서 명문 : "율량두, 방(方)은 6촌, 심(深)은 4촌 5분(分), 적(積)은 162촌, 용(容)은 10승, 건국 원년 정월 계유삭일(癸酉朔日)에 제조"

### 도금한 동척(銅尺)과 골척(骨尺)

서한 시대의 것이다. 한대의 자는 진대의 자보다 0.1센티미터 길다.

네모난 홈은 검봉(檢封:정부에서 검측한 후에 나누어 주는 합격증)을 넣어 두는 곳이다.

### 대사농의 곡

곡(斛:열 말짜리 되-옮긴이 주)의 바닥에 명문이 새겨져 있다. 그 내용을 보면 중앙의 대사농이 감독, 제조하여 배포한 양기(量器)라고 기록되어 있다.

### 오수전

오수전은 모양이 반듯하고 글자체가 또렷하며 중량도 실제로 5수여서 위조하기가 쉽지 않았다. 이 돈은 수대(隋代)까지 계속 사용되었다.

| 서한 무제 당시 오수전의 구매력 | |
| --- | --- |
| 면포 1필(옷 한 벌을 만들 수 있음) | 224전 |
| 비단 1필(옷 한 벌을 만들 수 있음) | 500전 |
| 식량 1석 | 500전 |
| 좋은 말 1필 | 5천~20만 전 |
| 일하는 소 1두 | 1,800전 |
| 닭 1마리 | 23전 |
| 토끼 1마리 | 29전 |
| 돼지 1마리 | 300전 |
| 개 1마리 | 120전 |
| 양 1마리 | 150~500전 |
| 관중 지역의 좋은 땅 1무 | 1만 전 |
| 관중 지역의 호화 주택 | 20만 전 |

## 황실 귀족의 금 비축

한대에는 시장에서 유통되는 화폐 이외에도 금이 상업 활동의 중요한 위치를 차지하였다. 조정이나 거상(巨商)들은 거액의 상품 무역을 할 때 대체로 금을 사용하였다. 서한 시대 국가의 규정에 의하면 오수전 하나와 중량이 같은 금의 비교 가격은 1:1만 전이었다. 그러나 금의 실제 비교 가격은 시장의 시세에 따라 등락이 있었다. 한대에는 금이 부를 가늠하는 기준이 있었기 때문에 황실과 귀족은 모두 금을 비축해 두었다. 순금으로 만든 이 짐승 모양의 저울추는 무게가 9천 그램이며 한대 귀족의 저장 창고에서 출토되었다. 저울추는 본래 무게를 잴 때 사용하는 것이지만 이 짐승 모양의 금 저울추는 실제 사용하기 위한 것이 아니라 비축용 황금이었던 것으로 보인다.

끈을 맬 때 사용하는 고리

**짐승 모양의 금 저울추**

# 국가가 독점한 기간 산업

한대는 도시 연결망의 형성과 상업의 발전에 따라 수공업도 비약적으로 발전하였다. 주요한 것으로는 관영 수공업, 사영 수공업, 가정 수공업 세 종류의 형식이 있었고 상품 시장의 수요에 부응하는 대규모의 생산도 출현하였다. 최대의 광업 공장에서는 10만 명에 달하는 사람을 고용한 경우도 있었다. 한대의 수공업은 경이로운 성과들을 이루어 냈다. 분업이 날로 세밀해졌고 전문성이 높아졌으며 제품은 풍부해졌고 공예 기술도 높은 수준에 도달했다. 국가 경제와 민생에 중대한 영향을 미치는 야철업과 염업은 국가가 독점하는 대규모 기간 산업이었다.

**소금과 철을 독점하다_** 국가가 소금과 철을 독점 경영하던 서한은 중앙에 전국의 염철업을 주관하는 염철승(鹽鐵丞)을 설립하고 각 군현에는 염관과 철관을 세워 현지 소금과 철의 생산, 판매를 책임지도록 했다. 정부는 전국에 염관 37곳을 두었는데, 주로 발해(渤海)와 황해(黃海) 연안의 해염(海鹽)이 나는 지역과 북서, 서남의 정염(井鹽)이 나는 지역에 분포되어 있었다. 철관 48곳은 황하 유역과 파촉 지역에 널리 퍼져 있었다. 철이 나지 않는 곳에는 소철관(小鐵官)을 설립하여 주로 폐철을 수집하고 농구를 재생, 주조하는 일을 맡아 하도록 했다.

**야철업의 기술 혁명_** 서한의 야금업(冶金業)은 채광, 야철, 야동, 주조 등을 포괄하는 당시 최대의 생산 분야였다. 서한의 철기는 이미 생활의 각 영역에 널리 보급되었고 농업과 수공업 생산 도구의 종류는 날로 다양해졌다. 철기의 제련 기술도 더욱 발전하였다.

**제나라 철관이 사용하던 봉니**
이것은 제국(齊國:한나라의 군국 중 하나)의 철관이 사용한 봉니로, 제품에 대한 인증이다. 대체로 제국의 관영 야철업 제품은 모두 봉함을 해야만 했다.

**공예화된 청동기_** 한대에는 청동기의 사용 범위가 축소되고 생산량도 많지 않았다. 제조 공예가 복잡하고 원가가 높아 가격이 비쌌기 때문에 청동기는 여전히 왕실 귀족이 독차지하여 황궁 깊숙이 감춰 두는 공예품이었다. 새로운 장식 기술은 끊임없이 쏟아져 나왔다.

**도금한 청동제 투조(透彫) 향로**

**구름 무늬를 상감한 청동제 준(樽)**
이것은 귀족 부녀자들이 화장품을 담는 데 사용하던 용기이다.

**생산량이 막대한 염업**_ 한 무제가 비록 소금과 철에 대해 전매를 실시하기는 하였으나 정부는 줄곧 염업을 장악하지 못하였다. 여러 차례 금지하였음에도 사영 염업은 줄어들지 않았다. 동한 시기에 정부는 염업에 대해 기본적으로 자유 방임 정책을 취하여 소금의 생산과 판매를 민간에서 하도록 했고 국가는 세금을 징수하였다. 이에 따라 염업의 생산 규모는 점점 확대되었다.

중국 식염의 종류로는 해염, 지염(池鹽), 정염이 있다. 바닷가의 주민들은 대체로 해염을 사용하고 내지의 주민은 주로 지염과 정염을 사용한다. 한대에 전국의 인구는 5천만 명이었고 매월 사용하는 식용염은 150만 곡에 달했다. 염업의 발전 규모는 매우 빨랐다. 일반적인 중형 제염소에는 1천 명이 넘는 노동자가 있었고 가정을 단위로 하는 소형 제염소는 수를 셀 수 없을 정도로 많았다.

**한대 화상석에 그려진 정염 채굴 장면**
왼쪽에 있는 염정(鹽井)에는 높은 수직갱(井架)이 있는데, 이 수직갱은 2층으로 되어 있다. 각 층마다 두 사람이 마주보고 서서 한 사람은 힘껏 위로 당기고 한 사람은 힘껏 아래로 보내며 활차(滑車)를 이용하여 간수를 퍼낸다. 다시 그 간수를 수직갱 옆에 있는 대야에 붓고 파이프를 통해 직사각형의 소금 단지로 흘려 보낸 뒤 다시 소금 끓이는 솥에 부어서 푹 끓인다. 소금 솥 옆에는 사람 하나가 몸을 문 앞으로 구부리고서 장작을 넣으며 바람을 일으키고 있고 멀찌감치 장작을 운반하는 사람도 보인다. 이 장면은 한대 염정에서 기계 작업하는 장면을 재현한 것이다.

**서한의 주요 염철관(鹽鐵官)의 분포**

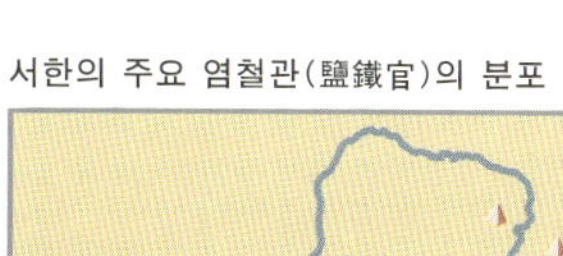

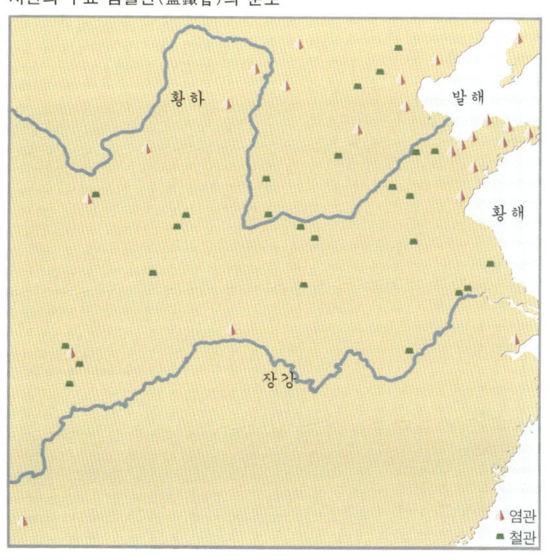

**금은을 입힌 청동제 용 무늬 호(壺)**
이것은 서한 중산정왕이 사용하던 주기로 금은을 입히고 상감 공예를 이용하여 광채가 눈부시다.

**패릉현의 과씨가 사용하던 바람 불어넣는 기구**
이것은 서한 때 철을 정련하는 화로에 바람을 불어넣던 도관(陶管)으로 장안 패릉현에 있는 과씨(過氏)의 사영 야철 공장에서 사용하던 것이다.

# 방직업의 발전

한대는 방직업 발전의 절정기였다. 중앙 정부는 방직실을 설립하고 각지의 관아 방직 공장을 직접 관할하였다. 각지의 대상 공업자가 경영하는 사영 공장도 자못 규모를 갖추어 그 지위가 "천승지가(千乘之家:수레 1천 대를 보유한 집-옮긴이 주)에 비길 만"했다. 민간에서는 가정을 단위로 하는 개체 방직업이 더욱 활기 있게 도처에서 꽃을 피웠다. 방직업의 규모가 커짐에 따라 사회에서 소비하는 방직품의 수량도 급증하였다. 황실에서 상으로 주는 방직품의 양은 더욱 많아 한 무제는 한 번 상을 주는데 100만 필의 비단을 사용하기도 했다. 대외 무역에 있어 비단(絲綢)은 중국의 주요 수출 상품이었다. 서역을 통해 세계에 팔았기 때문에 '실크로드'도 함께 유명해졌다.

**방직품의 종류_** 마직품 : 섬유가 길고 가볍고 부드러우며 염색 효과가 좋다. 가격이 저렴하여 평민들이 많이 사용하였다. 발로 밟는 물레(紡車)의 출현으로 한대에는 더욱 질좋은 마직품이 생산되었다.

견직품 : 견은 초장섬유(超長纖維)로 마보다 질이 우수하고 날염 색상이 화려하여 주로 귀족의 옷감으로 사용되었다. 한대 견직품의 종류는 40여 종에 달했고 편직 기술과 날염 기술은 세계적 수준이었다.

모직품 : 양모를 원료로 하며 주로 서북의 유목민 지역에서 유행하였다. 처음에는 빈천한 사람들의 복식 재료로 사용되었으나 후에 서역 일대에서 특별히 가공하고 견직물의 방직 기술과 무늬 도안을 도입하면서 중원 상인과 귀족들에게 인기 있는 옷감이 되었다.

면직품 : 서한 초기에는 면제품을 거친 직물로만 여겨 모피와 마찬가지로 가난하고 천한 사람들의 옷감으로 사용되었다. 동한 말기에 이르러 서역에서 고급 면직물이 생산되면서 비로소 중원 귀족들이 소중히 여기기 시작하였다.

**무늬 있는 비단_** 여러 가지 빛깔을 섞어 짠 무늬 있는 비단(錦)은 한대 견직물 중에서 가장 수준이 높은 옷감이다. 이것은 짜는 방법이 독특하다. 날실로 무늬를 나타내며 여러 가지 색깔로 염색한 견사(絲線)를 가지고 옷감을 짠다. 도안은 칠기의 엷게 흐르는 구름 무늬(雲氣紋)를 모방한 것이 많고 매우 강한 느낌을 준다. 서한 초기 양자강과 황하 유역의 귀족 계층 사이에서는 무늬 있는 비단(彩錦)이 상당히 유행하였다. 서한 말기 비단은 수공이 복잡하고 제조비가 비싼 까닭에 중원에서는 점차 쇠락하였지만 신강, 내몽골 등의 변방에서 성

**진홍색 견 치마**
견(絹)은 한대 귀족 여성들의 여름철 옷감으로 평직으로 짰으며 색깔이 수수했다.

행하기 시작하였다. 특히 서역의 각 민족들에게는 비단
옷이 새로운 유행이 되었고, 따라서 비단의 도안에도 서
역의 분위기가 더해졌다.

**물고기와 개구리 무늬의 비단**
신강 나포뇨이에서 출토되었다. 물고기와 개구리를 주제로 디자인하였는데, 이러한 무늬 장식은 한대
의 견직물에서는 아주 드물게 보이는 것이다. 아마도 중원에서 서역의 귀족들을 위해서 짠 수출품인
듯하다. 서역의 분위기가 짙게 풍긴다.

**특수 직조법으로 짠 마름모 무늬의 비단**
기(綺)는 한대에 나타난 특수 기법으로 짠 견직품이다. 무늬
는 씨실과 날실로 비스듬하게 배열되었는데, 두 줄과 한 줄
의 마름모형 도안으로 나뉘며 허실이 사이에 있어 순서가 분
명하다.

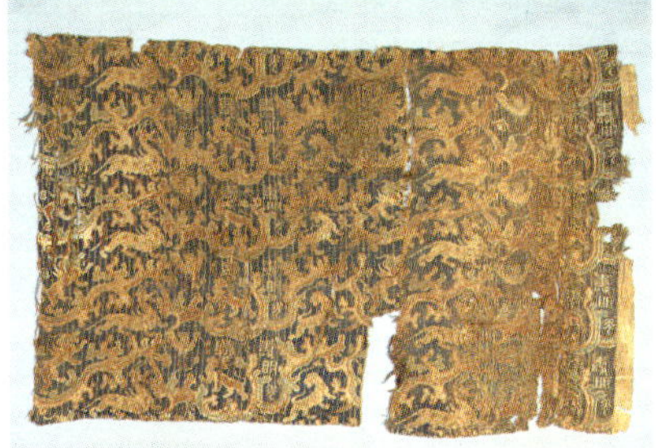

**글자를 새겨 넣은 비단**
신강 나포뇨이에서 출토된 글자가 있는 비단은 따뜻한 색조
로 도안을 돋보이게 하여 '장수명광(長壽明光)' 이라고 하는
복을 기원하는 마음을 나타냈다.

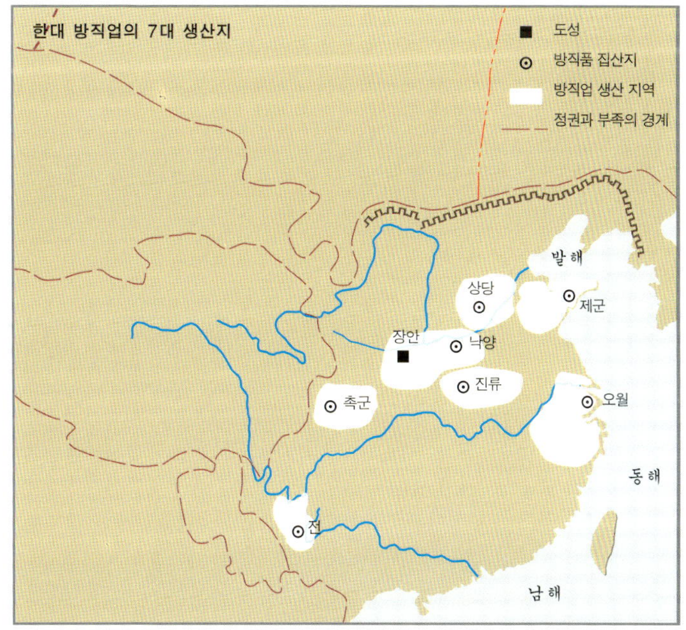




다원화된 번영 사회

## 중국에서 가장 가볍고 얇은 옷

소사(素紗)는 세사(細絲)로 짠 지극히 얇
은 직물로, 한대 귀족 여성들이 가장 신경을 썼
던 내의(內衣)이다. 매미 날개 같은 이 옷은 길
이가 128센티미터이고 매우 가는 한가닥 실로
짰다. 씨실과 날실 모두 제곱센티미터 당 62가닥으로
되어 있다. 실의 질은 질기기와 매끄러운 정
도에 있어 현대의 집누에(家蠶) 실과 가장 가깝
다. 깃과 소맷부리의 테두리까지 포함해서 겨우 48그램
이다. 한대 제사(製絲) 방직 공예의 뛰어난 기술을 충분
히 드러내 보여 주는 것이다.

# 방직 기술의 혁명

상, 주 이래 오랜 기간 손으로 돌리는 물레와 입식 직조기를 사용하였는데 기술이 낙후되고 설비가 단순하여 방직품의 종류에도 큰 변화가 생겨나지 않았다. 한대에 이르러 방직 기계가 여러 모로 개발되었다. 특히 발로 밟는 방직기가 발명되고 날염 기술이 전문화되면서 새로운 방직 제품이 많이 쏟아져 나오게 되었다. 이 외에 한대에는 자수(刺繡) 기법 또한 널리 보급되었는데, 양자강 유역의 자수품은 견직물 생산량의 절반 이상을 차지했다. 동한에 이르러 자수는 또 변방과 서역으로 전파되어 주요 수출 상품이 되었다.

**페달식 방직기의 탄생_** 한대에 발명된 페달식 방직기는 방직업에 있어 획기적인 진보였다. 좌식(坐式)의 이 기계는 방직공이 직조기 위에 앉으면 기계 전체의 조작 상태가 한눈에 들어왔기 때문에 실의 끊어짐을 감소시켜 직물을 더욱 고르고 평평하게 할 수가 있었다.

더욱 중요한 것은 이러한 직조기는 견인력을 제고했을

**노란 견 바탕에 장수(長壽) 무늬의 수**
한대 고급 견직물의 노란색은 모두 치자(梔子)*를 사용하여 염색한 것인데, 이 노란 견도 역시 그러하다. 노란색은 장기간 보존하기가 어려운 색깔이다. 이 직물은 2천 년이 지났는데도 색채가 여전히 선명하여 한대의 날염 기술이 얼마나 뛰어났는지를 알 수 있다.

수유(茱萸)나무 무늬는 한대에 유행한 도안으로 장수와 길상을 상징한다.

**사람 얼굴 무늬를 수놓은 모직품 조각**
이 모직품은 벽에 걸어 두는 장식용 모포인데 수를 놓아 직조하는 방법[緙織法]으로 서역 사람의 얼굴을 표현해 냈다. 얼굴에는 두 눈과 콧방울을 천연색으로 훈염(暈染)하여 더욱 입체적이고 풍부하게 보였다. 이는 서양의 요철화법에 속한다.

뿐 아니라 발을 사용하여 직조판[織板]을 밟았기 때문에 방직공의 오른손을 해방시켰다는 점이다. 따라서 양손을 함께 사용하여 작업할 수가 있었다. 그리고 전통적인 입식(立式) 직조기는 한대에는 짚방석과 카펫을 짜는 데만 사용되며 점차 방직 업계에서 도태되었다.

**날염 기술_** 한대의 방직품 날염은 방직업에서 독립되어 전문적인 업종이 되었다. 날염 기술자는 이미 여러 가지 다양한 식물과 광물 염료의 날염 방법을 파악하고 있었으며 새로 노랑과 빨강 식물 염료 및 검정과 금은 가루 등 광물 염료를 더하였는데, 이 색깔들은 한대의 주요한 색채가 되어 상당히 폭넓게 사용되었다. 한대에는 견직물의 색깔이 39종에 달할 정도로 많았다. 그중 침염(浸染)*의 색깔은 31종이었고 나머지는 회염(繪染)*이었다. 견직물은 색채가 곱고 아름다울 뿐만 아니라 색깔도 고르게 나왔다. 그중 진홍색, 검정색, 주홍색으로 염색한 것이 가장 안정적이었다.



황제의 나라

화상석에 나타난 페달식 방직기

법이 아주 정교하여 바늘 구멍이 드러나지 않고 무늬가 가지런하며 선이 시원스러워 남방 초국의 풍격을 가지고 있다.

**자수 기법의 확대_** 자수는 견직물에서 흔히 볼 수 있는 기법으로 상대(商代)에 이미 출현하였다. 자수는 제조하는 데 품이 많이 들고 시간이 오래 걸리며 기법상 요구하는 바가 많기 때문에 한대에는 고급 견직물에 속하였고 그 가치는 심지어 무늬 있는 비단보다 높았다. 자수는 대체로 옅게 흐르는 구름 무늬를 기본적인 무늬로 하였으며 그중에서도 장수문(長壽紋), 승운문(乘雲紋), 신기문(信期紋)이 자수의 세 가지 주요 도안이었다. 기법이 뛰어난 자수 제품은 바느질하는 방

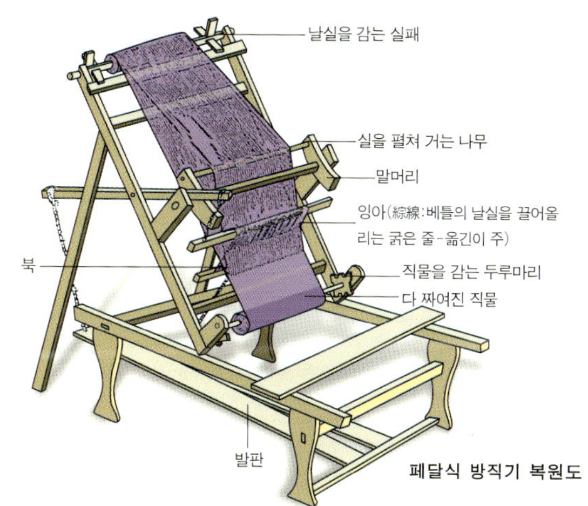



페달식 방직기 복원도

| 페달식 방직기의 조작 순서 | |
|---|---|
| 1. 날실을 감는 실패 | 실패 위에 날실이 감겨져 있고, 직조 작업을 할 때는 실패의 회전에 의해 날실이 풀려나게끔 한다. |
| 2. 실을 펼쳐 거는 나무 | 날실은 이 나무에 의해 위로 나오는 날실과 밑으로 가는 날실로 나뉘고 또한 북이 이동하는 공간을 만들어 주는데, 이것이 가장 중대한 개혁 단계이다. |
| 3. 발판과 잉아 | 방직공은 발판으로 말머리(馬頭)를 앞뒤로 오르락내리락하게 함으로써 잉아를 조종하여 위층과 아래층의 날실이 서로 위치를 바꾸게 한다. |
| 4. 북으로 날실과 씨실을 교직함 | 방직공은 북 속에 씨실의 꾸리를 넣고 북바늘로 고정시킨 후 날실의 틈으로 왔다갔다하면서 씨실을 풀어 주게끔 하여 날실과 씨실을 교직한다. |
| 5. 직물을 감는 두루마리 | 씨실이 바짝 짜여지면 직물은 북에서 밀려나 두루마리에 말리면서 완제품으로 된다. |

*침염 : 방직물을 반복적으로 염료액 속에 담가 방직물과 염료액이 상호 운동을 하게 하는 염색 방법이다.
*회염 : 회화(繪畫) 기술을 사용하여 방직물에 염색을 하는 것.
*치자 : 여름철에 꽃이 피는 상록관목(常綠灌木)의 일종으로 그 열매를 치자라고 하는데, 노란색 염료로 쓴다.

## 상인들에게는 금지되어 있던 옷감

모직품은 원래 가난하고 천한 사람들의 옷감이었다. 그런데 신강에서 나는 모계(毛罽)가 한대 황실 귀족들 사이에 한때 크게 유행하자 고급 직물에 속하게 되었다. 한 고조는 내륙의 상인들이 모계 복장 입는 것을 금지하도록 명령하여 사회적 등급의 차별성을 드러낸 바 있다. 이 직물은 천연색 양모를 교직한 것으로 남(藍), 백(白), 홍(紅)의 세 가지 색깔을 식물 염료로 날염하여 색채가 밝고 부드럽다. 직물 위의 거북이 등껍질 무늬와 해당화 무늬는 모두 중원에서 유행한 도안이다. 이

것은 신강 지방에서 생산된 물건이지만 이미 중원 한 문화의 영향을 강하게 받은 것이다.

거북이 등껍질, 해당화 무늬가 있는 모계

# 섬세하고 아름다운 칠기와 자기

한대의 귀족은 칠기를 좋아하여 칠기업이 중요한 생산 부문이 되었다. 관영 칠기 공장에서 생산되는 제품은 종류가 다양하고 품질이 우수하여 주로 황실에 제공되었고 소량만이 시장으로 유입되었는데 이름 있고 귀한 칠기는 청동기보다 열 배 이상 값이 비쌌다. 사영 칠기업 또한 대단한 활약을 하여 시장의 요구에 부합하는 제품을 만들어 냈다. 서한 말기 칠기는 생산량이 증가하고 가격이 하락하여 중하 계층의 일상 생활 용구가 되었다. 동한 이후 칠기는 일용형(日用型)에서 공업형(工業型)으로 바뀌었고 새로 유행한 자기가 점차 칠기를 대신하여 일반 백성의 생활 속으로 들어왔다.

**은 뚜껑에 금은을 붙인 칠기 향 그릇**
이 향 그릇은 평탈기법(平脫技法)*을 사용하여 제조하였고 금은 동물 도안으로 장식하였다. 서한에 등장한 새로운 공예의 대표작이다. 이러한 공예 기술은 당대(唐代)에까지 이어졌다.

**칠기의 생산**_ 칠기의 주요 원료는 옻나무에서 나오는 생칠(漆)이다. 그래서 칠기 공장은 대개 모두 옻나무가 자라는 지역에 있었다. 수공 기술이 발전함에 따라 칠기 생산의 분업은 날로 세밀화, 전문화되었다. 한대 관영 공장의 칠기 생산은 8단계의 제조 공정을 거쳤다. 소공(素工:원형 만들기), 휴공(髤工:칠 바르기), 상공(上工:장식물 상감하기), 동구황도공(銅扣黃塗工:도금), 화공(畵工:무늬 장식 그리기), 조공(彫工:무늬 조각), 청공(淸工:갈고 다듬어 정리하기), 조공(造工:작업의 검사)이 그것이다. 각 공정이 끝날 때마다 감사인(監査人)과 장인이 칠기에 이름을 새겼던 것으로 보아 관리가 엄격했음

을 알 수 있다. 『염철론(鹽鐵論)』에는 칠기 생산의 공정과 관련된 다음과 같은 구절이 있다. "나무 그릇 하나 만드는 데는 백 사람의 힘이 들어가고 병풍 하나는 만 사람의 공으로 만들어진다." 이 외에도 한대는 칠기 장식 공예가 절정에 달한 시기이기도 하다. 당의 칠기가 비록 더 화려하기는 하지만 공예 기술은 모두 한대로부터 시작된 것이다. 칠기에 금, 은, 동, 옥, 마노 등을 상감하는 것은 한대에 유행했던 스타일이다. 양웅(楊雄)은 『촉도부(蜀都賦)』에서 칠기에 대해 "조각하고 새겨 넣고 두들겨 만드는 것이 백 가지 솜씨와 천 가지 재주로 만들어진다."며 찬미한 바 있다.

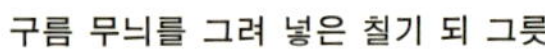

**구름 무늬를 그려 넣은 칠기 되 그릇**
이것은 관영 칠기 공장의 제품으로 고급 관원들이 수장한 칠제(漆製) 예기이기도 하다. 서한 칠기의 보급은 예로부터 전해 오던 청동 예기에 타격을 주었고 점차 청동 예기의 위치를 대신하게 되었다.

**자기의 발명**_ 동한 시기 오래 전부터 원시 청자를 생산해 왔던 지금의 절강성 상우(上虞)에서는 중국 최초의 진품 자기인 월요청유자(越窯靑釉瓷)가 탄생하였다. 춘추 시기에 장강 하류의 오월(吳越) 지역에서 일종의 원시 자기가 출현하기는 하였으나 월국이 초국에게 멸망한 후 원시 자기 기술이 돌연 중단되었다. 서한 이후에는 오월 지역에 가마터가 활발하게 생겨났으며 특히 상우가 가장 주목을 끌었다. 생산된 제품의 질이 우수하고 유층(釉層)이 두터우며 맑게 빛나는 광택이 풍부했다. 바탕에서부터 유질(釉質)에 이르기까지 원시 청자의 성질을 완전히 탈피하고 근대 자기의 수준에 도달하였다.

**칠기 산지의 분포**_ 선진 칠기의 산지는 진령(秦嶺) 및 위하 유역에서 황하 중하류에 이르는, 지금의 섬서, 하남, 호북, 산동(山東) 일대에 있었다. 한대에는 지금의 사천, 중경(重慶), 강소(江蘇), 안휘(安徽), 호남(湖南), 광동, 광서 등지에 1천 무나 되는 대형 옻 농원〔漆園〕이 대량으로 나타났다. 특히 파촉 관영 칠기 공장에서 생산되는 제품은 주로 황실 전용으로 제공되었으며 새로운 기법이 계속 나타나 칠기의 절품(絶品)이라고 할 만했다.

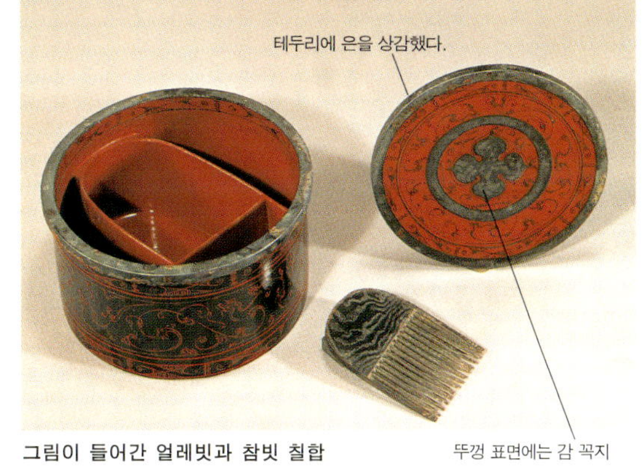



그림이 들어간 얼레빗과 참빗 칠합
이것은 귀족 여성들이 사용하던 화장품 통이다.

뚜껑 표면에는 감 꼭지 모양 무늬가 은으로 상감되어 있다.

군행주 칠기 세트

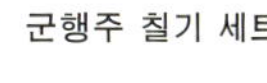

'군행주(君幸酒)'란 군자에게는 술을 마실 행운이 있다는 뜻이다.

청자관

청자부

청자관(靑瓷罐)과 청자부(靑瓷瓿)는 동한대 상우의 자기 가마〔瓷窯〕에서 생산된 것이다. 측정해 보았더니 구운 온도가 섭씨 1,310도에 달하고 기공율(氣孔率)은 0.62퍼센트, 구부러짐을 견디는 정도는 제곱센티미터 당 710킬로그램이었으며 유층의 두께는 0.8밀리미터였다(투광성이 있음).

*평탈기법 : 먼저 금은 장식 조각을 목첩(木貼)에 붙이고 공백이 있는 곳에 칠을 바른 다음 금은 장식 조각의 옻칠 면이 드러날 때까지 곱게 가는 것으로, 고도의 공예 기술을 필요로한다.

# 농구 개혁과 우경의 확대

농업은 한대의 사회 경제를 지탱하는 기초로 장성 이북의 많은 군현에서부터 영남의 드넓은 지역에 이르기까지 모두 농업 생산구였다. 한대의 황제는 원래부터 농업을 근본으로 하는 정책을 강조하였고 농업을 기초로 국민 경제 체제를 확립하였다. 농업은 정부의 강력한 원조 하에 고도로 발전하여 한대 경제의 번영과 비약에 커다란 촉진 작용을 했다. 정부는 농업을 장려하는 동시에 우경 기술과 철제 농구를 전 중국에 보급하였다. 당시로서는 세계적 수준의 철제 쟁기와 가래를 부단히 개량하여 경지 면적과 작물 생산량을 대폭 제고시켰다.

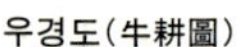

**우경도(牛耕圖)**
한대에 보급된 우경 기술은 소 두 마리와 사람 셋으로 이루어진다. 소 두 마리 사이의 거리는 2~3미터로 하나의 나무 막대로 이어져 있으며 막대에는 쟁기를 맨 끈이 묶여 있다. 한 사람은 소를 끌고 다른 한 사람은 쟁기의 끌채를 조종하고 있으며 나머지 한 사람은 쟁기를 잡는다. 세 사람은 끌채를 조종하고 쟁기를 받치는 기술이 좋아야 하고 서로 간에 호흡이 잘 맞아야 한다.

**인구와 경지_** 한대 전국의 경지 면적은 827만 경에 달했다. 한 무제 시기 전 중국의 인구를 6천만이라고 계산하면 평균 다섯 식구가 있는 각 가구 당 약 70무의 경지를 가지고 있었던 것이다. 경작 기술과 농구의 개량으로 식량 생산량을 크게 늘려 관중 지구의 1무 당 소맥 5석을 생산하였으니, 이는 전국 시기의 1무 당 생산량의 배 이상이 된다.

**농구의 개혁_** 진은 일찍이 황하와 양자강 유역에 철제 농구를 보급한 바 있고 서한 정부는 한 걸음 더 나아가 철제 농구를 남방의 광동, 광서와 북방의 장성 라인에까지 보급했다. 당시 사람들의 관념에서 농업 생산과 철제 농구는 이미 떼어놓을 수 없을 정도로 가까웠는데, 예컨대 『염철론』에는 "농사는 천하의 대업이고 철기는 백성의 대용(大用)이다."라는 대목이 있다. 각지의 토질과 용도의 차이로 인하여 농업이 발전함에 따라 농구의 종류는 끊임없이 증가하고 기능도 더욱 좋아졌다. 땅 고르기, 파종, 제초, 관개, 수확, 탈곡에서부터 농산품의 가공 등에 이르기까지 각종 전용 농구는 30여 종에 달했다. 그중 서한 말 철제 쟁기와 가래의 보

**가래〔鍤〕를 든 농부**
이것은 황하 유역 농부의 전형적인 모습이다.

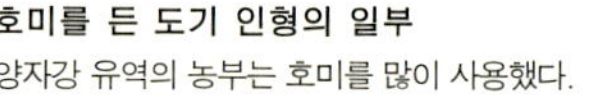

**호미를 든 도기 인형의 일부**
양자강 유역의 농부는 호미를 많이 사용했다.

급은 획기적인 의미를 지닌다. 유럽에서는 1천 년이 지난 후에야 비로소 이것을 알고 사용하게 되었다.

**우경 기술의 보급**_ 우경 기술은 춘추 시대 말기부터 시작되었다. 우경의 효율성은 사람의 힘으로 경작하는 것보다 10배 이상 높다. 그러나 서한 이전에는 우경이 아직 전면적으로 보급되지 못하였고 인력 경작이 시종 주도적 지위를 차지했다. 서한 초 정부는 우경을 힘껏 확대하고 그것을 농경의 기본, 국가의 강약을 가늠하는 정도로 여겼다. 각지의 관원들은 적극적으로 농민들에게 우경을 채용하도록 권장하였다. 동한 말에 이르러 우경은 이미 전국에 보급되었다.

**채색된 목제 소와 쟁기**
이것은 감숙 무위 지역에서 출토된 밭 가는 소와 쟁기의 모형이다. 쟁기는 중원 지역의 것과 달리 벽토 장치가 없고 비교적 원시적이다.

**끌채가 긴 쟁기**



**농경도가 그려진 벽화**
서한 말 황하와 양자강 유역의 농업이 발달한 지역에서는 우경 기술이 한층 더 발전된 모습을 보였다. 당시의 이우 일인식(二牛一人式) 경작 방법은 발전을 거듭하여 근대에 이르러 선진 농경 기계가 그것을 대체할 때까지 계속 사용되었다.

# 정성들여 경작한 농지

한대의 농민들은 이미 상당히 풍부한 경작 지식을 파악하고 있었다. 그들은 토양의 성격이나 상태를 파악하고 비료 주는 방법, 씨 고르는 기준 및 경지를 관리하는 방법 등에 대하여 모두 풍부한 경험을 축적하고 있었다. 철제 농구와 우경 기술이 보급, 확대됨에 따라 정경세작(精耕細作)의 생산 방식은 전통이 되어 농업 기술이 과학화, 체계화, 이론화를 향해 매진하게끔 하였다. 한 무제 때 곡물 검사를 맡았던 도위 조과(趙過)는 대전법(代田法)과 파종 기술을 힘써 확대하였고 농업 생산량 제고와 대규모 농지 경영을 위하여 유리한 조건을 만들었다.

**조과와 대전법_** 한대에 농업이 발달한 황하 이북 지구에서는 농민들이 농지에 가뭄을 막고 토양의 수분을 유지시키는 경작 기술을 이미 파악하고 있었다. 한 무제 시대에 전국의 농업을 주관한 수속(搜粟:곡물 검사) 도위 조과는 이 지역에서의 경험을 총괄하여 과학적으로 경작하는 '대전법'을 창조하였다. 조정의 대대적인 지지 하에 그는 직접 서북 지역의 변군들과 하동, 홍농(弘農) 등 황토 고원의 바람과 가뭄이 심한 지역에 이를 널리 보급하여 "힘은 적게 들이고 곡식은 많이 거두는" 대풍작을 거두었다.

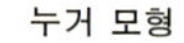

누족과 통해 있는 누두에는 곡식의 씨앗이 가득 담겨 있다.

속이 비어 있는 누족

**누거 모형**

누거로 파종을 할 때는 소 한 마리가 앞에서 끌고 사람은 쟁기를 잡고 도랑을 파면서 씨를 뿌린다. 곡식의 씨앗은 누두(耬斗)로부터 누족을 거쳐 뿌려진다. 이렇게 하면 도랑 파기, 씨 뿌리기, 흙 덮기의 세 공정이 동시에 완성된다.

1. 도랑을 파고 밭두둑을 만든다.

2. 차례로 북돋운다.

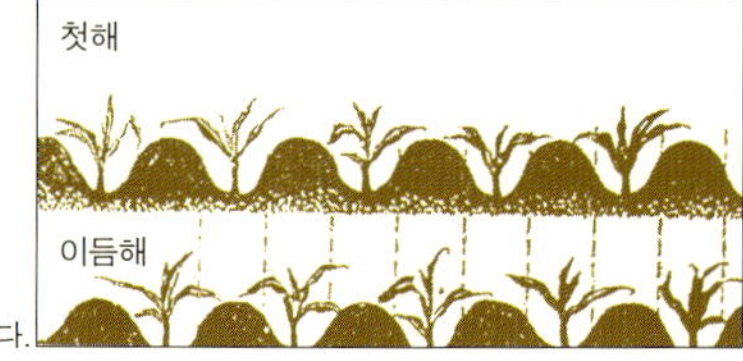


3. 땅을 번갈아가며 사용한다.

### 대전법의 운작(運作)

대전법은 북방 지역의 자연 조건에 적합한 일종의 윤경(輪耕) 기술이다. 1무의 밭을 세로로 나누어 밭도랑[甽] 세 줄과 밭두둑[壟] 세 줄이 되도록 하는데, 도랑과 두둑은 각각 너비가 1척이었다. 씨앗을 밭도랑에 심어 모종이 자라면 두둑의 흙으로 뿌리 부분을 단단히 덮어 주면서 바람과 가뭄을 견딜 수 있게 하였다. 그리고 이듬해에는 밭도랑과 밭두둑의 위치를 바꾸어 토질의 비옥도를 조절하였다. 조과는 대전법을 보급하는 동시에 이우삼인(二牛三人) 경작법도 추진하여 밭을 갈고 파종을 하는 데 도움이 되도록 하였다. 1무 당 생산량이 10석에 달했으니 일반 경작 방법으로 수확한 것보다 배 이상 증가한 것이다.

농부가 모내기를 하고 난 뒤 논에 김매기를 하고 있다.

농부는 수확을 마친 논의 흙을 일으켜 부드럽게 하여 다음 모내기와 경작을 준비한다.

**모내기 장면을 그린 그림**
동한 초 황하 유역에서 처음으로 벼의 모종을 기르는 재배 기술을 발명하였다. 벼의 모종을 기른 후 논에다 옮겨 심는 방법이었다. 이렇게 하면 봄가을 이모작을 하여 논의 수확량을 높일 수 있었다. 이것은 동한 시기 돌에 그린 그림으로서 사천 지역의 여름날 농민이 논에서 경작을 하는 모습을 그린 것이다. 양자강 유역의 이모작 이앙(移秧) 기술이 상당한 수준에 올라 있었음을 증명해 준다.

**누거**_ 조과는 또한 가축의 힘을 이용한 파종 기계, 누거(耬車)를 널리 보급하였다. 누거에 달린 세 개의 철제 누족(耬足)은 작은 가래에 해당된다. 한 번에 씨를 세 줄씩 심을 수 있고 이랑의 간격을 고르게 하여 파종할 수 있다.

농민은 농작물 성장의 규칙 및 그에 걸맞는 생산 기술과 조치를 중시하고 농지 관리의 총체적 개념을 형성하였다.

**농지 관개 시설**_ 동한 말 양자강 유역의 수원이 부족한 지역에는 번거(翻車)가 유행하였다. 용골거(龍骨車)라고도 하는 번거는 벼를 심는 논에 사용되었다. 이 외에 선진 시대 중원 지구에서 가장 널리 퍼져 있던 우물은 한대에 와서도 강남(江南) 및 장성 이북의 드넓은 지역으로 널리 퍼졌다. 특히 서북 지역 둔전의 건조한 지역에서는 달리 대체할 수단이 없었다.

**수차로 물을 긷는 모습**

**농지 관리의 총체화**_ 한대의 농작물 재배 기술은 파종, 시비(施肥), 관개, 제초에서부터 수확에 이르기까지 각 부분이 서로 유기적인 관련을 맺고 있었다.

**우물의 도제 모형**
우물은 논밭에 물을 대는 중요한 시설이자 가정의 중요한 수원이기도 했다. 한대의 우물은 도르래를 이용하여 물동이를 올리고 내리면서 물을 퍼 올렸다. 우물 위에는 햇빛을 가리는 차양을 두어 우물물의 위생, 청결에 힘썼다. 우물가에 둘러놓은 낮은 담에 "동정멸화(東井滅火)"라는 네 글자가 새겨져 있고 사람 하나가 물통을 들고 있는데, 아마도 그는 소방대원이었을 것이다. 한대의 시골 마을에는 소방 경보 시스템이 갖추어져 있었고 마을 사람들도 방화(防火) 의식을 가지고 있었음을 짐작할 수 있다.

**김매고 씨 뿌리는 모습**
양자강 유역 파촉 지구의 농민이 땅을 갈고 벼를 파종하는 장면이다. 논밭에 난 길이 가지런하며 밭두둑이 뚜렷하다. 밭에는 농부 여섯 명이 경작을 하고 있는데, 한 사람은 손에 낫을 든 채 김을 매고 있고 다른 한 사람은 손에 원발(圓鉢)을 들고 씨를 뿌리고 있다. 이런 경작 방법은 일모작을 하는 논에 적용되는 방법이다.

**수확하는 모습을 돌에 새긴 그림**
이것은 짧고 거친 베옷을 입은 여섯 명의 강남 농민이 논에서 수확하는 장면이다.

나무 손잡이가 달린 철제 낫으로 벼를 베는 농부

농부가 볏다발을 어깨에 메고 밥 담는 바구니를 손에 들고서 집으로 돌아가려 하고 있다.

# 자급자족의 독립 국가

한대의 토지 소유제는 국유(國有)와 사유(私有)의 두 가지로 나뉜다. 국유 토지에는 공전(公田)과 둔전이 있고 사유 토지는 황실 토지, 지주 토지, 자작농 토지가 있다. 서한 초에는 제후와 관원, 심지어 부상들까지도 땅을 마구 사들였고 이는 점점 관료, 상인, 지주의 야합으로 발전하여 삼위일체의 강호세족을 형성하였다. 동한은 강호세족의 지지 하에 건립된 정권으로서, 강호세족은 중앙으로부터 지방에 이르는 각급 기관을 확실하게 장악하였다. 이때부터 그들의 세력은 전에 없이 팽창하였고 휘하에서 자급자족하던 장원 또한 신속한 발전을 이루었다.

**전에 없이 확장된 장원_** 한대의 강호세족은 장원을 경영하는 형식으로 지역의 패권을 장악하였다. 장원에는 광활한 토지뿐 아니라 산천과 탄광 자원도 포함되었다. 특히 동한의 황친종실(皇親宗室)은 배후의 권세를 믿고 미친 듯 토지를 점거하였다. 예컨대 동한의 개국 황제인 유수(劉秀)의 외삼촌 번굉(樊宏)은 300여 경의 밭을 차지하였고, 황후 음려화(陰麗華)의 친정에서는 700여 경의 밭을, 유수의 아들인 제남왕(濟南王) 유강(劉康)은 800여 경을 차지하였다. 동한은 강호세족의 장원 경제가 팽창했던 시대이다. 규모가 큰 장원에서는 장원 주인의 수요를 만족시키기 위하여 농업, 임업, 목축업, 어업 등 여러 형태의 경영 활동을 조직하였고 방직, 주조, 양조, 제약 등 모든 기술을 아울렀다. 기본적으로 자급자족을 하였기 때문에 외부의 공급은 불필요했다. 장원은 모두 하나의 독립 왕국 같았다.

**식량 가공 기술의 진보_** 장원은 강호 귀족의 수요를 만족시키기 위하여 식량의 가공에도 세심하게 신경을 기울였다. 선진 시대에는 인력을 이용해 쌀을 찧

**귀족 장원도 벽화**
이것은 내몽골 허린걸의 동한묘 내에 있는 벽화로 농업, 임업, 목축업, 어업 등 장원의 생산 상황을 재현하고 있다.

고 탈곡을 하였다. 그런데 서한 시대에는 디딜방아를 발명하여 노동의 강도를 경감시키고 작업의 능률을 올렸다. 이 외에 풍력을 이용하여 곡식을 까부르는 양선(揚扇), 풍차(風車) 등도 속속 출현하였다. 이러한 식량 가공 기술은 모두 여러 사람이 함께 도와서 일을 하는 방식이었는데, 이는 장원의 경영 스타일과 잘 들어맞았다.

 양조업은 한대 장원 경영의 주요 사업 중 하나였다. 매 장원마다 양조장을 설치해 놓고 귀족과 장원 주인에게 공급하거나 판매하거나 했는데, 그 수량이 대단하여 어느 큰 양조장에서는 천 곡(斛:10말)을 한 단위로 계산하여 판매하기도 하였다. 동한은 주로 곡주와 과일주를 생산하였다. 동한의 양조 기술은 점점 전문화되었으며 주정(酒精)의 함량도 높은 편이었다. 술의 빛깔과 맛에 따라서 황주(黃酒), 백주(白酒), 감주(甘酒), 향주(香酒) 등의 종류로 나뉘기도 하였다. 유명하고 진귀한 술은 가격이 비싸, 보통의 누룩주[糱酒]가 두(斗) 당 40전이라면 유명하고 진귀한 술은 두 당 1만 전이었다. 누룩주는 한대에 많이 빚은 술이었다. 곡식 2곡에 누룩 1곡이면 6곡 6말의 술을 빚을 수 있었다.

**쌀을 찧는 모습을 돌에 그린 그림**
장원의 정미소에서 네 사람이 쌀을 찧고 있는데 협조가 잘 이루어지고 있다.

**술 빚는 모습을 돌에 그린 그림**
이것은 귀족 장원의 양조장에서 술을 만들어서 파는 장면이다.



**귀족 장원도**
자급자족적인 귀족 장원의 전형적인 풍경이다.

# 방어가 삼엄한 장원

동한의 토지 합병이 심해지고 사회가 동요됨에 따라 각지에 있는 귀족들의 장원은 대부분 방어적 성격을 갖는 군사 보루를 설립하고, 아울러 강력하게 무장한 가병 부곡(部曲)을 보유하였다. 이 시기의 장원은 생산을 경영하는 단위일 뿐만 아니라 강대한 군사 조직이기도 했다. 특히 동한 말의 전란 무렵에는 강호들이 장원의 가병을 이끌고 보루를 건설하여 스스로를 지키거나 전쟁에 참가하였다. 강호들 간에 서로 약탈하며 더 큰 무장 집단을 형성하기도 했다. 장원은 지방 할거 세력의 지주가 되어 경시할 수 없는 정치, 경제, 군사적 실력을 갖추고 조정에 맞서 강한 위협을 조성하였다. 그것은 한 왕조의 멸망을 초래하는 요인이 되었다.

**방어적 성격의 군사 보루**_ 강호세족은 장원 안에서 종족끼리 서로 모여 살았다. 종족 구성원은 노비와 가병까지 포함하여 수백에서 수천 명에 달했다. 장원은 건축 규모가 웅대하고 또한 군사 방어가 삼엄했다. 사방은 높은 담으로 둘러싸여 있고 네 모퉁이에는 조보(碉堡)가 우뚝 솟아 있어 망을 보고 수비하기에 편리했다. 이러한 고층 망루는 이 시대의 특징이 되었다.

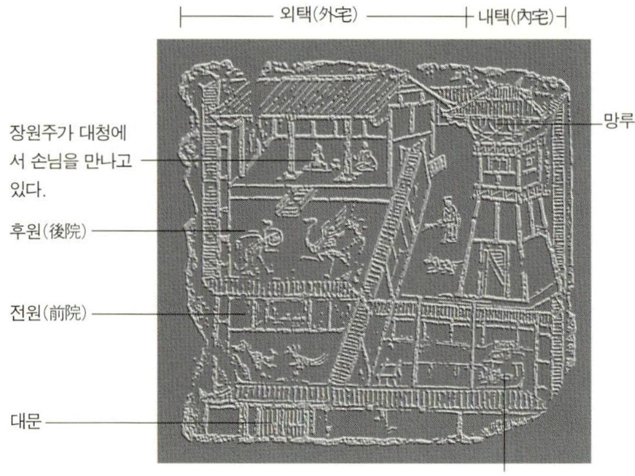

**도제 망루**
이것은 한대에 흔히 볼 수 있던 망루이다. 높이 솟은 꼭대기(頂樓)에는 큰 북이 걸려 있었다. 무사가 그 위에서 동정을 살피다가 적의 낌새가 보이기만 하면 바로 북을 쳐서 경보를 보내는 것이다. 강호세족이 어느 한 지역을 제패한 후 자기 병사로 스스로 지키는 상황을 표현하였다.

**연못 가운데의 정자**
이것은 동한 장원 내에 있는 원림을 축소한 것이다. 쌓아 놓은 흙이 산을 이루고 끌어들인 물은 못을 이룬다. 누각이 서로 이어져 있고 진귀한 화초와 조수(鳥獸)로 꾸며져 있다. 정자에서는 소매를 휘날리며 덩실덩실 춤을 추고 있는 남자와 거문고를 연주하고 있는 남자가 있다. 그리고 옆에 세 사람이 손뼉에 맞춰 노래를 부르고 있다. 연못 가운데의 정자 주위에는 활시위를 얹고 노를 잡은 가병이 진을 치고 삼엄하게 경비하고 있어 노래와 춤으로 태평성대를 구가하는 장면과는 심한 부조화를 이룬다. 이러한 수정(水亭)은 장원 내의 놀이 장소이면서 동시에 방어 기능을 갖추고 있기도 했다.



**장원의 정원도**
이것은 동한 장원의 전형적인 정원(庭院)이다

**장원의 곡물 창고 벽화**

벽화에 그려진 것은 곳집[廩]이라고 하는 곡물 창고이다. 곳집은 일종의 특수한 곡물 창고로서 가공을 거친 밀가루나 탈곡한 쌀만을 저장했다. 밀가루의 저장 조건은 요구하는 바가 까다롭기 때문에 모두 조건이 더욱 좋은 곳집에 단독으로 저장했다. 몇몇 대형 장원에는 창고 건물 외에 곳집도 있다.

가운데층에는 창이 있고 꼭대기층에는 바람이 통하는 작은 방이 있어서 공기가 실내와 통하게 하였다.

지면에서 멀리 떨어진 간란식 건축은 지면의 습기를 방지하는 데 효과적이었다.

**도제 성보**

이것은 남방의 소형 장원의 성보(城堡)이다. 주위에는 높은 담이 세워져 있고 네 모퉁이에는 각루를 지어 높은 곳에서 적의 동정을 살피고 방어를 할 수 있도록 하였다. 위층에만 통풍창이 있는 것은 성보의 특징 중 하나이다.

**개인 소유 원림의 흥기_** 한대 이전에는 황실에서만 원림(園林)을 소유하였지만 한대에 이르러서는 개인 소유의 원림도 생겨났다. 당시 각지의 장원에서는 잇따라 황실을 모방하여 자신들의 원림을 지었다. 귀족들은 저마다 더욱 정교하고 독특하게, 화려하고 웅장하게 만들며 경쟁하였다.

**곡식 창고의 분류**

한대에는 과학적으로 식량을 분류하려 하였다. 그리하여 쌀은 5년, 밀가루는 2년, 또 가장 길게는 9년까지도 보관할 수 있었다. 이것은 서한에 유행한 소형 곡물 창고로 창고 위에 각각 "밀 만 석", "팥 1건", "조 만 석" 등의 글자가 쓰여 있다. 장원에 있는 곡물 창고는 한대의 10여 종의 품종을 그 종류에 따라 분류하여 저장해 매우 과학적이었다.

**전쟁 준비와 곡물 창고_** 양식을 저장하는 창고는 한대 장원의 중요한 전쟁 준비 시설이다. 한대 이전 사람들은 땅굴에 식량을 저장하였고 한대에 와서는 보편적으로 소형 곳집(囷:둥근 모양의 곡물 창고-옮긴이 주)에 곡식을 저장하였다. 동한 시기 전쟁이 잦아지자 식량 비축은 장원의 생존을 좌우하는 가장 중요한 일이 되었다. 그래서 누각식 곡물 창고가 생겨났고 그 크기가 점점 더 커졌다. 곡물 창고 하나에는 1만 석이 넘는 곡식을 저장할 수 있었다. 동한 말 강호 동탁(董卓)의 장원 내에 쌓아 둔 양식은 30년을 유지할 수 있을 정도였다. 저장해 놓은 금이 약 3만 근, 은 약 9만 근, 그리고 주옥과 수놓은 비단도 산처럼 쌓여 있었다. 이는 장기적인 전란에도 충분히 대응할 수 있는 정도이다.

가병이 수비하는 망루

위층에는 밀가루를 저장한다.

중간층에는 탈곡한 쌀을 저장한다.

아래층에는 아직 가공하지 않은 벼를 저장한다.

곡물세를 납부하는 소작농이 곡식을 지고 창고 문으로 다가가고 있다.

**그림을 그려 넣은 4층 창고 건물**

동한의 장원에는 대부분 대형 창고 건물[倉樓]이 있었다. 한대의 곡물 창고는 통풍을 매우 중시하여 모두 바람창을 만들어 공기의 유통을 유지하였다. 하지만 바람창은 모두 고층에만 만들어 식량이 도둑맞는 것을 방지했다. 이 외에 창고 건물 저층에는 또 담을 두르고 궁궐형 문 등을 설치해 놓았는데 모두 방어 시설이다.

# 초연히 속세를 벗어난 낙원

한대의 각 장원들은 서로 합병하기 위해 싸우기도 하고 결탁하여 뭉치기도 하였다. 사회가 불안하던 시기에도 강호세족은 풍부한 경제적 기초와 정치 세력을 기반으로 장원에서 여전히 향락을 추구하고 노래와 춤으로 태평성대를 구가하였다. 그들은 개인용 가무, 기예, 기사, 사수 등의 전문 요원을 보유하여 1년 내내 장원주를 위해 그들의 춤과 연기를 보여 주게 하였다.

**여러 사람을 모아 연회를 베풀다**_ 장원주는 언제나 각지의 관원, 세도가, 상인을 한곳에 모아 놓고 크게 연회를 베풀었다. 연회 활동과 요리 기술은 주인의 지위와 권세를 자랑하는 수단이었을 뿐만 아니라 귀족들 간의 유대에도 중요한 역할을 하였다. 연회는 당시 중요한 외교 활동이었다. 연회에 사용된 주기는 모두가 화려하고 당시 유행하던 도금류이거나 옥기였다. 상주 시대에 상류 사회에서 사용하던 종정기(鐘鼎器)는 이미 역사의 뒤안으로 물러나 있었다.

**유희와 바둑**_ 양궁, 투호(投壺), 바둑[博奕], 씨름은 황실 귀족에서부터 평민 백성에 이르기까지 모두 좋아하였다. 그중 투호와 바둑은 우아하고 고귀한 기풍이 두드러져 귀족의 신분과 교양을 과시하는 데는 필수였다. 귀족들이 장원에 모일 때 투호와 바둑은 절대 빠지지 않았다.

투호 : 시합을 하는 쌍방이 각각 다섯 개의 화살을 가지고 목이 가는 단지에 화살을 던지는데, 화살을 더 많이 넣은 사람이 승자가 된다. 진 사람은 벌주를 마신다. 시합 도중에 악대가 반주를 하고 노래와 춤으로 흥

**청동 투호**
목이 가늘고 긴 이러한 동호(銅壺)는 투호용 전용 기구였다.

을 돋구고 긴장을 고조시킨다.

바둑 : 바둑은 진한 두 왕조에서 모두 유행하였다. 황제와 후비(后妃)에서부터 문무백관에 이르기까지 모두가 즐겨 하였다. 서한 조정은 박대조관(博待詔官)을 두어 황제를 위해 대국을 할 기사(碁師)를 모집하는 일을 맡아 하게 하였다. 이리하여 직업 기사가 생겨나게

**투호도(投壺圖)**
시합을 하고 있는 두 사람 중 하나는 평책(平幘)을 하고 다른 하나는 진현관(進賢冠:한대에 문관이나 유학자가 쓰던 관-옮긴이 주)을 쓰고 있는데, 모두 긴옷을 입고 서로 마주보며 꿇어앉아 있다. 각기 한 손으로는 화살 세 개를 안고 있으며 다른 한 손으론 화살 하나를 잡고서 던지는 동작을 하고 있다. 호(壺) 안에는 이미 화살 2개가 있다. 호 옆에는 술단지가 하나 놓여 있고 술이 국자에 담겨져 있는데, 진 사람은 이 국자로 술을 마시게 되는 것이다. 왼쪽에 평책을 하고 있는 사람은 이미 술이 거나하게 취해 입을 벌려 구토를 하려는 것으로 보아 틀림없이 패자일 것이다. 옆에는 막 그를 부축하여 자리를 뜨려고 하는 시종이 하나 있다. 오른쪽에 진현관을 쓰고 있는 사람은 무릎을 꿇고 앉아서 시합을 방관하고 있다. 이 그림은 투호 시합 장면의 뜨거운 분위기를 생동적으로 재현하였다.

**양고기를 굽는 그림**
장원 주인이 손님을 초대하여 크게 잔치를 베푸는 것이기에 맛있는 음식이 조금
이라도 모자라서는 안 되었다. 구운 양고기는 바로 술 마시기에 좋은 요리이다.

되었는데, 그들은 대개 귀족의 자제였다. 당시의 유명
한 기사는 여자와 어린아이까지 다 알 정도였고 사회
적 지위도 상당히 높았다.

양궁 : 전투 기능뿐 아니라
체육, 오락 활동으로서도
널리 보급되어 있었다. 장
원의 모임에서 말타기,
사냥, 활쏘기는 빠져서
는 안 되는 것들이었다.

**활쏘는 그림**
이것은 장원에서 활쏘기 대회를 하는 장면이다.

**바둑 두는 모습의 나무 인형**

**연회에서 잡기를 공연하는 그림**
이것은 장원주가 손님들에게 크게 잔치를 베푸는 장면인데, 그 자리에서 백희(百
戲·잡기)를 상연하기도 했다.

**옻칠을 하고 주사를 바른 박희 도구**
이것은 한대의 박희 도구 세트이다. 합(盒) 안에는 바둑판, 바둑돌, 산가지, 주사
위 등이 가지런히 놓여 있다. 바둑돌은 모두 12개로 백(白)이 여섯 흑(黑)이 여
섯이므로 육박(六博)이라고도 했다. 바둑판에는 여러 가지 구부러진 길(曲道)이
배치되어 있고 주사위를 던진 결과에 따라 길의 방향과 칸수가 결정되어 바둑돌
을 움직였다. 바둑을 둘 때는 꼼꼼하게 기교를 잘 부려야 했다. 상대방의 길을 막
는 장애를 설치하고 상대방의 말이 가는 노선을 저지해야 하는 등의 기술이 필요
했다.

# 생활 용품과 교통 수단

한대 귀족의 생활은 호화롭고 사치스러웠으며 장원에서 사용한 생활 용품은 황궁의 진귀한 보물들과 다를 바가 없었다. 전문적으로 제사에 사용한 예기를 제외한 각종 용기는 이미 주례의 속박에서 완전히 벗어나 실용성과 예술성을 동시에 추구하고 있었다. 다른 한편으로 마차는 이미 전장에서 '퇴역' 하고 일반적인 교통 수단이 된다. 한 조정은 마차의 승차에 엄격한 제한을 두었다. 위로는 황실에서부터 아래로는 문무백관에 이르기까지 각기 차등을 두어 결코 어길 수 없었다. 그런데 동한에 들어서서는 유유히 여유를 즐기는 우차(牛車)가 귀족들 사이에서 새롭게 유행했다.

**신분을 과시하는 생활 용품**_ 한대 귀족의 생활 용품은 실용성과 예술성을 중시하는 외에도 전체 주거 환경과의 조화에도 무척 신경을 썼다. 우아함과 고귀함을 추구하는 풍조는 시대적 특징이었다. 서한 초 황궁과 왕실에서 새롭게 유행한 여러 가지 스타일의 조명 기구와 방향(芳香) 용구는 신분의 고귀함을 더욱 더 드러내 주었고 귀족들 사이에서 빠르게 퍼져 나갔다.

바깥쪽은 출행하여 노닐고 말타고 사냥하며 술 마시고 잔치하는 등 귀족들의 생활 장면을 채색하여 그렸다.

안쪽은 인물 도안을 채색하여 그렸다.

**거마와 사람을 그려 넣은 동 거울**
귀족들이 사용하던 동 거울은 무늬가 섬세할 뿐 아니라 도금이나 상감 공예 기법, 그리고 당시 유행하던 장식이나 명문까지 채용하였다. 명문의 내용으로는 고관의 후한 녹봉과 부귀 장수 등을 기도하는 길상어를 넣은 것을 가장 흔히 볼 수 있다. 이는 당시 귀족 계층의 부귀 향락을 추구하던 인생관을 반영한다.

기름을 연소시켜 나오는 연기는 물고기와 기러기 몸을 통과하여 기러기 몸속으로 들어가 연기가 실내를 오염시키는 것을 방지한다.

움직일 수 있는 등갓은 밝기를 조절한다.

등받침의 흔들림을 억제하는 손잡이

등받침

**청동제 등**
이것은 귀족이 사용하던 조명 기구이다. 기러기 머리와 몸체, 등잔 받침, 등갓의 네 부분으로 이루어져 있으며 실용성과 예술성을 동시에 추구하였다.

**교통 수단과 의장**_ 전차가 한대의 전장에서 퇴역하게 되자 전차의 수로 국력을 가늠하던 것은 점차 사람들의 기억 속에서 흐릿해져 갔고 사람들의 머릿속에서 마차는 교통 수단이 되었다. 서한 정부는 승차 제도에 대해 엄격한 규정을 두었다. 마차의 서로 다른 모양과 구조는 각 계층의 신분을 나타내는 것이었다. 서한의 마차는 진대와는 달리 차간(車箱)이 소형화, 간편화, 쾌적화되었다. 진대에서 가장 높은 등급이던 네 마리 말이 끄는 수레는 한대에서도 여전히 황제와 제후의 전용이었고 봉록(俸祿)이 600석 이하인 관원들은 모두 두 마리나 한 마리의 말이 끄는 수레를 타야 했다. 동한에 이르면 이러한 질서는 점점 흐트러져 귀족들이 대체로 분에 넘치는 마차와 의장(儀仗)으로 세력을 과시하였다. 동한 말 황제의 제창 하에 고관귀족(高官貴族)들은 우차 타는 것을 영광으로 여기게 되었다.

**청동제 투조 향로**

서한 초기의 이 향로는 황실 깊숙이 감추어 둔 고급 방향 용구이다. 향료는 모두 장거리 운반을 해 온 것이므로 가격이 비싸서 황제와 제후만이 누릴 수 있는 물건이었다. 서한 중기에 이르면 향기를 피우는 풍조가 귀족 계층 사이에 널리 퍼지게 되는데, 그들이 사용한 향로의 조형은 황제의 향로를 완전히 모방한 것이었다.

**동 마차**

이것은 귀족 여성이 타던 마차로 차체가 작고 깜찍하다.

**귀족이 마차를 타고 출행하는 벽화**

귀족이 한 필의 말이 끄는 마차를 타고 출행하고 있다. 한대의 제도에 의해 추측해 보면 그들은 연봉 600석 이하의 비교적 급이 낮은 관원이었을 것이다.

**우산대에 그려진 수렵 무늬 도안**

화면은 귀족들의 수렵을 주제로 하였는데 사람과 동물이 치고 받으며 싸우는 장면을 생동적이면서도 섬세하게 그려낸 한대 예술의 걸작품이다.

**수렵 무늬를 상감한 우산대**

이것은 귀족의 마차에서 우산을 지탱하는 대로, 터키석과 붉은 마노(紅瑪瑙)를 상감하였다. 마차의 부속품이 이토록 섬세하고 아름다운 것은 한대 귀족의 마차 장식이 얼마나 호화로웠는지를 실감케 해 준다.

**나무로 만든 우차 모형**

한대 마차는 대체로 지붕이 없었다. 그리고 한대 사회의 예의에 의하면 수레를 탈 때에는 앉든지 서든지 간에 모두 단정한 자세를 유지해야 했다. 하지만 우차에는 대부분 비나 햇빛을 가리는 덮개가 있어서 뒤에 탄 사람이 마음대로 자세를 취할 수 있었고 지나가는 사람들이 볼까 봐 걱정할 필요도 없었다. 게다가 우차는 천천히 다녔으므로 마차보다 더 편안했다. 우차를 타는 것이 더 편해지자 우차는 고급 수레가 되어 신속히 퍼져 나가기 시작했다. 이것은 한대 귀족이 타던 우차로, 원래 있던 수레 덮개는 이미 못쓰게 되어 버렸다.

# 귀족의 옷

한대의 복장은 기본적으로 진대의 유풍이 이어져 관원이나 평민 할 것 없이 모두 심의(深衣)를 주로 입었다. 또한 원래 평민 계층에서 편하게 입던 단의(短衣)가 상류 계층으로 옮겨 갔다. 귀족이 권세를 과시하는 풍조가 날로 성해짐에 따라 황실의 복장과 디자인은 상류 사회에서 추구하는 시대적 조류가 되었다. 방직업의 발달로 우수한 원단을 추구하게 되었고 스타일과 무늬, 색깔이 부단히 새로워졌다. 다민족 통일 국가의 형성으로 소수 민족의 복장의 영향을 받기도 하였다. 그러면서 한대의 복장은 한층 풍부하고 다 채로워졌다.

**심의의 속박을 벗어 버리다_** 심의는 전국 시대에 등장해 유행한 장포 스타일의 복장이다. 둥그런 옷자락으로 몸을 여러 겹 둘둘 말아서 몸 전체를 가리는데, 깊숙하여 빈틈이 없다. 신분이 높은 사람일수록 둥그런 옷자락을 더 많이 감았다. 전국 시대에서 한대까지는 위로는 백관에서부터 아래로 평민에 이르기까지 모두 심의를 평상복으로 입었고 황제도 평상시에는 심의를 입었다. 그러나 심의는 몸을 꽉 싸매어 행동이 불편했고 옷감도 낭비가 되었으므로 여유와 향락에 신경을 쓰던 한대 귀족들에게는 적합하지 않았다. 그래서 서한 초 심의는 한나라 귀족들의 취향에 맞게 개량되기 시작하여 굽은 옷자락이 점점 짧아졌다. 남성용은 뒷가림을 없앴

**견 바탕의 신기수 장갑**
'신기수(信期繡)'는 한대의 자수 방법 중 하나이다. 이는 귀족 여성들이 겨울철에 끼던 장갑이다.

**심의를 입은 나무 인형**
이것은 귀족 가문의 비교적 신분이 높은 가신(家臣)의 형상이다. 가신은 규율과 예의를 몹시 따지는 직업이다. 그는 심의를 입고 있지만 굽은 옷자락이 이미 많이 줄어들어 한 바퀴만 두르고 있다.

고 여성용은 반원 정도만 감아서 원래보다 훨씬 느슨하게 하였다.

**귀족 여성의 평상복_** 한 무제 시기에 황실에는 옷자락으로 몸을 감지 않는 곧은 옷자락의 장포가 나타났다. 이러한 느슨한 스타일의 복장은 빠르게 귀족들 사이에 퍼져 가정에서는 남녀 공용의 평상복이 되었다. 그러나 실외에서는 입지 않다가 서한 중기 이후에 이르러서야 점차 귀족 여성 전용의 평상복이 되어 외출 시에도 입을 수 있게 되었다. 장포는 일단 편안하고 심의에



황제의 나라

비해 40퍼센트의 옷
감이 절약되었다
(폭 0.5미터의 옷감
을 예로 들면 심의는 32미터의
옷감이 필요하지만 장포의 경우 불과
18미터가 필요하다). 아울러 원단에 상
당히 신경을 써서 여름철에는 얇은 명주
〔薄絲〕나 견을 사용했고 봄가을에는 비교적
두꺼운 공단〔織錦〕을 사용했으며 겨울철에는
솜을 넣었다.

**신발, 양말, 장갑**＿ 귀족 여성의 의
상은 전체적인 느낌에 신경을 많이
써서 옷과 세트를 이루는 신발, 양
말, 장갑 등 소품의 무늬나 도안,
혹은 색채가 모두 적절히 조화를
이루도록 했다. 여름철은 사견(絲絹)을 위
주로 하고 색채가 수수한 편이었고 겨울철은 두꺼
운 비단〔厚錦〕과 수놓은 옷감을 위주로 하여 색채가 강
렬하고 아름다웠다.

**간결하고 명쾌한 패물**＿ 한대 귀족이 패용한 패물
은 여전히 금·은과 옥 등 귀금속을 위주로 하였다. 그
종류와 도안은 진대의 유풍을 그대로 따라 용봉 무늬
가 주류를 차지하였고 간결하고 명쾌한 스타일에 생기
가 넘쳤다.

짧고 둥근 옷자락

**고운 비단에 신기수를 놓은 면포**
이것은 서한의 귀족 여성들이 입던 면포(綿袍)
로 굽은 옷자락이 짧게 개량되었고 몸통과 소매
모두 넉넉하다.

**유행하던 테 두르기**
한대 귀족들에게는 남녀 불문하고 모두 넓고 큰 테를 둘러
서 장식하는 것이 유행하였다. 의복과 테는 왕왕 색채 대비
가 뚜렷하여 짙은 색 옷에는 옅은 색 테를 두르는 것이 당시
의 유행 풍조였다. 이것은 전문적으로 옷에 테를 두를 때 사
용하는 실크 제품으로 무늬와 솜털이 입체감을 갖고 있어
눈에 더 잘 뜨인다.

**얇은 명주에 신기수를 놓은 향 주머니**
한대 귀족들은 향기를 좋아하여 거의 모든 곳에서 향기가 나게 만들어 놓았다.
그들은 집안에 향로를 피워 향기를 뿜었을 뿐 아니라 옷과 일상 용품에서도 향기
가 나게 하였다. 신분이 높은 여자는 외출할 때에도 향료를 담은 실크 주머니를
휴대하였다. 계절의 변화에 따라 그 계절에 맞는 실크제 향 주머니로 바꾸며 복
장과의 조화에도 무척 신경을 썼다. 향료 역시 철따라 바꾸었는데 모두가 남양
(南洋)에서 수입한 고급 향료였다. 이것은 귀족 여성들이 봄가을 두 계절에 가지
고 다니던 향 주머니이다.

**금실 목걸이**
귀족이 차던 목걸이로
금실로 짠 공예가
매우 섬세하고
기예가 뛰어나다.



다
원
화
된

번
영

사
회

# 장원 내 하층 계급의 삶

한대에는 토지 사유화가 심각해지면서 전국 시대 이래 생겨난 자작농에 큰 변화가 있었다. 토지 합병 중에 파산한 적지 않은 사람들이 장원의 농노나 심지어는 노예로 전락하였다. 동한 말 귀족들의 부의 상징은 토지를 소유하는 것뿐 아니라 수천 수만의 농노와 노예, 그리고 무장한 사병을 보유하는 것이었다. 지위의 고하에 상관없이 장원에 거주하는 사람의 호적은 모두 정부의 관할이 아닌 장원주에 귀속되어 있었다. 따라서 그들은 장원주에게 종속된 생활을 할 수밖에 없었다.

**빈객**_ 서한 초 제후와 귀족은 전국 시대 이래 이어져 온 선비 육성 풍조에 따라 계속해서 빈객(賓客)을 양성하였다. 당시 빈객의 지위는 상당히 높아서 막료나 귀빈과 같았다. 그들은 모두 주인을 위해 계책을 꾸미는 문인모사(文人謀士)였으며 자유로운 신분을 유지했다. 서한 말에도 강호 귀족은 세력을 확대하기 위하여 자주 빈객을 불러들였다. 그러나 이때의 빈객은 그 지위에 이미 변화가 일어 장원주의 주구(走狗) 노릇을 하게 되었다. 그들은 농노의 생산 활동을 감독하고 장원의 무장 조직에도 참가하면서 장원주의 종속인이 되었다. 동한 말에 이르면 빈객은 농업 노동에 참가하거나 사병으로 충당되기도 하면서 농노의 지위로 떨어졌고 노객(奴客)이라 불리게 되었다.

**종친과 사병**_ 장원주와 종친 관계에 있는 가난한 농민들은 장원주의 토지를 소작했다. 그들의 지위는 농노보다 조금 높았다. 귀족은 혈연 관계를 이용하여 종친을 조종하고 농락했으며 귀족을 중심으로 하는 혈연 집단을 구축하였다. 장원의 군사는 종친과 빈객으로 구성되었다. 종친은 평상시에는 농업 생산을 담당

하며 동시에 장원의 치안을 유지하는 역할도 맡았다. 전쟁이 일어나면 장원은 일족 전체가 함께 일어났기 때문에 그 기세가 매우 높았다. 동한의 장원 사병은 심지어 지방 군대의 기능을 대신하기도 하였다. 조정이 지방 군대를 대량으로 삭감하고도 장원의 무장 세력에 의해 지방의 치안을 유지할 수 있을 정도였다.

**귀족과 빈객 그림**
화면은 두 부분으로 나뉜다. 윗부분은 장원주와 빈객이고 아랫부분은 기예와 가무를 하는 장면이다. 장원주가 빈객의 호위와 수행 하에 가무를 관람하고 있다.

**농노**_ 장원의 주요한 생산자는 파산한 자작농들이었다. 그들의 신분은 빈객과 사병보다 낮았지만 마음대로 매매할 수는 없었다. 규모가 큰 장원에는 일반적으로 1만 명에 달하는 농노가 있었다. 그들은 장원주의 토지를 소작했고 수확한 후에는 소출의 2분의 1을 지세(地稅)로 내야 했다. 또한 무상으로 장원주를 위한 노역에 참가했다.

**노예**_ 노예는 장원에서 지위가 가장 낮았다. 그들은 토지를 잃었을 뿐만 아니라 몸의 자유마저 잃어 장원주의 사유 재산으로 취급당했다. 한대에 노예의 수가 증가함에 따라 자유로이 매매할 수 있게 하였고 노예 시장은 상당히 활기를 띠었다. 노예는 소나 말처럼 팔려 다녔다. 노예 한 명의 가격은 약 1천에서 2만 전으로 소 한 마리의 가격 정도였다. 노예 매매는 일찍이 전국 시대 초에 이미 사라졌다가 동한에 다시 나타났는데, 당시의 특이한 사회 현상이었음이 분명하다.

**목욕하는 아이**
농가의 아이가 누추한 빨래 대야에서 목욕을 하며 즐거워하고 있다.

**무릎 꿇고 앉아 있는 여성 노예**

**도제 인형 요리사가 음식을 바치고 있다**
장원에서 노예는 생산직과 비생산직의 두 종류로 나뉘었다. 생산직 노예는 주로 수공업 노동과 농사일에 종사했다. 비생산직 노예는 주로 집안일을 하거나 춤추고 연주하는 일을 하였다.

**장원의 부엌에서 밥 짓는 모습을 그린 벽화**

**무장을 한 사병**
무사 차림을 하고 손잡이에 고리가 달린 장도를 허리에 차고 있다. 오른손에는 줄[繩]을 들고 왼손에는 키(곡식 가공용)를 들고 있는데, 이는 사병이 병사이면서 동시에 농부라는 것을 말해 준다. 동한 시대 귀족 장원의 사병은 봄·가을 농사가 한가한 시기에는 사격 훈련을 하고 평상시에는 순찰과 보위를 담당하였으며 농사가 바쁠 때에는 농사일을 하였다.

**세를 거두어들이는 모습**
한 장원주가 농노에게 지세를 거두어들이는 장면이다.

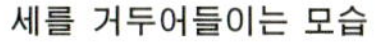

# 문예와 과학 기술

한 왕조
기원전 206년~기원후 220년

# 민간의 속악이 궁정으로 진출하다

선진 시대에는 주례를 핵심으로 하는 궁정 아악이 줄곧 독점적 지위를 차지하였다. 서한에 이르자 이미 쇠퇴해 가던 전통 아악은 민간 속악에 의해 추월당하게 되고 이때부터 중국 음악에는 중대한 변화가 시작되었다. 한대의 제왕들은 대체로 악무(樂舞)에 정통하였고 따라서 궁정 악부는 상당한 활약을 하였다. 특히 한 무제 시기에 악부는 각 지역 소수민족의 민간 음악을 대규모로 채집하고 서역 등 외래 음악의 요소들을 흡수하여 완전히 새로운 가사(歌詞)와 곡조(曲調)를 창조해 냈다. 이때부터 속악은 궁정과 민간 모두에서 주도적 위치를 차지하게 되었다.

**개혁에 직면한 아악**_ 한은 진의 제도를 계승하여 궁정의 악무를 주관하는 최고 관서인 악부를 설립하였다. 당시 조정에서는 중대한 의식을 거행할 때마다 주례를 따르는 아악을 연주했다. 편종과 편경을 위주로 하였기 때문에 '금석지악(金石之樂)'이라 불렀다. 악무 또한 주례의 제정에 의거한 예악이었다. 낡은 의식을 답습한 까닭에 형식에서 내용에 이르기까지 답답하고 경직되어 있었던 아악은 번성해 가며 생기가 넘쳐 흐르는 한나라의 이미지와는 결코 어울리지 않았다. 궁정 악부는 위기에 직면하였다.

한 무제는 악부의 개혁을 추진한 첫 번째 인물이다. 그는 시가나 민요, 혹은 서역에서 전해져 온 호악(胡樂),



황제의 나라

**우**
우(竽)는 관악기 중에서 가장 선진적인 악기이다. 길이가 같지 않은 여러 개의 관(管)이 장치되어 있고 각 관마다 리드(reed:관악기의 부리에 장착하여 그 진동으로 소리를 내는 얇은 조각−옮긴이 주)가 있어서 입으로 불면 리드가 관 속의 기류를 진동시켜 소리를 내었다. 이런 악기는 직접 입으로 불어서 연주하는 피리나 퉁소보다 소리가 더 풍부하였다. 우는 한대의 악대에서 가장 중심의 자리를 차지했다. 이는 악대 연주에서 주선율(主旋律) 악기이자 다른 악기를 위해 음을 정하는 표준 악기이기도 했다.

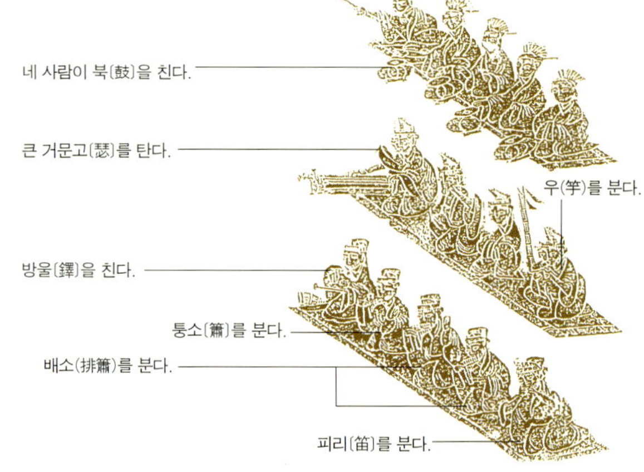


**속악 연주 장면**

호무(胡舞)를 포함하여 각지에 유행하는 속악을 채집하도록 하였다. 그리고는 그 위에 가공과 창작을 더하여 완전히 새로운 음악과 무용을 탄생시켰다. 궁정 악부에서 새로 창작한 음악, 무용은 내용적으로도 새로운 뜻을 담고 있을 뿐만 아니라 형식 면에서도 또한 크게 변화한 것이었다. 백희, 기악(伎樂)*, 각저(角抵)* 등 민간에서 환영받던 예술 형식이 황궁의 고상한 자리로 옮겨졌다. 연출 규모가 성대하여 어떤 장면의 기악은 1천 명이나 되는 많은 사람이 등장하기도 했다. 이로써 민간 속악이 지난날 음악계에서 군림하던 아악의 아성을 무너뜨리고 정식으로 궁정 음악의 대열에 진입하였다.

**속악의 비약**_ 한대의 황제들은 속악을 좋아하는 것을 부끄럽게 여기던 전국 시대 제선왕(齊宣王)과는 완전히 다른 생각을 갖고 있었다. 한 고조 때부터 여러 황제들은 모두 속악을 추앙하였다. 또한 노래도 잘하고 춤도 잘 추었으며 악곡을 연주할 줄도 알았다. 직접 시를 읊고 작곡을 하기도 하였다. 황제가 몸소 실천하는 가운데 궁정의 가공을 거친 속악은 더욱 고상하고 정련된 형식으로 민간으로 돌아왔다. 속악이 상류 사회에서 유행하자 귀족들도 장원에서 속악을 연주하기 시작했다. 민간 속악은 궁정 악사의 재창작을 거치면서 크게 비약하였고 우수한 작품과 인재가 많이 나타나게 되었다.

**관현악의 발전**_ 속악의 공연 형식은 다양하였으며 노래와 가락이 서로 조화를 이루었다. 속악의 가사는 상화가사(相和歌詞)와 고취곡사(鼓吹曲詞) 둘로 나뉜다. 상화가사는 원래 황하 유역에 전해지던 민가 민요로, 반주 없이 노래를 한 사람이 부르고 나서 여러 사람이 따라 부르는 형식이었다. 서한은 악부의 재창작을 거치고 관현악기의 반주를 추가하여 곡조를 더욱 완곡하고 듣기 좋게 하였다. 고취곡사는 북방 유목 민족에 기원을 두고 있어 내용에 전쟁, 수렵, 방목과 관련된 것들이 많다. 악부의 재창작을 거친 후 취주악과 타악(打樂)으로 반

주를 하여 기세가 더욱 웅장해졌다. 의식이나 출전, 천자 알현 등의 장엄한 상황에서는 언제나 고취곡사를 연주하였다. 한대 민간에 가장 폭넓게 퍼진 것은 상화가사이고, 그것을 반주하는 관현악도 따라서 흥성하게 되었다. 관악기에는 우, 생황(笙), 피리, 퉁소 등이 포함되고 현악기에는 큰거문고, 거문고(琴), 공후(箜篌), 비파(琵琶) 등이 포함되었다.

**나무로 깎아 만든 관현악대**
이것은 귀족이 보유하고 있던 개인용 악대의 모습이다. 전형적인 소형 관현악대로 우를 부는 연주자 두 명과 큰거문고를 타는 세 사람으로 이루어져 있다.

**세 사람이 연주하는 모습을 장식한 혁대 버클**

**옻칠을 한 25현 큰거문고**
큰거문고에는 25현(鉉)이 있고 하나의 현은 하나의 음을 낸다. 비교적 오래된 현악기이다.

*기악 : 음악과 춤
*각저 : 전국 시대에 시작되었으며, 진대(晉代) 이후에는 '상박(相撲)'이라고 했다. 현대의 씨름과 유사하다.

# 무용 예술의 첫 번째 절정기

한대는 중국 역사상 무용 예술이 절정에 이른 최초의 시기이다. 무용은 궁정 의전(儀典)의 중요한 공연 형식으로 황제에게도 매우 중요시되었다. 악부는 민간 무용의 광범위한 채집을 통해 전통적 아악 무용을 개량하고 청신한 기운을 불어넣었다. 한대의 무용은 초나라의 스타일과 아악의 스타일, 서역의 스타일이 서로 융합된 것이 특징이다. 특히 서역과 서남 소수민족의 영향은 한대의 무용이 공연성을 갖게 하는 데 큰 몫을 하였다. 한대의 무용은 예술과 감정의 결합을 중시하는 무용 예술의 한 차례 커다란 비약이었다.

**아악무의 비약_** 한대의 아악무(雅樂舞)는 궁정 음악과 마찬가지로 민간의 풍부한 자양분을 흡수하여 일련의 우수한 작품을 창작해 냈다. 한 고조의 『대풍가(大風歌)』는 황제에게 제사 지내는 아악무로서, 서한 궁정에서 100여 년간 공연되었다. 이 춤은 초가(楚歌), 초무(楚舞), 초사(楚辭)에서 채집한 것으로 아악무의 고전이라 할 만한 작품이다. 한대의 춤은 단순히 기교를 표현하는 초급 단계를 이미 훨씬 뛰어넘어 예술과 인물의 감정을 결합하는 단계에 이르렀다. 무용수는 인체의 여러 가지 아름다운 동작과 뛰어난 기교를 통해 특정 상황 하에서의 사상과 감정을 표현하였다. 강렬한 연기력

**도제 무희 인형**
귀족 장원에서 춤추고 있는 무희의 형상이다. 무희는 긴 소매를 펼치며 춤을 추고 있다. 나풀거리는 비단의 긴 소매는 신선이 되고 싶다거나 새처럼 날고 싶다는 희망을 표현한 것이다.

을 갖추게 된 것은 무용 예술의 한 차례 비약이라 할 수 있다. 춤은 대체로 백희와 한데 엮여서 공연되기는 하였지만 이미 성숙한 공연 형식을 갖추고 있었고, 또한 백희로부터 점차 독립해 나오기 시작했다.

**궁정과 귀족의 무희_** 한대 무용 예술 분야에서 가장 큰 활약을 한 것은 궁정과 귀족의 총애를 독차지한 일군의 무희들이었다. 그녀들은 민간의 무희들과는 달리 장기간 정규 훈련을 거친 우수한 인재들이었다. 공연했던 작품은 대개가 궁정 악부의 정련을 거친 것들이

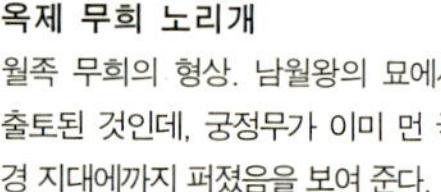

**옥제 무희 노리개**
월족 무희의 형상. 남월왕의 묘에서 출토된 것인데, 궁정무가 이미 먼 국경 지대에까지 퍼졌음을 보여 준다.

**쟁반춤을 추는 모습의 고리 장식**

전인의 귀족 복장에 있는 고리 장식이다. 두 남성 무용수의 코가 높고 눈이 움푹한 것으로 보아 분명 서역 사람일 것으로 보인다. 그들은 발로 뱀한 마리를 밟고 노래를 부르면서 춤을 추고 있는데 동작은 매우 과장되어 있다. 중원의 절요무(折腰舞)나 잡기(雜技)의 쟁반 받쳐들기 동작과도 비슷하다. 쟁반을 들고 춤을 추는 모습에서 열렬하고 분방한 리듬감이 가득 넘친다. 한대에는 서역의 호악, 호무가 대량으로 유입되어 궁정 악무에 커다란 영향을 주었고 서남 변방의 전족에게까지 침투되었다.

었다. 그들의 공연을 통해 원시적 형태의 무용 기교는 크게 향상되었다.

**평민에게 내려간 무용**＿ 한대의 궁정 무용은 점차 평민화되었고 스스로 춤을 즐기는 경우도 많아졌다. 당시 민간에는 춤과 음악을 배우는 사람이 꽤 많았는데, 그들은 일상 속의 각종 상황에서 즉흥 연기를 하여 자신의 감정을 토로하기도 했다. 친구들 간에 모임을 할 때에도 주인은 언제나 손님들에게 음악과 춤 공연을 관람하게 하고 함께 춤추기를 청하였는데 당시에는 그것을 예절로 여겼다. 이는 또한 한대에 춤이 어느 정도로 보급되었는지를 반영해 주는 것이기도 하다.

**방울춤을 추는 모습의 고리 장식**

방울춤(鈴舞)은 전족의 춤이다. 춤을 추는 사람은 높고 뾰족한 모자를 쓰고 왼손으로 방울을 흔들며 나풀나풀 춤을 추고 있다. 방울 소리는 춤에 따라 리듬 있는 음악 소리를 낸다. 한대의 궁정 속악 중에도 '탁무(鐸舞)'라는 것이 있는데, 무용수가 손에 큰 방울을 들고 춤을 추는 것이 이 방울춤과 아주 비슷하다.

**답고무를 추는 모습**

이것은 민간 가무의 장면으로, 한대에는 꽤나 알려진 답고무(踏鼓舞)를 공연하는 모습이다. 앞줄 가운데에 있는 여자 주인공은 바닥에 있는 일곱 개의 반고(盤鼓) 위에서 뛰어오르며 춤을 추고 동시에 양발로 리듬감 있게 북 소리를 연주해 내고 있다. 반고무(盤鼓舞)는 잡기의 기교를 흡수하고 거기에 춤 동작을 결합한 것으로, 한대에 한때 유행하던 독특한 춤이다.

# 한의 공연 예술

한의 경제적 번영과 국력 신장은 공연 예술에도 큰 변화를 일으켰다. 백희의 성황은 이 새로운 시대의 왕성한 사회적 욕구를 뚜렷이 보여 준다. 백희는 한대 공연 예술에 대한 총칭으로 음악, 무용, 잡기, 마술, 각저희(角抵戲) 등이 포함된다. 한대 궁정에서 행해지던 각종 축전 및 민간의 경축 행사에는 언제나 백희가 공연됐다. 수백에서 수천에 이르는 사람이 한 무대에 나와서 노래를 부르고 춤을 추는데, 그 장면이 장관이었다. 서역의 호풍이 스며듦에 따라 더욱 활발한 생명력이 넘쳐 흘렀다.

**백희 공연**_ 백희는 민간에서 기원한 오래된 원시 종교 의식인 사화(社火), 나의(儺儀), 무무(巫舞) 등에서 발전한 것이다. 백희는 한대에 처음으로 궁정에 전해지기 시작하여 한 무제의 강력한 후원으로 한동안 크게 성행하였다.

기원전 108년 한 무제는 황가(皇家)의 원림에 있는 임원(林苑:임금이 사냥하고 놀던 동산-옮긴이 주)에서 대규모의 백희 공연을 거행하니, 주위 300리 안에 사는 백성이 전부 나와서 관람하였다. 백성들이 일시에 거리로 나온 이 공연은 당시 대단한 사건으로 알려졌다. 한 무제의 제창에 의해 궁정 악부에서 주관하던 백희 공연은

**무당 춤을 추는 전인 청동 인형**
무당 춤은 백희의 원시적 형태이다. 이것은 서남 전인이 풍작을 기도하며 춘 무당 춤인데, 그들의 복식과 춤 동작은 모두 원시 종교의 색채를 띠고 있다.

**물구나무서기를 하는 인형**
물구나무서기는 잡기 중에서 가장 기본적인 동작으로 현대의 잡기 공연에도 여전히 남아 있다.

매년 한 차례씩 거행되었고 그것이 동한에까지 이어졌다. 후에 백희는 조정에서 외국의 손님을 접대하는 중요한 공연 항목이 되기도 하였다. 궁정의 백희 공연의 형식은 신속하게 귀족들에게도 영향을 주어 장원 내에서 연회를 베풀거나 집회를 거행할 때 백희는 없어서는 안 될 클라이막스가 되었다.

**잡기와 마술**_ 한대에 민간에서 전해진 잡기는 춤의 영향을 많이 받은 것이었다. 연기하는 동작은 단순히 아슬아슬하고 특이한 기교를 자랑하던 것에서 리듬감과 아름다움을 추구하는 것으로 변해 갔고, 음악과 춤을 곁들이면서 예술적 분위기를 강화하였다. 궁중에서 공연되던 한대의 잡기는 늘 새로운 것을 추구하고 더욱 뛰어난 기교를 계속 선보였다. 로마 등지에서 온 마술은 백희 공연 중에서도 이채로운 것이었다. 불뿜기〔吐火〕나 저글링(juggling:두 손으로 여러 개의 공을 위로 던져

악무와 백희를 그린 그림

잡기를 공연하는 모습의 도기 인형들
민간의 잡기 공연 장면이다. 악대 반주자, 잡기 연기자, 관중의 세 부분으로 이루어져 있다.

받아 내고 또 다시 던져 올리는 동작을 반복하는 것 - 옮긴이 주) 등의 종목은 신기하고 아슬아슬한 기교로서 중원 사람들의 시야를 넓혀 주었다.

**설창 공연**_ 한대 민간에 유행한 우스갯소리의 일종인 설창(說唱) 공연은 일반적으로 두 사람이 마주보면서 이야기하고 노래도 부르면서 남을 웃기는 것이다. 북 치고 노래를 불렀으며 익살맞고 과장된 언어와 동작을 사용하였다. 설창 연기자는 '배우(俳優)'라고 불렸는데, 춤추고 노래하는 사람보다 신분이 낮았다. 공연 장소에 별로 신경을 쓰지 않고 항상 귀족 장원의 누각 입구 같은 곳에서 즉석 연기를 했다. 이러한 연기는 백희에 포함되지 않아 독립된 연기 형식을 갖고 있었다. 비록 궁정에서 어쩌다 공연될 때도 있었지만 유행하지는 않았던 것 같으며, 그 때문에 고상한 자리에는 오르지 못하고 길거리에서 백성이 즐기는 공연 예술로 남았다.

**희극의 원형**_ 한대에는 일종의 분장 연기가 있었다. 상징과 사

실이 결합된 수법으로 무술 동작 등을 이용하여 이야기를 이어 나갔는데, 이를 '각저희'라 불렀다. 내용은 역사 이야기 위주였다. 예를 들면 "이도살삼사(二桃殺三士)", "동왕공과 서왕모(東王公與西王母)" 등이었다. 이러한 공연 형식은 이미 희극의 기본 요소를 갖추고 있었다.

**낙타가 악무인을 태우고 있는 그림**
낙타 위에서 가무를 연기하는 것은 서역의 호풍이 전해진 결과이다. 이러한 공연 형식은 가무와 잡기를 하나로 합친 것이다.

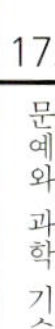





각저도

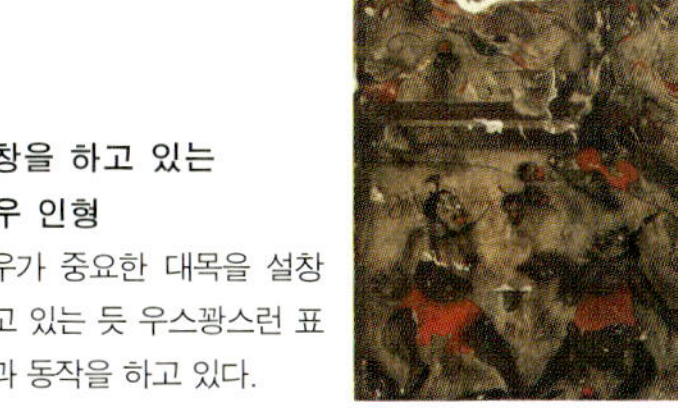

**설창을 하고 있는 배우 인형**
배우가 중요한 대목을 설창하고 있는 듯 우스꽝스런 표정과 동작을 하고 있다.

# 천문과 지리

한 고조 이래 한대의 황제는 모두 과학 기술의 혁신과 창조를 중시하였다. 특히 실용적 과학 기술에 대해서는 적극 지지했는데, 전문 기구를 설립하고 관원을 보강했으며 천문, 역법(曆法), 제지술(製紙術), 나침반 등 획기적인 과학 발명품을 전국에 널리 보급하였다. 이런 조건에서 한대에는 경이로운 과학적 성과들이 생겨나게 되었는데, 이는 사회의 문명이 고도로 발전했음을 의미하는 것이기도 하다.

**천문과 역법이 함께 발전하다**_ 한대에는 천체 현상을 관측하는 국가 천문대가 도성 부근에 세워졌고 조정에서 고급 관원을 임명하여 관리하도록 하였다. 동한 낙양의 영대(靈台)는 당시 관측 기구가 가장 발달한 천문대로 유명한 천문학자 장형(張衡)이 주관하고 있었다. 한대의 천문 관측은 이미 상당히 진보적이었다. 우주성체, 일월식, 혜성, 태양 흑점 등의 천문 현상에 대하여 모두 상당한 인식을 가지고 있었으며, 또한 천체의 운행 규율에도 정통했다. 장형이 만든 혼천의(渾天儀)는 천체 좌표를 측정하는 계측 기구이다. 그것은 주천(周天:육안으로 볼 수 있는 천체의 범위-옮긴이 주) 도수가 새겨져 있는 몇 개의 둥근 고리와 망통(望筒)으로 이루어져 있다. 적도 좌표(赤道坐標)*로는 천체의 위치를 표시했는데, 이는 후에 세계 통용의 기본 좌표 시스템이 되었다. 이러한 기초 위에 기원전 104년 한 무제는 국가 천문대에 천체 운행에 부합하는 신역법 태초력(太初曆)을 제정하라는 칙령을 내렸다. 후에 정부는 3년에 걸쳐 천문 관측을 하여 새 역법의 정확성을 검증하였다. 그 결과 태초력은 천체 현상에 아주 잘 들어맞는 과학적인 역법임이 판명되었다. 한대에 처음으로 천체를 보고 역법을 만들기 시작했는데도 그 수준은 당시로서는 세계적인 것이었다. 이렇게 천문이 역법과 병행

**지동의의 구조**
지동의 안쪽 정중앙에는 기둥(都柱)이 하나 설치되어 있고 사방에는 여덟 벌의 지레가 있다. 지진이 발생하면 기둥은 지진파의 작용을 받아 한 벌의 지레를 밀어낸다. 그러면 계측기 밖에 있는 용의 머리가 입을 벌려 공을 토하고 두꺼비가 그것을 받는다. 이렇게 하여 지진의 방위를 알려 주는 것이다.

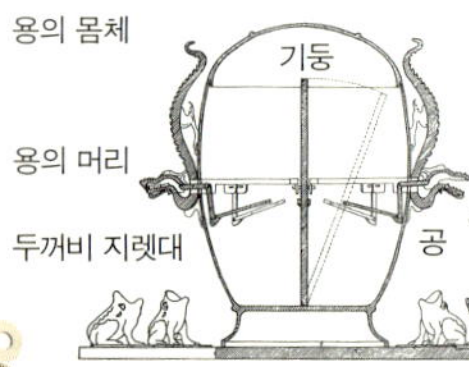

발전한다는 새로운 생각은 후세에도 전해졌고 천문 관측자가 황실의 역법 제정에 복무하는 것이 중국 천문학의 하나의 특징이 되었다.

**지진을 탐측하는 지동의**_ 중국에는 늘 지진이 있었다. 한대 400년 동안 강렬한 지진이 모두 28번이나 발생했고 그중 22번은 동한 시대에 일어났다. 한은 크나큰 피해를 가져오는 지진을 '기이하고 상서롭지 못

한 일'로 여겼다.

132년 동한의 장형은 세계 최초로 지진을 탐측하는 기구 지동의(地動儀)를 발명하여 낙양 영대에 두었다. 기록에 의하면 사람이 느낄 수 없는 지진까지 측정할 수 있었다고 한다. 한 순제(順帝) 영화 3년(138년) 2월 3일 지동의가 갑자기 지진 신호를 보냈다. 당시 낙양의 주민들은 지진을 느끼지 못하였으며 어떤 사람은 지동의가 영험하지 못하다고 왈가왈부하기도 했다. 얼마 안 있어 지금의 감숙성 동남부에 위치한 농서 일대에서 지진이 일어났다는 소식이 낙양에 전해졌다. 농서의 지진으로 성곽과 주택이 무너지고 사상자가 많이 나왔다고 하니 6급 이상의 지진이었을 것이다.

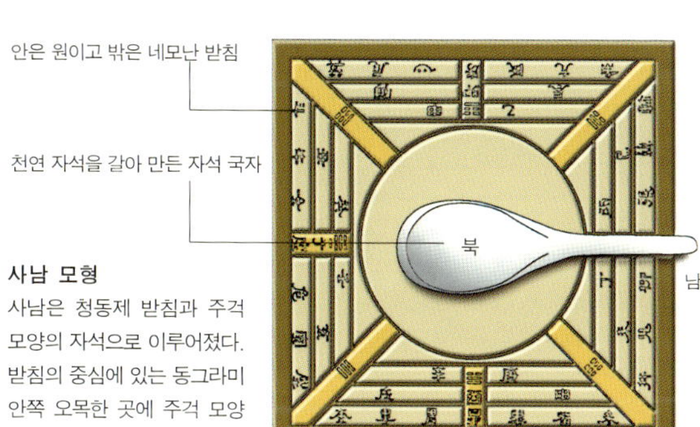


**사남 모형**
사남은 청동제 받침과 주걱 모양의 자석으로 이루어졌다. 받침의 중심에 있는 동그라미 안쪽 오목한 곳에 주걱 모양의 자석을 놓아 두고 받침은 단계별로 나누어 팔천간(八天干), 십이지(十二支), 사괘(四卦)가 주조되어 있어 24방위를 표시한다. 정지했을 때는 자력의 작용에 의해 주걱의 꼬리가 남쪽을 가리키게 되어 있다.

돌로 만든 해시계[石日晷]로 시간을 재는 원리
한가운데 있는 둥근 구멍에는 평면과 수직을 이루는 기둥 모양의 시계가 있는데, 태양의 오르내림에 따라 그림자가 각도 사이에서 이동한다. 일출, 정오, 일몰의 세 점을 표지로 하여 각기 다른 계절과 밤낮의 길이를 측정할 수 있다. 이것으로 물시계의 정확성을 검측한다.

**방향을 가리키는 도구, 사남**_ 한대 사람들은 극을 가리키는 자석의 성질을 이용하여 나침반의 일종인 사남(司南)을 발명했다. 이는 중국 4대 발명 중 하나이다. 고대 중국에서는 남쪽을 귀하게 여겼다. 그래서 방향을 가리키는 도구는 일률적으로 남쪽을 표준으로 삼았으며, 그래서 도구의 명칭도 '지남(指南)' 또는 '사남'이라 했다. 중국의 나침반은 2단계의 발전 과정을 거쳤다. 한대는 천연 자석을 이용하여 공구를 제조하는 단계, 즉 사남 단계였다. 1천 년이 넘게 이 방법은 계속 사용되었다. 북송(北宋) 시기 제2단계로 접어들게 되는데, 이때부터는 인공 자성체가 천연 자석을 대체하게 되었다.

*적도좌표 : 적도면을 기준으로, 적경적위(赤經赤緯)를 사용하여 어느 한 천체의 위치를 표시하는 좌표 시스템.

## 사마천의 예언

『사기』 천관서(天官書)는 천문학의 연구 수준을 알려 주고 있다. 사마천은 책에서 금(金), 목(木), 수(水), 화(火), 토(土) 5대 행성의 운행 규율을 중점 연구하고 오행의 운행과 지구 기후의 관계를 기록하였다. 그중 "오행은 하늘의 가운데를 갈라 동방에 쌓이게 되니 중앙에 이롭다[五行分天之中, 積於東方, 中國利]."라는 대목이 있는데, 이 예언은 널리 영향을 미쳐 당시 한대의 백성들 사이에 풍년을 기원하는 길어가 되었다. 1994년 신강성 민풍현(民豐縣) 니아 유적터에서는 사마천의 그 예언이 적힌 비단으로 만든 어깨 보호대가 하나 출토되었다. 서역의 풍격을 지니는 동시에 한인들 사이에서 유행한 길어가 써 있는 것으로 보아 중원 지역에서 니아 일대를 위해 제조한 비단 제품이었을 것으로 보인다.

니아 지역에서 출토된 비단 어깨 보호대

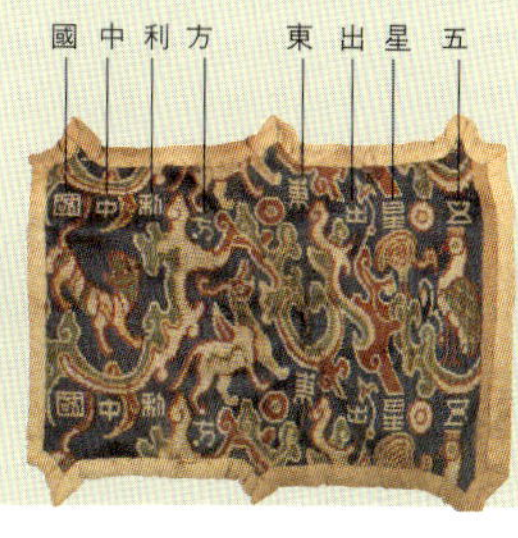

# 제지술과 의학의 발전

강대국 건설의 목표 아래 한 조정은 과학 기술의 혁신과 창조를 특히 중시하여 강력하게 지지하고 추진하였다. 한대의 과학 기술은 경이로운 성과를 거두었다. 제지술의 발명은 고대 중국의 4대 발명 중 하나였으며 세계 문명사에서 볼 때도 위대한 공헌이다. 또한 한대 의학은 당시에 이미 상당한 수준에 올라 있었다.

**채륜의 '제지(製紙)' 전설**_ 한대 이전에 일반인들은 대나무 간독을 이용해 글씨를 썼다. 왕과 귀족 및 그들의 자제는 귀한 비단[絲帛]에 글씨를 쓰고 그림을 그렸다. 하지만 간독은 너무 무거웠기 때문에 읽고 쓰고 책을 장정하기가 쉽지 않았고 비단은 가격이 비쌌다. 서한 중기 비단[絲]과 목화[棉絮], 식물성 섬유를 혼합하여 만든 일종의 필사 재료가 민간에 나왔으니 바로 종이이다. 이때의 종이는 아직 초기 단계에 있었기 때문에 비교적 거칠고 사용 범위도 제한적이었다. 동한 화제 시기 환관 채륜(蔡倫)은 민간의 제지 기술을 총괄하고 제지 원료와 공예 공정을 개선하였다. 나무 껍질, 삼베 찌꺼기, 천 조각, 낡은 어망 등 못쓰는 물건으로 과학적 공정을 거쳐 최상의 재질을 갖는 종이를 만들어 냈다. 105년, 채륜은 그가 만든 종이를 조정에 바쳐 황제의 상찬(賞讚)을 받고 또한 전국에 널리 보급하라는 명령을 받았다. 이 종이를 '채후지(蔡侯紙)'라 한다. 채륜의 제지 기술에 대한 혁명적 개선은 제지업의 대규모 생산을 가능케 하여 종이의 확대, 보급의 시기를 열게 되었다. 진대(晉代)에 와서는 원가가 저렴한 종이가 죽간을 완전히 대체하였다.

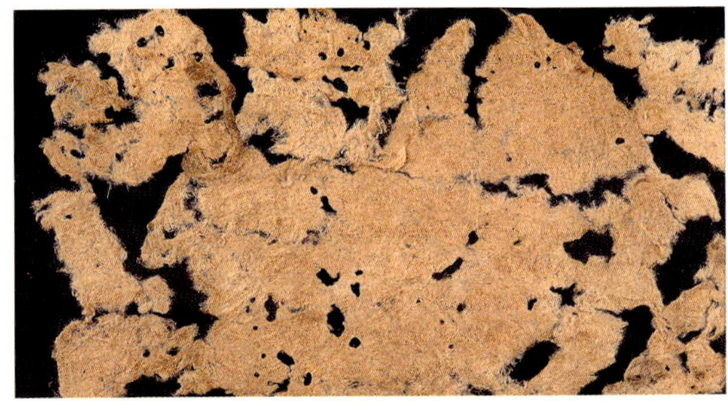

감숙성에서 출토된 서한의 마지(麻紙)

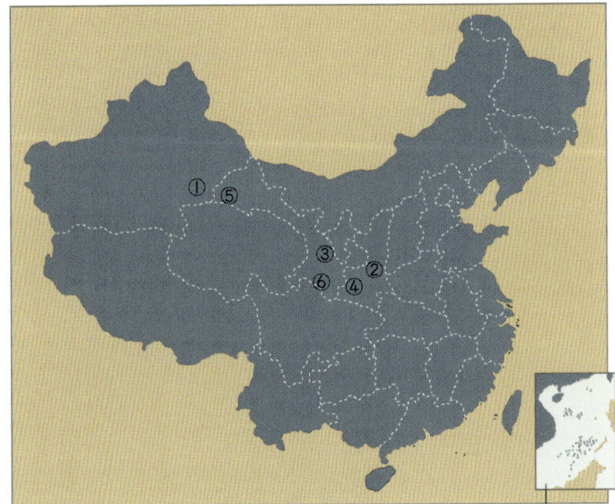


**서한 시대 고지(古紙)의 발견 시간과 장소**
① 1993년 신강성 나포뇨이(羅布淖爾)의 한대 봉화터
② 1957년 섬서성 서안 파교(灞橋) 서한묘
③ 1973년 감숙성 거연 견수 금관(金關) 유적터
④ 1978년 섬서성 부풍(扶風)의 서한 동굴 창고
⑤ 1979년 감숙성 돈황 마권만(馬圈灣) 한대 봉화터
⑥ 1986년 감숙성 천수 방마탄(放馬灘) 한묘

    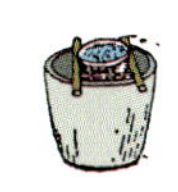  

  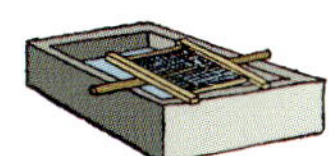 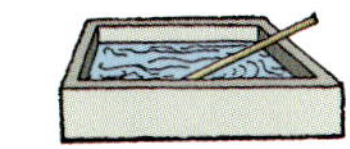 

**중의학 이론과 의료 기구_** 전국 시대 중국 의학계는 진파(秦派)와 제파(齊派)의 둘로 나뉘어 있었다. 진을 대표하는 의사는 침구(針灸) 요법을 중시했고 제를 대표하는 의사는 탕제(湯劑) 요법을 위주로 하였다. 한대는 통일된 정치 체계 하에서 각 파의 학설이 서로 어우러져 임상 진단과 치료라는 의학 체계가 생겨났다. 동한은 중국에서 의학 이론이 창립된 중요한 시기로, 고전(古典)에 속하는 일련의 중의학 저작이 세상에 나왔다. 그중 저명한 의학가 장중경(張仲景)이 지은 『상한잡병론(傷寒雜病論)』은 중의학의 개념으로 처방을 내리고 과학적으로 치료법을 논하는 시스템을 만들게 되었고, 지금까지도 중의학 진단의 기준이 되고 있다. 장중경은 또 각종 한방약 처방 300여 가지를 수록하였는데, 여기에는 여러 가지 흔한 질병의 치료와 처방이 포함되어 있었다. 2천 년 동안의 역사로 그 치료 효과가 실증되어 후세에 이를 '경방(經方)'이라 불

렀다. 또한 의사 화타(華佗)는 침구와 외과 수술로 유명하다. 그가 발명한 마취약은 전신 마취를 하는 개복 수술 환자에게 사용되었는데, 그 효과가 사람들을 경탄케 했다. 그래서 그는 후인들에게 '외과의 비조(鼻祖)'로 찬사받게 되었다. 의학의 발달에 따라 중의약제와 침구에 적용되는 각종 의료 전용 기구도 따라서 생겨났다. 특히 황실이나 귀족 집안의 의료 전용 기구는 점점 완전해져 갔다.

**의료용 금 침**

**주둥이가 긴 은 대야**

이는 서한 중산정왕 유승이 생전에 전용으로 사용하던 의료 용구 세트이다. 사용한 흔적이 있는 것으로 보아 유승이 병이 났을 때 응급 처치에 쓰였던 것으로 보인다.

**의료용 청동 대야**

의료용 대야 위에는 "의공(醫工)"이라는 명문이 새겨져 있다. 의공은 궁정 의사를 뜻한다. 한대에 의사는 사회적 지위가 높지 않았으며 '의공' 또는 '의장(醫匠)'이라는 명칭으로 불렸다.

**은제 깔때기**

은으로 만든 의료기는 고급 용구에 속한다. 위독한 환자의 코나 목구멍으로 약을 넣을 때 사용한다.

**도금한 청동제 냉각기**

약을 담는 그릇, 그 그릇을 담는 삼족기(三足器), 삼족기 밑을 받치는 대야의 세 부분으로 이루어진 의료용 냉각기이다. 약물을 그릇에 담아 삼족기 안에 넣고 국자를 이용해 삼족기 주입구에 찬물을 계속해서 부으면 물은 다시 옆으로 흘러나온다. 이것을 반복하여 마시기 좋은 온도로 약물을 식히는 것이다.

# 미신의 본산

한대의 황제는 진이 법으로 나라를 다스리다 망한 것을 교훈으로 삼아 문치교화를 중시하고 유학을 숭상하였다. 이에 유가의 경전을 해석하는 경학(經學)이 중국 문화의 정통이 되었다. 동시에 한대는 음양오행설을 기반으로 하여 천신 숭배를 제창하고 황제를 신격화하면서 국가 종교 법전을 만들었다. 음양오행설은 국가 종교라고 하는 신성한 탈을 쓴 채 한대에 크게 유행하였는데, 심지어 유학과 도교에도 음양오행의 색채가 뒤섞이게 되었다. 동중서(董仲舒)는 이러한 학설에 기반하여 유학을 개조하였고, 그것이 국가 종교 법전과 하나가 되었으며 이를 통해 국가를 통치하는 정신적 역량이 공고해지게 되었다. 이때부터 한대 사회는 미신적 색채와 귀신 관념으로 충만해졌다.

**음양오행과 천신 숭배**_ 음양이란 본래 두 개의 대립적인 개념을 나타낸다. 낮과 밤, 남과 여 등이 그것이다. 오행은 옛날 사람들의 사물에 대한 분류로서 세상 만물을 금, 목, 수, 화, 토 다섯 가지로 나눈 것이다. 전국 시대의 백가(百家)에 의해 음양과 오행이 서로 결합된 이론이 생겨났는데 진한 시대에 이르러 이것은 제제(帝制) 운동의 발단이 되었다. 진한 시대에는 '왕조 교체' 라는 정치적 수요에 의하여 황제는 스스로를 천자라 칭하면서 천신에 대한 신앙을 황제에 대한 숭배로 바꾸었다. 음양오행설에 의하면 하늘에는 오제

### 한대의 천신

| 주관하는 방위 | 천제(天帝)의 명칭 | 천신의 형상 | 상고 오제의 명칭 |
|---|---|---|---|
| 동쪽 | 청제(靑帝) | 청룡 | 태호구망(太皞句芒) |
| 남쪽 | 적제(赤帝) | 주작 | 염제축융(炎帝祝融) |
| 중앙 | 황제(黃帝) | | 헌원후토(軒轅后土) |
| 서쪽 | 백제(白帝) | 백호 | 소호욕수(少皞蓐收) |
| 북쪽 | 흑제(黑帝) | 현무 | 전욱현명(顓頊玄冥) |

**북방 현무신 와당**
이것은 서한 시대 장안성 궁전 북쪽 지붕의 건축 자재로 북방 현무신(玄武神)의 형상이 새겨져 있다. 한대의 궁전은 대개 사방신의 형상으로 장식을 하였는데, 이는 분명 천신의 보우(保佑)를 구하기 위한 것이다.

가 있는데 그들은 각기 상고 시대의 제왕으로 동, 서, 남, 북과 중앙, 오방(五方)의 사물을 주관한다. 황제 즉위 후의 시운(時運)은 모두가 오행의 순차적 운행 순서, 즉 천의를 따르는 것이다. 진시황은 진이 중국의 서쪽에서 일어났다는 점을 감안하여 황제 제도와 각 예법에 있어 모두 서방(西方)의 신을 표준으로 삼았다. 이때 음양오행은 처음으로 정치 무대에 오르게 된

동한대에 유학의 경전을 강의하던 모습

**사악함을 누르는 인형**
한대 사람들은 귀신과 재앙을 피하기 위해 사악함을 누르는 많은 신을 상상해 냈다. 이 부장품도 그런 것인데, 표정이 험악하여 두려움을 느끼게 한다.

**사방신이 그려진 도기 호(壺)**
이것은 서한에서 흔히 보이던 부장품이다. 용기 몸체에 그린 청룡, 백호, 주작, 현무는 사방신의 형상이다. 귀족의 무덤에는 언제나 벽화를 그려서 사자에 대한 축복을 의탁했다. 반면 평민은 바라는 염원을 각종 용구에다 그려 넣었는데, 이 도기에 그려진 사신(四神)의 도안은 한대에 천신 숭배가 상당히 널리 퍼져 있었다는 것을 증명하는 것이다.

남방신 적제(주작의 형상)

서방신 백제(백호의 형상)

다. 한대의 황제는 또 새로운 관념을 이용하여 천신 숭배의 내용을 충실히 하였고 이를 통해 황제 제도는 한층 더 공고해졌다.

**귀신 관념의 침투_** 서한 시대 왕망(王莽)은 정권 찬탈의 필요성에 의해 멋대로 음양오행설을 널리 퍼뜨리고 유가경학(儒家經學) 및 신괴이설(神怪異說) 등과 합하여 그것을 더욱 더 신비화했다. 동한의 개국 황제 유수는 미신의 잡탕, 참위(讖緯)* 학설을 관방신학(官方神學)으로 여기고 강력히 확대하였다. 이후로 귀신 관념이 사회에 퍼졌고 괴이한 학설이 마구 등장하여 사회의 각 구석으로 침투하였다. 귀신 관념으로 자연 만물을 관찰하고 음양오행으로 사회 현상을 바라보는 것은 이미 한대 사람들의 뚜렷한 특징이 되었다.



## 천당에 대한 동경—한인들의 영혼 관념

이것은 서한 시대 장사(長沙) 지역의 상대후(相軑侯) 이창(利蒼)의 아내의 묘에 수장된 백화(帛畵:비단에 그린 그림)로서, 사자의 승천을 인도하는 깃발[幡引]이다. 깃발의 면은 3단으로 나뉘어 한대 사람들의 천당과 인간 세상, 그리고 저승에 대한 상상을 묘사하였다. 윗부분은 여와(女媧)와 부상(扶桑:중국 고대 신화에서 동해에 있다고 하는 신목으로, 여기에서 해가 뜬다고 함-옮긴이 주)이 천간(天間)에 분포되어 있고 상서롭고 화목한 분위기가 충만해 있다. 중간 부분은 인간 세상이며 묘 주인의 부귀한 생활 모습을 표현하였다. 아랫부분은 저승으로, 음산하고 신비로운 분위기로 가득하다. 이 깃발 그림은 천신 숭배, 도교신선설(道敎神仙說), 참위 학설을 융합하여 한대에 유행한 영혼 불멸의 관념과 다신(多神) 신앙을 체현해 냈다.

달 속에 옥토끼가 있다.

태양 속의 금오(金烏)

귀족 여성의 인간 세상에서의 향락 장면

천신이 천당으로 들어가는 천문(天門)을 지키고 있다.

수족(水族) 신괴(神怪)가 지옥문을 수호하고 있다.

**마왕퇴(馬王堆) 한족 무덤의 백화**

# 제왕을 조종한 신선학가

한대에는 조정에서나 민간에서나 모두 귀신 관념으로 충만한 신비한 분위기 속에서 신선학가(神仙學家)라는 새로운 세력이 돌연 나타났다. 그들은 사람이 수련을 하여 신선이 되면 속세를 벗어나 편안한 신선 생활을 누릴 수 있음을 강조하였다. 이러한 사조는 영원히 부귀영화를 누리고 장생불로의 경지에 이르기를 희구하는 통치 계층에게 커다란 흡인력을 지녔다. 진시황이 선하(先河)를 열고 한 무제가 친히 제창한 신선 풍조는 사회적 호응을 얻고 빠르게 도교 및 음양오행과 결합하면서 사람들에게 쉽게 받아들여졌다. 당시 신선가의 사회적 지위는 매우 높았으며 심지어는 정치 발전의 중요한 역량이 되기도 했다.

**황제와 신선가**_ 전국 시대에는 신선학파가 등장하였다. 그들은 도교와 관련이 있으며 음양오행설의 요소를 채택하기도 하였다. 신선학은 제왕 귀신이 인간사를 주재한다고 하는 일반적인 관념과는 다르다. 그들은 발해에 가면 신선이 사는 신산(神山)이 있고 또 장생불로하는 선약(仙藥)이 있어 사람들이 심신을 수련하기만 하면 선경(仙境)에 이를 수 있다고 공언하였다. 동시에 신선가는 또 신선과 소통하는 방술(方術)이 있어 세인들이 선경에 도달하고 신선의 생활을 누릴 수 있도록

| 오성점복표 | | | |
|---|---|---|---|
| 목성 | 동방 청제의 사자 | 봄을 주관함 | 농업과 수확을 주재함 |
| 화성 | 남방 적제의 사자 | 여름을 주관함 | 가뭄, 장마, 재해를 주재함 |
| 금성 | 서방 백제의 사자 | 가을을 주관함 | 군사와 형살(刑殺)을 주재함 |
| 수성 | 북방 흑제의 사자 | 겨울을 주관함 | 강과 호수를 주재함 |
| 토성 | 중앙 황제의 사자 | | 국토를 주재함 |

도와줄 수가 있다고 했다. 그래서 신선가를 '방사' 라고도 부르는 것이다. 진대가 시작되자 방사는 정치 무대로 올라와 활약하기 시작했다. 진시황은 방사 서복의 유혹으로 여러 차례 사람을 보내 바다에 나가 신선을 구해 오도록 하였으나 끝내 아무것도 얻지 못하였다. 한 무제는 방사를 맹신하고 신선을 동경하는 정도가 진시황을 훨씬 능가했다. 그는 재위한 54년 동안 내내 선경과 장생불로의 선약을 추구하고 방사에 대해서 굳게 믿어 의심치 않았는데, 그의 행동이 사회 풍조에는 좋지 않은 영향을 끼쳤다. 사회적으로 신선을 숭배하고 신선의 길을 추구하는 미신 활동이 생겨났으며 천문학

**금으로 만든 연단로**
이것은 귀족이 수장한 순금으로 만든 연단로 모형이다.

등의 과학을 포함하여 모든 것이 신선과 미신의
색채로 뒤덮히게 되었다.

**점성가와 점성술**_ 한대의 신선가 중
에는 점성가도 있었다. 그들은 천문학에서
의 일월성신 운행과 일식, 월식, 유성우
(流星雨) 등의 현상을 음양오행 및 신선학과
결합하였다. 한대에 가장 널리 보급된 점성술
은 태양계 내에서 태양을 둘러싸고 운행하는
행성을 음양오행에 의해 수성, 금성, 목성,
화성, 토성이라 이름 지은 것이다. 이를 오성점복(五星
占卜)이라고 한다. 오성(五星)이 운행하는 천문 현상을
통해 자연계와 인간 세상의 길흉을 점치는 것이다.

**신비의 연단술**_ 고대 중국의 연단술(煉丹術)은 근
대 화학의 선구로 불린다. 가장 먼저 연단로(煉丹爐)에
불을 붙인 것은 서한의 신선가였다. 한대 사람들은 보
편적으로 금단(金丹)을 삼키면 수명을 연장할 수 있다
고 생각했다. 그래서 신선 방사는 수은, 주사, 황금을
기본 원료로 정련을 하였으며, 아울러 아홉 가지 선단
(仙丹)의 배합 방법과 정련 방법을 알아냈다. 비록 그
목적이 황당하기는 하지만 그래도 방사들의 연단을 통
해 물질의 화학적 성분에 대한 인식이 커지고 과학의
발전에 도움이 되었다.

**사람을 태운 신조**
지금의 산동 일대는 전국 시대 제나라의 옛 땅이자
신선학파의 발원지이기도 하다. 따라서 신선가가
말하는 선경과 선약이 모두 제나라 봉래신산(蓬萊
神山)에 집중되어 있다. 사람들을 태우고 있는 이
도제 신조(神鳥)는 제나라에 신선 풍조가 극히 성
행했음을 말해 준다. 도제 신조는 산동의 귀족묘에
서 출토되었다. 신선가들에 의하면 신조는 사람을
싣고 선경으로 날아갈 수 있었다. 이 수장품은 신
조가 묘 주인과 그가 생전에 누리던 모든 것들을
함께 싣고 선경으로 돌아가는 것을 상징한다.

**점복 지반**
점복 식반의 지반인데 천반은 이미 사라지고 없다. 지반에는 천간과 지지, 28성수
가 새겨져 있고 12지지의 동물과 누각 위의 인물이 부조되어 있다. 네 모퉁이는
천(天), 지(地), 인(人), 귀(鬼)의 4문(門)을 의미한다.

**점복 식반**
이것은 신선가가 점을 치던 용구이다. 음양오행설에 따라 만든 천반(天盤)과 지
반(地盤)은 한대 사람들의 천지(天地)에 대한 인식을 나타내 준다. 천반은 움직
일 수가 있고 그 한복판은 북반성(北半星)이다. 안쪽에는 12월신이 새겨져 있고
바깥쪽 원에는 28성수(星宿)를 새겨 놓았다. 지반 안쪽에는 천간, 지지를 새기고
바깥에는 29성수를 새겼다. 점을 칠 때는 천반을 돌려서 식반(軾盤)이 나타내는
천상(天象)을 관찰하고 다시 음양오행 학설에 따라 길흉을 점쳤다.



# 마귀를 항복시키는 위력

한대의 신선가는 사람들이 신선을 믿도록 인도하는 것뿐만 아
니라 사악함을 누르고 악귀를 몰아내는 활동도 했다. 특히 전
염병이 유행하는 지역에서는 신선가가 장례 의식에서 중요한
역할을 하였다. 장례를 주관하며 악귀를 쫓고 재앙을 없애는
것이었다. 의식을 진행할 때 신선가는 도기로 만든 병에다 붉

**재앙을 없애는 병**
이것은 신선가가 장씨(張氏) 가족을 위해 악귀를
쫓으려고 만든 것이다.

은 글씨로 주문을 써서 사자의 몸 곁에
두고 사자와 그 가족을 위해 악귀를 쫓
았다. 그 병의 이름은 '재앙을 없애는
병'이었다.

# 도교의 창립

도교는 중국의 전통 종교로 미신이 창궐하던 한대에 생겨났다. 선진 시대에 노자를 대표로 한 도가는 한대에 이르러 점차 무술, 점복 등 각종 난잡한 미신 활동과 합쳐졌고 이로 인해 도교가 탄생됐다. 도교는 중국 전통 문화에 뿌리를 내린 종교이며 전파 경로가 상당히 광범위하다. 통치자들은 도교 경전인 『태평경(太平經)』과 『주역참동계(周易參同契)』를 이용하여 교의(敎義)를 전파하였고 백성들 사이에서는 적덕행선(積德行善), 빈곤 구제를 구호로 하는 태평도(太平道)와 오두미도(五斗米道)가 탄생하였다. 그 중 오두미도는 발전 과정 중에 유학 사상이 녹아 들어가 통치 계층으로부터 숭앙받고 마침내 남북조 시대에 전국적 성격의 정통 도교가 되었다.

**전통 문화와 도교**_ 도교는 유구한 역사를 가지며 그 발생 과정은 많은 근원이 모여서 이루어졌다. 가장 이른 근원은 원시 사회의 자연 숭배와 무술로 거슬러 올라갈 수 있다. 자연계의 일월(日月), 산천(山川), 풍우(風雨), 뇌전(雷電)의 많은 신들은 대체로 도교에 흡수되어 기초가 되었다. 한대의 신선가가 선양한 득도승선(得道升仙) 학설은 도교의 신앙적 핵심이고 우화등선(羽化登仙), 기룡승천(騎龍升天) 등은 모두 신선학설에서 변화한 것들이다. 동한 말 많은 신선가는 도사(道士)가 되었다. 노자의 도가 학설에서 기원한 청정무위(淸靜無爲)와 탈속초범(脫俗超凡), 양생장수(養生長壽)도 변화 발전을 통해 도교의 이

**착금한 박산 모양 향로**

향로는 한대의 귀족이 사용하던 향을 피우는 도구이다. 향로의 몸체(爐體)는 봉래선경(蓬萊仙境)을 본떠서 만들었다. 죽 이어진 첩첩 산봉우리, 그 사이에 수풀과 범, 표범, 그리고 멧돼지 등이 있고 활과 화살을 손에 든 사냥꾼도 등장한다. 향로 받침(爐座)에는 세 마리의 용이 투조되어 파도 속에서 용솟음치고 있다. 향로의 연기가 나오는 구멍은 산이 포개진 곳에 은폐되어 있어 향을 피울 때 나오는 연무와 향기가 선산(仙山) 사이에 가물거리는 것이 마치 선경에 있는 것 같은 느낌을 준다. 박산(博山)의 모양을 재현한 이 향로는 도교 신산선경(神山仙境)의 추구에서 영향을 받았다.

론적 체계가 되었다. 노자는 '태상로군
(太上老君)' 이라 불리며 도교의 교주로 추앙되었다. 이
외에도 도교에는 음양오행설과 유학도 녹아 들어갔다.
도교는 한대의 난잡한 신앙의 집대성인 동시에 단단
한 전통 문화를 토대로 하였기 때문에 사람들에게
쉽게 받아들여졌다.

**신선**_ 도교에서는 신선을 일반 귀신과는 달리 어두운
세계에서 활동하는 정령(精靈)이 아니라 장생불사하며
하늘에서 자유로이 노니는 초인이라고 여겼다. 그들은
신통력이 대단하며 장생선약(長生仙藥)을 이용하여 세
인(世人)을 초월할 수 있다고 생각했다. 이것은 조소
예술에도 영향을 미쳐 신선의 형상이 시대성을 가진 하
나의 주제가 되었다.

청동제 선인상
도교에서 말하는 우인은 몸에 깃털을 걸치고 등에 날개가 있으며 두 귀가 머리
꼭대기로 높이 솟아 있다고 한다. 한시 「장가행(長歌行)」에서는 "선인이 흰 사슴
을 타고 있네. 머리는 짧은데 귀는 어찌하여 긴 것인가."라 했고 『논형(論衡)』에
서는 "선인의 모습을 그려 보니, 몸에는 털이 나고 팔은 변하여 날개가 되었다."
라고 하였다. 모두 한대 도교 신화에 나오는 선인의 형상을 묘사한 것이다.



문예와 과학 기술

# 불교가 전해지다

서한 실크로드의 개통으로 인도 불교가 동쪽으로 전해지게 되었고, 이는 중국에게 이질적인 문화의 유입이었다. 동한 시대에 불교는 명제(明帝)의 지지를 받았고 조정은 직접 경전 번역 작업에 참여하였다. 그러나 한대의 불교 존상(尊像)은 아직 완전히 독립되지는 못하여 언제나 도교 존상과 함께 제사를 모셨다. 뒤늦게 동한 말에는 불교의 소승과 대승 선법(禪法)이 유행하기 시작하였고 유, 불, 도의 세 학파 간 다툼도 이때부터 싹트기 시작했다. 그러나 불교는 중국에 전해지는 과정 중에 중국 본토의 종교 및 사상과 융합해 갔고 점차 한화(漢化)되어 마침내 중국적 특색을 갖춘 불교로 발전하여 중국 역사상 가장 큰 종교가 되었다.

**이질 문화로서의 불교**_ 서한 시대에 인도의 불교가 중국으로 전해졌다. 불교의 창시자인 싯다르타(기원전 565~485년)는 신도들에 의해 석가모니로 받들어졌다. 그가 창립한 불교는 200년 후 인도에서 국교로 제정되었으며, 또한 중앙아시아와 서아시아에 포교사를 파견하여 세계적 종교로 신장하게 되었다. 서한 말 불교는 중국에 전해져 먼저 상류 사회에서 퍼졌다. 서기 67년 동한의 명제는 채음(蔡愔), 진경(秦景)에게 천축(天竺)에 가서 불경을 구해 오도록 하였다. 그들은 천축의 승려 가섭마등(迦葉摩騰)과 축법란(竺法蘭)을 데려오고 대량의 불경도 가져왔다. 명제는 낙양에 중국 최초의 사찰, 백마사(白馬寺)를 건립하도록 칙령을 내렸다. 후세 사람들은 그것을 불교의 '조정(祖庭)'이라고 했다. 가섭마등과 축법란은 이 절에서 불경들을 번역하고 중국에 불교를 전파하였다.

**불교 전래의 노선**_ 불교는 남과 북 두 노선으로 나뉘어 중국에 전해져 들어왔으며, 그 교의의 전파는 남방이 북방보다 훨씬 광범위하고 흥성했다. 기록에 의하면 동한 말 착융(笮融)은 팽성에 제1 불사를 세웠는데, 불당 안에는 3천 명이 들어갈 수 있고 5천 호에 달하는 신도가 있었다고 한다. 한대에 인도에서 중국으로 전해진 불교의 유적과 유물은 대체로 양자강 유역에 집중되어 있다. 가장 시기가 이른 서한 유적은 사천의 파촉 지구에 있는데 남쪽 육로를 통해 전해진 것이다. 동한의 유적, 유물은 장강 중하류 일대에 분포되어 있고 해로를 통해 들어왔다.

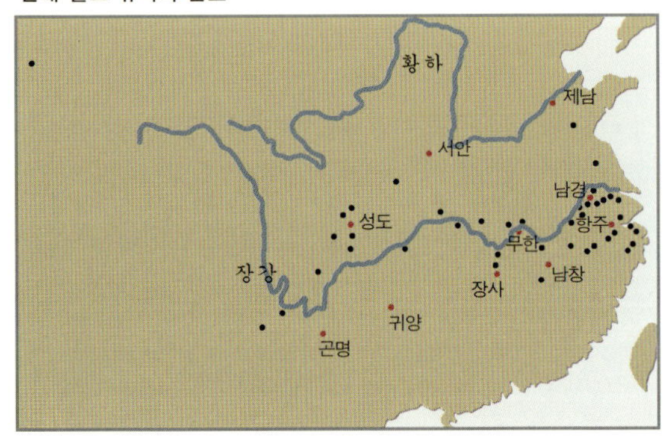
한대 불교 유적의 분포

**불상과 도교상**

한대의 불교는 당시로선 아직 크게 세력을 형성하지 못하여 불교 존상을 항상 도교 존상과 함께 모셨다.

**강소성 연운항 공망산의 석각**

공망산(孔望山)에는 산에 있는 바위를 깎아 만든 불상과 도교의 노자상 등이 100여 개 있다. 제일 큰 것은 높이가 1.54미터이고 제일 작은 것은 겨우 10센티미터이다. 마찬가지로 불상과 도교 존상이 함께 있다. 이 일대의 불교는 해로를 통해 전해졌을 것이다.

**불교가 가져온 새로운 사조_** 불교가 처음 중국에 전해졌을 때 그 교의는 도교, 유교와 큰 차이가 있었다. 특히 가정과 국가에 대한 관념의 차이는 엄청났다. 불교에서는 가정을 버리고 국가를 떠나 인륜 관계의 속박을 내던짐으로써 인간 세상의 고난을 초탈하라고 주장한다. 유교는 집안을 다스리고 나라를 다스릴 것을 요구하며 충효를 기본 도덕으로 삼는다. 도교는 개인이 구제되어 신선이 된다고 하는 것을 선양하면서도 충효를 수양의 계율로 삼는다. 따라서 동한 말 불교는 일종의 새로운 사조로 중국의 전통적 도덕 관념에 도전하였고, 세 종교 사이에는 격렬한 충돌이 일어나 후세에까지 그 논쟁이 끊이지 않았다. 동시에 외래 문화인 불교는 생존과 발전을 위해 부단히 유학과 도교의 정수를 받아들이며 점점 중국화되어 갔다.

**불교와 도교가 합쳐져 있는 기물**

불상과 도교 도안이 공존하고 있다. 한대의 불교는 아직 독립적이지 않기 때문에 항상 도교의 존상과 함께 모셨다는 것을 증명해 주는 물건이다.

**중국 최초의 불교 사원, 낙양 백마사**

동한 명제의 칙령으로 세워졌다. 인도의 승려 가섭마등과 축법란이 불경을 백마의 등에 실어 도성 낙양으로 날랐고 또 이곳에서 경서를 번역한 까닭에 '백마사'라 이름 지었다고 전해진다. 절 앞에는 지금도 석마(石馬) 조각상이 있다.

# 진한 시대 연표

| 연대 | 왕조 연대 | 주요 사건 |
| --- | --- | --- |
| 기원전 770년 | 진양공(秦襄公) 8년 | 진이 주 평왕의 분봉을 받아 제후국이 된다. |
| 기원전 356년 | 진효공(秦孝公) 6년 | 상앙(商軮)이 제1차 변법으로 백성의 신임을 받는다. |
| 기원전 350년 | 진효공 12년 | 진은 함양에 수도를 정하고 제2차 변법을 추진한다. |
| 기원전 246년 | 진왕정(秦王政) 원년 | 진왕(秦王) 영정(嬴政)이 왕위를 계승한다. |
| 기원전 236년 | 진왕정 11년 | 함양 북쪽에 정국거를 건설하여 진나라 군대의 군량과 마초 공급 문제를 해결한다. |
| 기원전 221년 | 진시황(秦始皇) 26년 | 진왕 영정은 6국을 통일하고 스스로 황제라 칭하며 통일된 중앙 집권 국가를 건립한다. 이때 제정한 황제 제도, 군현 제도 및 관료 제도는 중국에서 2천여 년간 계속 사용되는 정치 체제가 된다. 진시황은 화폐를 통일하고 도량형 표준을 획일화하였으며 수레 궤도의 너비를 6척으로 통일하고 소전을 제정하고 6국의 부민(富民)을 함양으로 이주시켰다. |
| 기원전 220년 | 진시황 27년 | 치도를 건설하였다. 동쪽으로는 연, 제와 통하고 남쪽으로 오, 초에 이르며 도로의 너비는 50보로 하여 도로가 막히지 않고 잘 통하게 하였다. 진시황은 순행을 나가 서북쪽 변방의 수비 상황을 시찰하였다. |
| 기원전 219년 | 진시황 28년 | 상수(湘水)와 이수(灕水) 사이에 영거를 건설, 군대의 수로 운수를 편리하게 하여 남월을 공격하기 쉽게 하였다. 진시황은 순행을 나가 태산에 공적을 기록한 돌을 세운다. |
| 기원전 216년 | 진시황 31년 | 진시황은 토지 소유자들에게 토지 면적을 신고하게 하여 국가 조세 징수의 근거로 삼았다. |
| 기원전 215년 | 진시황 32년 | 진시황은 순행을 나가 연, 한의 옛 땅 및 주의 중앙 경기 지역을 다니며 위세를 과시했다. |
| 기원전 214년 | 진시황 33년 | 서쪽으로 임조에서부터 동쪽으로 요동에 이르는 만리장성을 건축하여 흉노의 침입을 막았다. |
| 기원전 213년 | 진시황 34년 | 분서를 명령하여 옛 6국 백성의 사상을 탄압하였다. |
| 기원전 212년 | 진시황 35년 | 아방궁과 여산묘(驪山墓)를 건설하여 생사존영(生死尊榮)의 중요함을 알렸다. 진시황은 몽염과 부소 대군을 이끌고 성을 쌓고 변방 요새를 지키고 직도를 건설하여 관중과 하투 지구의 연계를 강화하도록 하였다. |
| 기원전 210년 | 진시황 37년 | 진시황은 순행 도중 중병에 걸려 사구에서 죽는다. 조고(趙高)와 이사가 조서를 왜곡하여 호해(胡亥)가 왕위를 이으니 역사에서는 이를 '사구의 변(變)'이라고 한다. |
| 기원전 206년 | 한고조(漢高祖) 원년 | 유방이 군대를 이끌고 함양으로 들어가니, 진의 자영(子嬰)이 항복한다. 이 해에 조타는 계림(桂林), 상군(象郡)을 통합하고 스스로 남월무왕(南越武王)이 되어 중원에서 독립하고자 하였다. |
| 기원전 202년 | 한고조 5년 | 유방은 장장 4년에 달하는 초한 전쟁에서 항우를 무너뜨리고 왕위에 올라 국호를 '한'이라 하고 장안에 수도를 정하니, 이것이 서한이다. '무위이치(無爲而治)', '휴양생식(休養生息)'을 기본 국책으로 삼고 조령을 반포하여 군대를 복원(復員)하고 부역을 가볍게 하고 농경을 장려하는 정책을 실행케 하였다. |
| 기원전 198년 | 한고조 9년 | 유방이 장공주를 선우에게 시집 보내어 한 왕실과 흉노의 화친 정책이 시작된다. |
| 기원전 190년 | 한혜제(漢惠帝) 5년 | 장안성이 건설되어 당시 가장 번화한 곳이 된다. |
| 기원전 179년 | 한문제(漢文帝) 원년 | 문제가 즉위하고 '여민휴식(與民休息)' 정책을 한층 더 조정, 경제(기원전 156~기원전 141년 재위) 때까지 계속 이어져 사회 경제가 발전을 이루니 '문경지치(文景之治)'라고 한다. 문제는 육가(陸賈)를 남월에 사신으로 보내며 조타에게 편지를 주어 한과 우호 관계를 맺도록 하였다. 조타는 후에 제왕의 칭호를 바라며 한에 조공을 바친다. |
| 기원전 154년 | 한경제(漢景帝) 3년 | 제후 왕국의 세력이 점차 강해져 7국의 난이 폭발한다. 경제는 반란을 평정하고 왕국의 기구를 없애며 직권을 약화시켜서 제후 왕국의 중앙에 대한 위협을 제거하였다. |

| 기원전 140년 | 한무제(漢武帝)<br>건원(建元) 원년 | 무제는 '건원(建元)'을 연호로 하였다. 역대 제왕의 연호는 이때부터 시작된다. |
| --- | --- | --- |
| 기원전 138년 | 한무제 건원 3년 | 한 무제는 남쪽 국경을 개척하고 동구(東甌)에 살던 4만 명을 강회(江淮)에 이주시키고 서남이를 통일한다. 장건은 서역에 사신으로 나가 13년을 지내며 대량의 서역 자료를 얻는다. |
| 기원전 134년 | 한무제 원광(元光) 원년 | 매년 각 군 인구 비율에 따라 조정에 효렴(孝廉:효성스럽고 청렴한 사람-옮긴이 주)을 추천하라는 칙령을 내린다. |
| 기원전 124년 | 한무제 원삭(元朔) 5년 | 유가(儒家) 오경박사(五經博士)를 위해 제자를 배치하니 유가 경학은 정부의 정통 사상이 된다. |
| 기원전 119년 | 한무제 원수(元狩) 4년 | 기원전 127년부터 이때까지 8년의 시간이 지나는 동안 위청, 곽거병을 파견하여 여러 차례 흉노를 치게 하여 멀리 막북까지 가게 만들었다. 장건은 재차 서역에 사신으로 나가 흉노의 오른팔을 자를 것을 요청한다. |
| 기원전 104년 | 한무제 태초(太初) 원년 | 공손경(公孫卿) 등에게 역법을 고치라 명하니 『태초력(太初曆)』을 완성하고 사마천은 『사기(史記)』를 저술하기 시작한다. |
| 기원전 33년 | 한원제(漢元帝)<br>경녕(竟寧) 원년 | 왕소군이 멀리 변경으로 가서 호한야선우에게 시집을 가 한과 흉노의 관계가 완화된다. |
| 기원전 2년 | 한애제(漢哀帝)<br>원수(元壽) 원년 | 박사제자 경로(景盧)가 대월지왕(大月氏王)의 사신 이존(伊存)으로부터 『부도경(浮屠經)』을 받았는데, 이것이 불교가 중국에 전해져 온 최초의 기록이다. |
| 4년 | 한평제(漢平帝)<br>원시(元始) 4년 | 왕망은 명당(明堂), 벽옹(辟雍), 영대(靈臺)를 세우고 『악경(樂經)』을 제정한다. |
| 8년 | 초시(初始) 원년 | 왕망은 스스로 제왕이 되어 국호를 '신'이라 하고 옛 제도를 부활한다. |
| 12년 | 신(新) 건국(建國) 4년 | 옛 제도를 다시 행하여 낙양을 동도(東都)로, 장안을 서도(西都)로 삼고 구주지제(九州之制), 오등봉작(五等封爵)의 원액(員額)을 정한다. |
| 25년 | 한광무제(漢光武帝)<br>건무(建武) 원년 | 유수가 왕위에 올라 연호를 건무(建武)로 바꾸고 한광무제(漢光武帝)가 된다. 동한이 이때부터 시작된다. |
| 56년 | 한광무제 중원(中元) 원년 | 명당(明堂), 영대, 벽옹(辟雍)을 세우고 천하에 도참(圖讖)을 선포한다. 남흉노 선우가 죽어도 동생 좌현왕이 선우 자리에 오르지 않자 한이 사신을 보내 옥새와 인끈(綏)을 주고 의관과 비단을 하사하니 이후로 이는 점점 일반적인 관례가 된다. |
| 57년 | 한광무제 중원 2년 | 왜노국(倭奴國)이 낙양에 조공을 바치러 갔는데, 이것이 중일(中日) 정부의 제1차 우호 왕래의 기록이 된다. |
| 64년 | 한명제(漢明帝)<br>영평(永平) 7년 | 명제는 낭중(郎中:벼슬 이름-옮긴이 주) 채음 등을 천축에 보내 불경을 구해 오도록 하니, 그가 불경과 승려를 데리고 돌아온다. |
| 69년 | 한명제 영평 12년 | 왕경(王景)은 사졸 10만 명을 거느리고 황하를 정비하여 수로를 분류, 소통시킨다. 이후로 800년 동안 황하에는 큰 재난이 없었다. |
| 73년 | 한명제 영평 16년 | 반초(班超)는 서역에 사신으로 나가 서역과 한 사이에 65년간 끊어졌던 우호 관계를 회복시킨다. |
| 105년 | 한화제(漢和帝)<br>원흥(元興) 원년 | 채륜은 나무껍질과 삼베 찌꺼기, 헝겊, 망가진 어망 등을 가지고 종이를 만드니 사람들은 그것을 '채후지'라 하며 한대에 이미 창조된 제지술을 한층 발전시켰다. |
| 132년 | 한순제(漢順帝)<br>양가(陽嘉) 원년 | 장형은 '지동의'를 처음으로 만들었는데 이는 당시 세계 최초의 지진 탐측 기구로, 서기 138년 섬서 지방에서 일어난 지진을 정확히 기록하였다. |

이 책은 홍콩 상무인서관(Commercial Press, Hong Kong)에서 2001년에 출판된 『中華文明傳眞(중화문명의 진수를 전한다, Chinese Civilization in a New Light)』전 10권 중 제 4권 『秦漢 ― 開拓帝國之路』를 완역한 것이다.

주지하는 바와 같이, 중국 역사에서 진한(秦漢) 대는 제국(帝國)으로서의 면모를 갖춘 시기이다. 이 시기에는 정치적 중심으로서 '황제'라고 하는 제도가 수립되었고 그에 수반한 사회적 인프라가 확충되었으며, 주변 민족을 흡수해 가는 과정에서 한족(漢族)을 중심으로 한 다민족 국가가 형성되었고, 지속적으로 영토를 확장해 갔다. '하늘 아래에 새로운 것은 없다'는 말이 있다. 현대 중국의 모습, 그 원형이 이미 여기에 있지 않은가. 중국은 1949년 중화인민공화국의 수립으로 생겨난 것이 아니며, 1912년 중화민국의 수립으로 생겨난 것도 아니다.

대략 한반도 면적의 44배, 혹은 남한의 95배에 달한다는 넓은 국토와 13억에 육박하는 인구의 나라 중국. 우리의 인접국으로 핵무기와 전략 미사일을 보유하고 있으며, 아시아 유일의 유엔 안보리 상임 이사국인 중국. 최근의 엄청난 경제적 약진에도 불구하고, 생태나 환경, 혹은 치안 면에서 각종 우려를 자아내고 있는 중국. 한 마디로 덩치 큰 중국이다. 사람과 마찬가지로, 덩치가 큰 만큼 많이 먹고, 행동반경이 클 뿐 아니라, 한 번 아프게 되면 심하게 앓는다. 우리는 이 덩치 큰 이웃을 잘 알아야 한다. 중국을 잘 아는 데 있어 중요한 포인트 중 하나는 바로 '역사'이다. 중국적 전통의 형성과 그 계승의 관계를 파악해야 현대의 중국을 잘 이해할 수 있는 것이다.

기존에 나온 중국 역사서와 비교해 볼 때 이 책은 매우 참신하다. 우선, 기존의 중국역사서들은 역사적으로 중요한 인물들의 활동을 중심으로 기술된 것들이 많다. 예컨대 제왕·성인·장군·책사·미인·혁명가 등이 엮어내는 정치사를 중심으로 한 것이 대부분이다. 즉 어떤 왕이 언제 누구에게서 태어나, 주변 사람들과의 이러저러한 갈등을 거쳐 왕위를 계승하게 되었으며, 몇 년에는 누가 누구와 힘을 합쳤고, 어느 땅을 정벌하여 영토를 확장했으며, 또 몇 년에는 누가 어디에서 난을 일으켰다는 식의 기술이 주종을 이루어 왔다.

반면에 이 책은 왕조 중심의 서술에서 벗어나 최근에 출토된 유물과 최신 연구 성과를 바탕으로 역사를 생생하게 복원해 내고 있다. 즉 '황제 전용도로의 너비는 얼마였나?', '사람들은 어떻게 부(富)를 축적해 갔는가?', '당시 사용되던 복장, 그릇, 수레, 무기는 어떤 특징을 지녔는가?', '법률, 의학, 문예, 과학기술은 어떤 수준이었나?' 등과 같이 좀더 구체적인 풍속과 생활상을 다루고 있다. 더욱 값진 것은 매 페이지마다 진귀한 사진 자료가 실려 있다는 점이다. 이 책에는 중국 각지의 박물관·연구소에 소장된 자료 뿐 아니라, 고고유물 발굴 현장 사진과, 3차원 컴퓨터그래픽으로 재현한 자료까지 실려 있다.

시공사로부터 처음 이 책의 번역을 의뢰받았을 때 텍스트의 방대함에도 불구하고 서슴없이 결정을 내리게 된 것은 정작 나 자신도 이미 이 책의 비주얼한 이미지에 푹 빠져버렸기 때문이다. 끝없이 펼쳐지는 중국 문명의 화려함, 중

독되어 버릴 듯한 매력에 빠져, 그 아름다움과 어떻게든 관계를 맺고 싶다는 욕심을 부리게 된 것 같다. 애초에 좋은 책을 제안해 주시고 번거로운 그래픽 작업을 깔끔하게 잘 처리해 주신 시공사의 여러분께도 감사의 뜻을 전한다.

이 작업은 2003학년도 동국대학교 저서·번역 연구비 지원으로 이루어졌다. 본 역자의 어눌함에도 항상 학문적 기대감을 잃지 않고 지켜봐 주시는 동국대학교의 총장님, 연구처장님과 관계자 여러분, 그리고 중문학과의 동료 교수님들께도 감사의 말씀을 전한다.

끝으로 이 책이 문자 기술 위주의 기존 역사서 모식을 탈피한 참신함으로 한국 독자들께 받아들여질 수 있기를, 독자 여러분들이 이 책을 통해 고대에서 현대를 관통하는 중국문명의 본질적 요소를 파악하고, 중국을 깊이 이해할 수 있게 되기를 진심으로 바란다.

2004년 8월 김 양 수

중국문명박물관_진한 시대
# 황제의 나라

2004년 8월 23일  초판 1쇄 인쇄
2004년 8월 30일  초판 1쇄 발행

지은이 | 리우웨이
옮긴이 | 김양수
발행인 | 전재국

단행본사업본부장 | 진정현
편집주간 | 이동은
책임편집 | 최가영

발행처 | (주)시공사
출판등록 | 1989년 5월 10일 (제3 – 248호)

주소 | 서울특별시 서초구 서초동 1619 – 4( 우편번호 137 – 878)
전화 | 편집(02)588 – 6592 · 영업 (02)588 – 0833
팩스 | 편집(02)523 – 2558 · 영업 (02)588 – 0835
홈페이지 | www.sigongsa.com

Chinese Civilization In A New Light 4
by Liuwei
Copyright ⓒ 2002 by The Commercial Press(HK) Ltd.
Korean Translation copyright ⓒ 2004 by Sigongsa
All right reserved.
The Korean edition published by arranged with Sigongsa through Carrot Korea Agency.

이 책의 한국어판 저작권은 캐럿 코리아 에이전시를 통한
홍콩 商務印書館과의 독점 계약으로 시공사에 있습니다.
저작권법에 따라 한국에서 보호받는 저작물이므로 무단 전재와 무단 복제를 금합니다.

값 14,800원

ISBN 89 – 527 – 4105 – 6

파본이나 잘못된 책은 교환하여 드립니다.